MATT WOODLEY

NÄHER ALS JE ZUVOR

MATT WOODLEY

NÄHER ALS JE ZUVOR

11 Wege, Gott zu begegnen

Aus dem Amerikanischen
von Sabine Müller

Brendow
VERLAG + MEDIEN

Bibliografische Information der Deutschen Nationalbibliothek
Die Deutsche Nationalbibliothek verzeichnet diese Publikation in der Deutschen Nationalbibliografie; detaillierte bibliografische Daten sind im Internet über http://dnb.d-nb.de abrufbar.

ISBN 978-3-86506-334-2

Originaltitel: »The Folly of Prayer«.
First published by InterVarsity Press, Downers Grove, Illinois

Einbandgestaltung: Brendow Verlag, Moers
Titelfoto: shutterstock
Satz: Satzstudio Winkens, Wegberg
Druck und Bindung: CPI – Clausen & Bosse, Leck
Printed in Germany

www.brendow-verlag.de

INHALT

VORWORT

Mein erstes richtiges Gebet sprach ich mit neun. Die Baseballmannschaft »Minnesota Vikings« brauchte ein wenig Beistand, um ins Play-Off zu gelangen, aber ihre Aussichten waren nicht sehr gut. Die Stürmer der Vikings attackierten die 20-Yard-Linie ihrer Gegner. In den wenigen Sekunden, die noch blieben, konnte der Star-Kicker Fred Cox den Ball reinmachen und das Spiel gewinnen. Freddie war einer der wenigen Kicker, die in der Lage waren, den Ball mit ihrem Fuß so gerade anzuspielen, dass er über die gesamte Distanz des 40-Yard-Feldes ungewöhnlich treffsicher war. Trotzdem konnte ich nicht hinsehen. Stattdessen setzte ich mich auf die Wohnzimmertreppe und betete.

Bis zu diesem Moment hatte ich Gott noch nie um etwas gebeten. Wir sprachen überhaupt nur sehr selten miteinander. Aber nun musste er mir einen großen Gefallen tun, und so betete ich inbrünstig: »Gott, lass ihn bitte genau in die Mitte fliegen!« Und während ich betete, hörte ich dem Fernsehkommentator zu, der diesen finalen Schuss beschrieb: »Er geht glatt … Oh nein, er geht nach rechts außen! Freddie Cox hat das entscheidende Tor vergeigt! Die Vikings haben verloren!«

Freddies Karriere ging bergab, und mein zarter Glaube wurde erschüttert. Die nächsten vier Jahre sprach ich kein Wort mehr mit Gott. Als ich endlich wieder mit ihm sprach, war ich ein mürrischer, unglücklicher und hitzköpfiger

Teenager. Ich hatte keine Freude am Leben und ärgerte mich über Gottes Existenz. Wie sollte ich einem Gott vertrauen, der scheinbar nicht davon abließ, gegen mein Glück zu arbeiten? Wann immer also in meinem Leben etwas schieflief, wandte ich mich im »Gebet« an Gott – was bedeutete, dass ich eine Reihe Schimpfwörter in seine Richtung schickte. An einem sonnigen Julinachmittag, an dem ich wie gewöhnlich in der Einfahrt zu unserem Haus Basketball spielte, rollte mein Ball immer wieder unter das Auto meiner Eltern und verkeilte sich unter dem Auspuff. Nach dem fünften Mal schaute ich zum Himmel hinauf, reckte Gott meine Faust entgegen und schrie: »Das war kein Unfall, du M…, du bl…, du ge… Gott! Ich hasse dich! Warum lässt du mich nicht einfach in Ruhe?« Und ich meinte es so. Gott verdiente weder meine Liebe noch meinen Respekt.

Mittlerweile denke ich anders über Gott. Ich glaube nicht mehr an einen Gott, der Bälle unter dem Auspuff verkeilt, nur um mich damit zu ärgern. Und ich habe auch nicht das Bedürfnis, Gott zu beschimpfen. Heute glaube ich an den Gott, der die Quelle wahrer und bleibender Freude ist. Das hat meine Gebetspraxis merklich verändert. Einige Jahre nach meinen »Läster-Gebeten« kniete ich neben meinem Bett und bat Jesus, mein Herr und mein Retter zu werden. Ein Jahr später gab mir jemand eine gute, praxistaugliche Gebetsvorlage, das ABDF-Modell. Es umreißt vier grundlegende Aspekte des Gebets: A wie Anbeten, B wie Bekennen, D wie Danken und F wie Flehen. Diese kurze Zusammenfassung half mir, mein Gebetsleben reicher und umfassender zu gestalten. Mit seiner Hilfe wuchs ich über meine Bitte-schenk-meiner-Lieblingsmannschaft-ein-Tor-Gebete und meine Läster-Gebete hinaus. Ich hielt mich viele Jahre lang an diese Vorlage.

Schließlich jedoch entdeckte ich, dass die Bibel uns eine viel facettenreichere Sicht auf das Gebet anbietet. Ich mag das alte grundlegende ABDF-Muster immer noch, aber ich habe in der Bibel auch noch andere Vorlagen für das Gebet gefunden. So kennt sie zum Beispiel das Klagegebet, bei dem wir verletzt und voller Schmerz vor Gott treten. Dann gibt es das Gebet als »Hören auf Gottes Herzschlag«, bei dem wir einfach in Gottes tiefer Liebe zu uns ausruhen. Und es gibt das Gebet der »langen, langsamen Reise«, durch das wir lernen, auf Gottes Zeitplan für unser Leben zu warten.

Dieses Buch erkundet elf unterschiedliche Wege des Gebets, die alle fünf Punkte gemein haben. Erstens: Jeder dieser Wege ist tief in Gottes Wort verwurzelt. Die Bibel ist ein Buch, das alles durchdringt, das sowohl auf unseren Verstand als auch auf unsere Vorstellungskraft einwirkt. Dort, wo es um Schlüsselthemen der Theologie oder des geistlichen Lebens geht (Dinge wie Sünde oder Erlösung oder den Charakter Gottes), präsentiert sie uns nie nur ein Bild oder eine bestimmte Vorstellung. Darum macht es Sinn, wenn die Bibel auch bezüglich unseres Gebetslebens eine breite Palette an Vorstellungen und Bildern transportiert. Und genau das tut sie. Zweitens: Die Wege, die in diesem Buch aufgezeigt werden, beziehen uns auf der Ebene unseres Verstandes und unserer Gefühle ebenso mit ein wie auf der Beziehungsebene. Gott wird unsere Herzen weiten, ja »aufbrechen«. Wir können im Gebet nicht vor Gott stöhnen und klagen, ohne Zugang zu der Trauer und Sehnsucht zu haben, die wir tief in unserem Herzen tragen. Wir können Gottes Herzschlag nicht vernehmen, ohne uns geliebt zu wissen. Wir können uns nicht mit Gott im Streit auseinandersetzen, ohne wütend zu sein. Und wir können nicht »sakramental« beten, ohne dabei Gottes Schöpfung zu berühren, den Stoff des Lebens –

Haut, Blut, Brot und Wein. Diese Gebete fordern unser ganzes Sein – unseren Verstand, unsere Gefühle und unsere Sinne –, um vor Gott zu treten und bei ihm zu sein.

Drittens: Die Wege des Gebets, die in diesem Buch vorgestellt werden, werden von manchen Christen gerne aus dem Bild gedrängt. Ich glaube nicht, dass es sich dabei um eine absichtliche »Verschleierungsaktion« handelt – manchmal wissen wir einfach nicht, wie wir beten sollen. Den meisten von uns wurde schlicht nicht beigebracht, zu beten, indem wir einen Seufzer in Gottes Richtung schicken oder Gott in einem Streit entgegentreten. Wir sind mit solchen Gebeten nicht vertraut; vielleicht betrachten wir sie nicht einmal als echtes Beten. Die nachfolgenden Kapitel erkunden bewusst diese verborgenen und oft übersehenen Wege, auf denen wir Gott tiefer kennenlernen.

Viertens: Die meisten dieser Wege des Gebets werden unser Herz gegenüber Gott und anderen Menschen öffnen. Sie werden uns helfen, Gott auf neue Art und Weise zu begegnen, und uns dann dazu bewegen, anderen unser Mitgefühl entgegenzubringen. Diese häufig an den Rand gedrängten Arten des Gebets werden uns dazu bringen, uns mit jenen zu befassen, die am Rand stehen – den Verzweifelten, den Klagenden, den Opfern und den Übersehenen. Und wenn wir damit anfangen, auf eine Weise zu beten, in die wir auch die Schöpfung mit einbeziehen, wird Gott unsere Augen nicht nur für seine Herrlichkeit öffnen, sondern auch für das Leid der Welt, die uns umgibt.

Und zuletzt: Beten ist nicht immer effizient und erfolgreich. Manchmal erleben und spüren wir die greifbare Gegenwart Gottes, und wir rufen: »Danke, Herr!« Zu anderen Zeiten erleben wir Gottes verstörende, geheimnisvolle und nicht vorhersagbare Abwesenheit, und wir schreien: »Wo bist du?« Und für gewöhnlich können wir auch nicht Gottes nächsten Schritt vorausahnen. In diesem Sinne können die Gebete, die wir an unseren »unbezähmbaren Gott« richten, frustrierend, verwirrend und manchmal sogar quälend für uns sein. In einem Moment wird Gott uns in sein Licht tauchen und im nächsten scheinbar im Dunkeln allein lassen. Um es beim Namen zu nennen: Manchmal kann uns echtes Beten, mit dem wir uns an den echten, wirklichen Gott wenden, regelrecht verrückt machen!

Aber so ist das Leben. Die Wirklichkeit in sich – angefangen bei Quarks und menschlichen Zellen bis hin zu Mammut-Wäldern und Blauwalen – ist sonderbar und unvorhersagbar, voller Überraschungen und seltsamer Ereignisse. Wenn also Gott real ist (und er ist es!), dann sind es genau diese realen Dinge, die charakteristisch für ihn sind. Ganz davon abgesehen: Wollten wir wirklich einen Gott ohne »Ecken und Kanten«, einen absolut vorhersagbaren und glatt polierten Gott ohne Überraschungen? Mit schwant, dass ein solcher Gott sehr schnell einschläfernd auf uns wirken würde.

Das Gebet ist also manchmal schmerzhaft oder sogar geradewegs zum Verzweifeln. Aber hier begegnen sich Gott und wir so, wie er und wir wirklich sind. Ich mag Schmerz, Verwirrung, Versagen und Leid nicht. Ich habe unglaublich viel Energie darauf verwendet, die dunkle Seite des Lebens zu unterdrücken. Doch unglücklicherweise versperre ich mir den Weg zur tiefsten Freude, wenn ich versuche, den Weg des Schmerzes zu umgehen. Das Ergebnis: ein betäubtes Leben. Das hatte ich einmal – und ich will es nicht mehr. Ich will dem Leben ins Gesicht sehen, direkt und ohne auszuweichen – diesem Leben mit all seinen Ecken und Kanten, mit seinem Mysterium, seinen Freuden, seinen Sehnsüchten und seinen schmerzlichen Momenten.

Dieses Buch berichtet von meiner Reise zu mehr Lebendigkeit und mehr Bewusstheit in einem entscheidenden Aspekt meines Lebens: meinem Gebetsleben. Und ich bete dafür, dass mein Reisebericht dazu beiträgt, Ihre Beziehung zu Gott und zu anderen so lebendig werden zu lassen wie nie zuvor.

Matt Woodley

1

Der Gott, der seufzt

Vor Kurzem schickte mir eine gute Freundin, eine junge, begabte Studentin, folgenden Eintrag aus ihrem Blog:

»Vieles am Glauben finde ich fragwürdig. Ich frage mich, ob es wirklich einen Gott gibt oder ob Liebe bloß ein Austausch von Pheromonen ist und ob tatsächlich irgendetwas passiert, nachdem unser Körper gestorben ist. Manchmal gehe ich zur Kirche, und manchmal verdrehe ich die Augen, bloß wenn ich höre, dass Leute über Religion sprechen. Manchmal sage ich mir, dass ich mir nichts daraus machen sollte, aber manchmal ist eben genau das unmöglich.

Eine Zeit lang habe ich damit aufgehört, Nachrichten zu sehen oder zu lesen. Es war alles so deprimierend – die ganze Zeit sterben Menschen, bringen sich gegenseitig um, bombardieren einen Bus oder einen Zug oder schießen auf Schüler ... Immer, wenn ich Zeitung lese, schreit jede Faser meines Seins nach einem Gott, der mich hört und der Gebete beantwortet, einem Gott, der jeden von uns mit Namen kennt. Aber all diese Nachrichten – und manchmal auch meine eigenen Erfahrungen – machen mir den Vorwurf (selbst in den Momenten, in denen ich mein Leid nach draußen schreie), dass ich es besser wissen sollte. Es scheint, als sagten sie mir, dass es vollkommen klar ist, dass ich vor niemandem heule als vor mir selbst.

Und doch: Es gibt Zeiten, in denen ich mir nicht so sicher bin. Es sind intime, persönliche Momente – eine freundliche Geste, die mich unverhofft berührt, eine Reihe beantworteter Gebete, der flüchtige Blick auf einen herrlichen Sonnenuntergang. Vielleicht haben sie nichts zu bedeuten. Aber es gibt Zeiten, da fühle ich tief in mir, dass es einen Gott gibt und dass er liebt – mich.«

Ihr Blog-Eintrag ist ehrlich, herzerweichend, voller Schmerz und voller Hoffnung. Ein Teil von mir will sie umarmen, und ein anderer will ihr einen Rat geben. Ich liebe Ratschläge (zumindest sie zu geben), und für gewöhnlich kann ich ganz leicht von einem seelsorgerlichen Gespräch zu folgendem direktem Einzeiler wechseln: »Wenn du nur anfangen würdest, A zu glauben/zu tun, dann würdest du B bald entdecken/erfahren/lernen.« Ich möchte ihr so gerne A und B anbieten und damit die Angst aus ihrer Seele vertreiben und ihr helfen, leichter beten zu können. Aber ich finde nicht die richtigen Worte. Ganz davon abgesehen ist meine Freundin viel zu ehrlich und zu klug für eine billige Formel – und ich mag sie viel zu sehr.

Und dann ging es mir auf: Vielleicht waren ihre gequälten Worte bereits ein Gebet. Vielleicht gibt es Zeiten, in denen wir beten, ohne es zu wissen – Zeiten, in denen der Zweifel und die Angst so tief in uns sitzen, dass wir einfach nicht die richtigen Worte finden. Es tut nur weh. Und wir stöhnen. Der Schmerz des Lebens quillt nur so aus uns heraus. Und vielleicht hört Gott unser Seufzen und verwandelt es in Poesie.

Die Geschichte des Seufzens

Klingt zu gut, um wahr zu sein? Ich denke nicht. Die Bibel erzählt uns eine Geschichte, in deren Zentrum Gott steht, in der Jesus verherrlicht wird und die vom Geist Gottes erfüllt ist – und doch würdigt sie stets auch menschliches Leid. Sie lehrt uns zu klagen, und dann zeigt sie uns, dass Gott unsere tiefsten Seufzer bestätigt. Manchmal empfinden wir nur Schmerz und finden nicht die rechten Worte, um ihm Ausdruck zu verleihen. Wir können ihn nicht erklären, nicht heilen, nicht überwinden, nicht lösen und auch nicht abmildern. Und so sitzen wir einfach da und schicken unser tiefstes Stöhnen in Gottes Richtung. In solchen Momenten kann unser Aufschrei zu einer vielleicht chaotisch klingenden und doch wortgewaltigen Opfergabe für Gott werden. Und inmitten dieser Klagen hört und hält Gott uns und hilft uns, unsere ebenfalls weinenden Geschwister zu umarmen.

Der erste Aufschrei, der in der Bibel erwähnt wird, begegnet uns in 2. Mose 2,23, wo es heißt: »Sie [die Israeliten] stöhnten unter der Zwangsarbeit und schrien um Hilfe.« Die Kinder Israels hatten seit 400 Jahren in Ägypten als Sklaven gelebt. Ihre Körper schmerzten, und ihre Seele litt. Ihre Söhne starben, und ihr Rücken brach unter der Last zusammen. Die Ägypter machten ihnen das Leben durch Fronarbeit schwer (2. Mose 1,11–14). Und weil sie die Skrupellosigkeit und Gemeinheit nicht länger aushalten konnten, schrien sie nach Gott. Das klang nicht schön. Es ähnelte nicht dem typischen Gebetstreffen, wie wir es kennen. Aber allem Anschein nach verbuchte Gott es als ein echtes Gebet, denn »ihr Schreien drang zu Gott, und er erinnerte sich an den Bund, den er mit Abraham, Isaak und Jakob geschlossen hatte« (2. Mose 2,24). Mit anderen Worten: Der Exodus, das größte Ereignis in der Geschichte des jüdischen Volkes, wurde nicht von einem wohlformulierten und gut durchdachten Gebet in Gang gebracht, sondern von einer Reihe von Aufschreien, die aus dem tiefsten Inneren des Volkes kamen.

Von da an gingen die Aufschreie Israels weiter. Hiob brachte im Gebet seine Klage vor: »Mein Klagen hört nicht auf, es fließt wie Wasser« (Hiob 3,24). David brachte im Gebet seine Klage vor: »Ich bin müde vom Stöhnen« (Psalm 6,7); »Mit meiner Kraft bin ich völlig am Ende, die Qual ist zu groß, ich kann nur noch schreien« (Psalm 38,9); »Denke ich an Gott, so muss ich stöhnen« (Psalm 77,4). Und auch die Propheten klagten im Gebet: »Ach, mein Stöhnen nimmt kein Ende, mein Herz ist schon ganz krank davon« (Klagelieder 1,22).

Und auch nach dem finalen Befreiungsereignis, dem wirklichen Exodus – der Kreuzigung und Auferstehung Jesu Christi –, klagen und stöhnen die Nachfolger Christi immer noch. Paulus seufzt und erhebt diese Klagelieder auf eine neue Ebene der Tiefe und Schönheit. Er beschreibt ein Seufzen, »das sich nicht in Worte fassen lässt« (Römer 8,26). Für Paulus sind diese Aufschreie die einzig angemessene Antwort auf das Leben in einer gefallenen und gebrochenen Welt. Dies ist die knappe Zusammenfassung der Ausführungen, die Paulus in Römer 8,18–25 macht.

Dieser Feststellung liegen drei einfache Tatsachen zugrunde. Erstens: Die Welt ist gebrochen, beschädigt, gekrümmt und versehrt. »Denn alles Geschaffene ist der Sinnlosigkeit ausgeliefert, versklavt an die Vergänglichkeit« (Römer 8,20). Alles, was existiert, spiegelt diese Zerbrochenheit wider. Zweitens: Eines Tages wird Gott seine gekrümmte Schöpfung wieder aufrichten. Schon jetzt heilt Gott unsere Verkrümmungen, und es kommt der Tag, an dem er alles der Herrschaft Jesu Christi unterstellen wird (Epheser 1,10). Um es mit Paulus' erhebenden Worten zu sagen: »Auch die Schöpfung soll von der Sklaverei und Verlorenheit befreit werden zur Freiheit und Herrlichkeit der Kinder Gottes«

(Römer 8,21). Drittens: Jesus lebt und wirkt auch heute in der Welt, aber er hat seine heilbringende Arbeit noch nicht vollendet. Darum sind wir in der Spannung zwischen Verkrümmung und Heilung, Gebrochenheit und Erlösung, Sünde und Herrlichkeit gefangen. So, wie es Paulus an anderer Stelle sagt: »Weil wir das wissen, stöhnen wir und sehnen uns danach, mit dieser himmlischen Behausung umkleidet zu werden« (2. Korinther 5,2).

Wir klagen und stöhnen wegen der Kluft, die zwischen dem existiert –, was ist – unsere Nacktheit – und dem, was einmal sein wird – unsere Festkleider. Umherstolpernd und voller Schmerz warten wir auf unsere Erlösung, den erlösenden Schluss (aus diesem Grund sind die besten Geschichten immer Erlösungsgeschichten), aber da sind wir noch nicht. Noch stehen wir nackt da, aber wir sollen und wir werden in unsere Hochzeitskleider eingekleidet werden. Wir sollen und wir werden vollkommen erlöst werden, verwandelt in herrliche Wesen. Aber noch sind wir dort nicht angekommen.[1] Wir bleiben in dieser schmerzhaften Spannung gefangen. Für den Dichter Franz Wright sind wir das einzige Tier, das über Selbstmord nachdenken kann, während es im Park spazieren geht.[2]

Auf stumm geschaltet

All das bedeutet nicht, dass es leicht wäre, uns dem Schmerz in unserem Innern zu stellen. In einer mitleiderregenden Szene der Comedy-Serie »Seinfeld« fragt Kramer George: »George, sehnst du dich jemals nach etwas?« George versucht, darüber hinwegzugehen, aber Kramer lässt nicht locker: »Sehnst du dich je nach etwas, George?« »Wie meinst du das?«, fragt George. Wieder fordert Kramer eine Antwort: »Verspürst du jemals Verlangen?« George ist genervt, und so gibt er schließlich zu: »Nein, ich sehne mich nie nach etwas, ich *lechze* nur danach.«

Der Bibel zufolge leben wir in einem von Sehnsucht und Schmerz erfüllten Universum, nicht bloß in einem »lechzenden« Universum. Doch genau wie George haben die meisten von uns ein großes Problem: Es tut einfach weh, zu stöhnen. Schmerz schmerzt. Kein Wunder also, wenn Menschen dahin tendieren, den Schmerz zu leugnen oder ihm gegenüber abzustumpfen. Der brillante Mathematiker und Philosoph Blaise Pascal wies häufig auf unser Bedürfnis der Zerstreuung hin, auf jene Aktivitäten und Gewohnheiten, mit denen wir unseren Schmerz »auf stumm schalten«. In seinem Buch *Pensées* schrieb er: »Weil die Menschen nicht in der Lage sind, Tod, Elend und Unkenntnis zu bekämpfen, haben sie es sich in den Kopf gesetzt, glücklich zu sein, um überhaupt nicht darüber nachdenken zu müssen.«[3] Mit der Folge, dass wir einen ganzen Industriezweig ins Leben gerufen haben, der uns hilft, den Schrei unseres Herzens zu betäuben. Und so rufen uns die Stimmen um uns herum unentwegt zu: »Kauf dies, versuch das, nimm jenes, mach diese Erfahrung, reise dorthin – und es wird nicht mehr wehtun.«

Viele von uns sind in Familien und christlichen Gemeinden aufgewachsen, die uns beigebracht haben, Schmerzen zu leugnen. Aus diesem Grund versprechen uns viele kirchliche Angebote in glänzenden Broschüren und auf strahlenden Webseiten: »Versuchen Sie's mit unseren Anbetungsgottesdiensten, folgen Sie unserem Programm, hören Sie sich unsere Predigten an, und Gott wird das Seufzen Ihres Herzens wegnehmen. All diese fröhlichen, vom Jammer befreiten Gesichter können nicht irren!« Irgendwo und irgendwann haben wir die Lüge gekauft, die uns verspricht, dass wir ohne Leid leben könnten, dass wir es betäuben, mit Medikamenten behandeln und es uns vom Leib halten könnten. Und es funktioniert – zumindest so einigermaßen.

Unglücklicherweise betäubt diese Herangehensweise aber nicht nur die Ängste des Lebens in einer gebrochenen Welt, sie lässt uns ebenso gegenüber der Herrlichkeit des Lebens in einer von Erlösung erfüllten Welt abstumpfen. Sie bringt beide Kreisläufe zum Erliegen, weil sie entlang derselben Pfade verlaufen. Der Bibel zufolge löst das Gebet die schmerzhafte Spannung unseres Lebens in einer gefallenen Welt nicht auf – es verstärkt vielmehr unseren Schmerz. Das Gebet lässt uns noch lauter schreien, nicht leiser. Und es ist dieser Aufschrei, der uns mit dem Leid und der Hoffnung, dem Schmerz und der Herrlichkeit, der tiefen Traurigkeit und der schier unerträglichen Freude eines Lebens in einer von Christus erlösten Welt verbindet. Unser Schreien ist ein sicheres Zeichen dafür, dass wir die Wirklichkeit mit all ihren scharfen Ecken und Kanten wahrnehmen. Es zeigt, dass wir mit der ganzen Schöpfung verbunden sind. Christen sollten die besten und lautesten Wehklagenden der Welt sein. Wir sind die Leadsänger des großen kosmischen Klage-Chores.

Darum nun die Grundsatzregel Nr. 1 für das Leben auf diesem Planeten: Wir alle stöhnen unter dem Schmerz, und niemand ist davon ausgenommen. Tatsächlich sagt Paulus, dass die ganze Schöpfung stöhnt (Römer 8,22). Auf einer abstrakten Ebene verstehe ich, was er damit sagen will: Wir alle leben in einer gefallenen Welt, einer Welt, die von unserem Aufstand gegen Gottes guten Plan gezeichnet ist. Alles ist durch den Sündenfall vergiftet. Aber weil »die Schöpfung« eben aus vielen einzelnen Geschöpfen besteht, frage ich mich immer noch, was genau er damit meinte. Seufzen Elefanten? Stöhnen Libellenlarven? Ächzen Birken, wenn sich in jedem Herbst ihre Blätter golden färben, im sanften Luftzug rauschen und dann schimmernd zu Boden fallen? Und wenn mein Hund darauf wartet, dass ich von der Arbeit nach Hause komme, seufzt er dann? Ich weiß, dass er lechzt (besonders nach Futter), aber seufzt er auch und tut es ihm im Herzen weh?

Ich weiß es nicht, aber was ich weiß, ist, dass selbst die Nachfolger Jesu, jene, die »als Anzahlung den Heiligen Geist bekommen haben«, diejenigen, die in der Hoffnung auf ihre Erlösung gerettet sind, immer noch »in ihrem Inneren« stöhnen (Römer 8,23). Manchmal wünsche ich mir, Gott würde für mich eine Ausnahme von der Regel machen, aber das hat er nicht und das wird er nicht. Ich werde mit dem Rest der Schöpfung seufzen bis zu dem Tag, an dem ich sterbe.

Als ich vor nicht allzu langer Zeit durch eine der schmerzhaftesten Phasen meines Lebens ging, gaben mir alle möglichen Freunde einen Rat. Manche meiner christlichen Freunde drängten mich, ich »solle den Herrn suchen« und mitten in der Anfechtung »die Freude« finden. Ein Freund fragte mich ganz unverblümt: »Warum fragst du deinen Arzt nicht nach Antidepressiva?« Bis ich schließlich all diesen wohlmeinenden Menschen erklärte: »Also, ich wehre mich nicht gegen Medikamente, und ich danke euch für euren Rat. Aber ich muss im Moment einfach traurig sein. Etwas, das mir viel bedeutet, hat mein Herz gebrochen, und ich kann es nicht richten. Es tut weh. Würdet ihr mich also in den Rest der Schöpfung einstimmen und mich meine Klage im Gebet vor Gott bringen lassen?«

Dem seufzenden Gott vertrauen

Denn nun folgt die erstaunliche Wahrheit bezüglich unserer Klageschreie: Gott hört uns. Neurowissenschaftler haben herausgefunden, dass eine Mutter nur Minuten nach der

Geburt den einzigartigen Klang ihres Kindes identifizieren kann. Der Schrei ihres Babys verankert sich fest in ihrem Gehirn. Auf dieselbe Weise kann Gott mich in unserem riesigen, dunklen Kosmos und trotz des Gewimmels von mehr als sechs Milliarden Menschen auf unserer Erde aufgrund der Einzigartigkeit meines schmerzerfüllten Schreis lokalisieren. Denn er ist tief in Gottes Natur und Charakter verankert.

Aber es kommt noch besser: Gott hört nicht nur mein Klagen, er seufzt und stöhnt mit mir. »Deshalb tritt der Geist Gottes für uns ein, er bittet für uns mit einem Seufzen, wie es sich nicht in Worte fassen lässt.« Und auch wenn wir schwach sind, hilft er uns, denn manchmal »wissen wir nicht einmal, wie wir beten sollen« (Römer 8,26). Wenn wir keine Worte haben, wenn wir nicht wissen, wo wir anfangen sollen, gerade dann, wenn unser Leben unter der Last dieser zerbrochenen Welt auseinanderzureißen droht, seufzt der Heilige Geist *in uns* und *für uns*. Mit anderen Worten: Tief im Herzen eines jeden Christen findet ununterbrochen ein leises Gespräch statt. Gott selbst betet für uns zu Gott, »mit einem Seufzen, wie es sich nicht in Worte fassen lässt«.

Und nicht nur das: In Jesus Christus betete und seufzte Gott auch *mit uns*. Als Gott in Jesus Mensch wurde (Johannes 1,14), stimmte er in unser Seufzen ein. Wenn Menschen auf diesem geschundenen Planeten stöhnen und schreien und wenn es richtig ist, dass Jesus in allem seinen Brüdern und Schwestern gleichgemacht werden wollte, dann hat er sich dafür entschieden, der wahre und ultimative Klagende zu werden (Hebräer 2,14–18). Darum stand Jesus am Grab seines Freundes Lazarus und weinte – denn der Tod war in Gottes gute Schöpfung eingedrungen und hatte verheerenden Schaden angerichtet. Eines Tages wird der Tod, der letzte Feind, vernichtet werden, aber noch ist er es nicht. Darum schließt sich Jesus mit uns solidarisch zusammen und schreit über alles, was zerbrochen ist. Als er für unsere Sünden am Kreuz hing, schrie er wegen dem, was ist, und dem, was erst sein wird.

Vor dem Hintergrund dieser biblischen Aussagen nun also ein kleines Bild Ihres Gebetslebens. Stellen Sie sich vor, Sie sitzen auf einer Parkbank, es ist Mitte Mai, die Sonne scheint, die Vögel singen, die Apfelbäume blühen – doch ihr Herz ist schwer vor tiefer Traurigkeit. Etwas in Ihrer Welt ist zerbrochen, und Sie können es nicht wiedergutmachen. Suchen Sie sich Ihren Schmerz aus:

Bei Ihnen wurde Krebs diagnostiziert.
Sie haben Ihren Job verloren.
Sie sind durch die Aufnahmeprüfung gefallen.
Das Leben Ihres Kindes ist ein Schlachtfeld.
Ein Freund zieht weg, und Sie vermissen ihn jetzt schon.
Ihr Ehepartner/Ihr Freund/Ihre Freundin hat Sie verlassen.
Sie sind traurig und depressiv.
Sie leiden unter etwas anderem …

Sie versuchen zu beten, Sie wollen beten. Sie stammeln, aber die Worte bleiben Ihnen im Hals stecken. So wie es ein Freund von mir ausdrückte, als er über den Kummer sprach, den ihm gerade eines seiner Kinder bereitete: »Wir haben versucht, dafür zu beten. Aber es ist so, als wollten wir ein Stromkabel anfassen. Es ist zu heiß, ich kann es nicht einmal berühren.« Alles, was Sie tun können, ist, sich an Gott zu wenden und Ihren Schmerz in seine Richtung zu adressieren. Denn so, wie die Bibel unser Beten versteht, bedeutet Ihr Schreien, dass Sie mit Gott in Verbindung treten. Gott sagt dazu: »Ja, jetzt greife ich ein! Denn … die Hilflosen stöhnen« (Psalm 12,6). Der Geist Gottes, der in Ihnen wohnt, fleht an Ihrer Statt zu Gott, dem Vater. Seufzen – die ursprünglichste, wortloseste und direkteste Form des Kommunizierens – ist erfüllt vom Wunder der Dreieinigkeit. Seufzen ist das Beten Gottes in uns.

Die wunderbare Kraft des Seufzens

Unsere Bereitschaft zu klagen und zu trauern öffnet auf eine überraschende Art und Weise unsere Herzen. Wenn wir versuchen, dem Schmerz dieser gebrochenen Welt zu entfliehen, wenn wir uns Ablenkung verschaffen, wenn wir von Gott und anderen fordern, unserem Schmerz ein Ende zu bereiten, dann verengt sich unsere Seele. Wenn wir aber unsere Schreie im Gebet an Gott richten, weitet sie sich, und unser Herz öffnet sich – für Gottes Trost, für Gottes Hoffnung und für sein Mitgefühl.

Klagen öffnet unser Herz für Gottes Trost. In ihrem Klassiker über Traumata und deren Heilung schreibt Judith Herman: »Die normale Reaktion auf eine Gräueltat ist es, diese aus dem Bewusstsein zu verbannen. Bestimmte Vergewaltigungen der sozialen Ordnung sind zu schrecklich, um sie laut zu äußern: das ist die Bedeutung des Wortes ›unaussprechlich‹.«[4] Der Standardhinweis, den wir leidenden Menschen oft geben, lautet folgendermaßen: »Stöhne bitte nicht in unserer Gegenwart – zumindest nicht zu laut. Tu es leise, behalte die Kontrolle.« Ich kann die vielen Male, in denen ich »Leidensgenossen« abgewertet und ohne Trost zurückgelassen habe, nicht zählen.

Im Gegensatz dazu erklärt der Gott, dem wir uns in Jesus Christus nahen, unsere tiefen Schmerzensschreie angesichts der fürchterlichen Gräuel dieser Welt für angebracht und für gültig. Gott kennt das Wort »unaussprechlich« nicht. Im Gegenteil: Er gibt uns ein ganzes biblisches Buch, das Buch der Klagelieder, das sich ausschließlich unserem gerechtfertigten Schmerz widmet. In der Mitte der Bibel »versteckt«, ist dieses kleine Buch so verborgen, dass wir es meist übersehen. Und es ist tatsächlich kein schönes Buch. Es ist roh und kantig. Es ist das persönliche Tagebuch eines Mannes, der tiefe Trauer und großes Leid erfahren hat. Er versucht, das Unaussprechliche auszusprechen; er versucht, in der Sinnlosigkeit einen Sinn zu finden. Der ganze Text ist ein einziges langes Klagegebet.

Wie kam es zu diesen unaussprechlichen Ereignissen? Im Jahr 587 vor Christus brach die babylonische Armee nach zweijähriger Belagerung durch die Stadtmauern der Hauptstadt Jerusalem. Sie eroberte die Stadt, zerstörte den Tempel, nahm die politischen Führer gefangen und exekutierte sie und zwang den Großteil der Einwohner zu einem fast 1000 Kilometer langen Marsch ins Exil. Die Verluste waren verheerend. Die Israeliten verloren ihre Häuser, ihre Arbeit, ihre Familien, den Ort ihrer Anbetung, ihre politischen Führer, kurzum: ihre gesamte Lebensform. Als Jeremia die Klagelieder schrieb, stand er noch immer unter Schock.

Die Klagelieder lehren uns, den tiefen Schmerz, der in unseren Herzen gefangen ist, wahrzunehmen und ihn in Gottes Richtung herauszuschreien. Das Buch startet mit dem hebräischen Wort »ekah«. In den meisten deutschen Bibelübersetzungen wird es mit dem Wort »wehe« oder auch »ach« übersetzt – aber es ist nahezu unmöglich, das schmerzhafte Leid, das in diesem Begriff liegt, treffend zu übersetzen. »Ekah« ist ein Klageschrei, der tief unten in unserem Bauch sitzt, erfüllt von Schmerz und Entsetzen. In der hebräischen Bibel wird dieses Wort ganz bewusst gesetzt, allein in eine Zeile gestellt und mit einer Pause versehen. »Ekah!« – und dann folgt nur Stille und weißer Raum. Ein herzzerreißender Aufschrei – und dann nichts mehr. Unaussprechlich.

Mit den Klageliedern möchte Gott uns lehren, richtig zu trauern. Die Dichtung folgt dabei einer Dichtweise, die mit dem ersten Buchstaben beginnt und dann durch alle 22 Buchstaben des hebräischen Alphabets geht. Das Buch der Klagelieder umfasst also unsere Aufschreie »von A bis Z« – und das nicht nur ein Mal, sondern fünf Mal.

Nahezu jeder Vers pocht vor Schmerz. »Ach, wie einsam ist die Stadt geworden, die früher voller Menschen war! … Sie weint und klagt die ganze Nacht, Tränen laufen ihr über die Wangen« (Klagelieder 1,1-2). Wir sehen, dass das Erste, was in diesem Gebet passiert, das Annehmen der Realität ist. Der Autor sieht die Spannung zwischen dem, was ist, und dem, was sein wird, und stellt sich den Tatsachen, ohne sie zu verleugnen oder zu verzerren. Was er sieht, lässt sein Herz vor Kummer überlaufen. Noch einmal: Gebet nimmt nicht den Schmerz aus unseren Herzen. Es verstärkt unsere Freude, aber auch unser Seufzen. Gebet »ent-täubt« unser Herz.

Und wie antwortet Gott auf unsere Klagerufe? Er lässt uns fühlen und lässt uns aufschreien. Das gesamte Buch der Klagelieder hat ein durchgängiges Thema: die Suche nach einem Tröster.

- »Von den Liebhabern, die sie einst begehrten, kommt nicht einer, um sie zu trösten« (Klagelieder 1,2).
- »Ich habe niemand, um mich zu trösten, niemand, der mir Erleichterung bringt« (Klagelieder 1,16).
- »Die Zionsstadt streckt die Hände aus, doch niemand ist da, der sie tröstet« (Klagelieder 1,17).
- »Man hört mich seufzen, doch keiner tröstet mich« (Klagelieder 1,21).

Durch die gesamte Bibel hindurch ist Gott der wahre Tröster aller, die Trauer und Angst empfinden. »Der Gott allen Trostes« erklärt unser Seufzen für angebracht und kommt uns in allen unseren Nöten »mit Trost und Ermutigung zu Hilfe« (2. Korinther 1,3-4). Gott ist der große Tröster, der uns hält. Die Bibel liefert uns keine umfassende Antwort auf das Leid, aber sie verspricht uns Gottes persönliche Gegenwart im Leid. Eines Tages wird diese persönliche Gegenwart so real und greifbar sein, dass alle Traurigkeit und alle Tränen verbannt sein werden. Alles Leid wird ein Ende haben. Gott wird diesen zerbrochenen Planeten heilen. Doch so lange leben wir in der Spannung zwischen unserer gefallenen Existenz und der vollkommenen Erlösung. Es tut weh, aber inmitten unseres Stöhnens, gerade wegen unseres Stöhnens, öffnen sich unsere Herzen für den Gott allen Trostes.

Der Kinderpsychiater Dr. Bruce Perry erzählt die erstaunliche Geschichte von »Mama P.«, einer Pflegemutter. Der Fall eines Jungen namens Robert brachte Dr. Perry und sein Team von Psychiatern, Psychologen, Kinderärzten und Medizinstudenten an ihre Grenzen. Roberts Mutter war eine kokainabhängige Prostituierte, die Robert regelmäßig missbrauchte. Nachdem man ihn von zu Hause weggeholt hatte, schoben ihn die Sozialarbeiter zwischen neun verschiedenen Heimen hin und her und diagnostizierten bei ihm ein Dutzend psychischer Störungen. Sein Fall schien hoffnungslos, bis Mama P. seine Trösterin wurde.

Während eines Arztbesuchs herrschte Mama P., eine große, kräftige Frau, Dr. Perry an: »Und, Dr. Perry, was können Sie tun, um meinem Baby zu helfen?« Dr. Perry schlug sofort Medikamente vor, aber Mama P. unterbrach ihn und sagte mit fester Stimme: »Sie werden meinem Kind keine Drogen geben. Mein Baby braucht keine Drogen!« Überrascht und verwirrt fragte Dr. Perry: »Mama P., wie helfen Sie ihm denn?« »Ich halte ihn einfach fest und wiege ihn in meinen Armen. Ich liebe ihn. Und wenn er nachts voller Angst durchs Haus wandert, dann hole ich ihn zu mir ins Bett, streiche ihm über den Rücken und singe ein bisschen, bis er einschläft.« »Und womit beruhigen Sie ihn tagsüber?« »Genauso. Ich lasse einfach alles stehen und liegen und halte ihn und wiege ihn in meinem Arm. Dauert nicht lange bei dem armen Kleinen.« Dr. Perry dachte an Roberts unreifes, aggressives Verhalten und fragte: »Aber Mama P., sind Sie nie wütend oder frustriert, wenn er sich so aufführt?« »Werden Sie wütend auf ein Baby, wenn es schreit?«, fragte sie zurück. »Nein, das tun doch alle Babys. Babys geben ihr Bestes, und wenn sie schreien oder uns bespucken, verzeihen wir ihnen.«[5]

In der Bibel ist Gott wie Mama P. – kämpferisch und stark, zärtlich und weise. Sie beschreibt Gott mit den folgenden »Mama P.«-haften Begriffen: »Bringt eine Mutter es fertig, ihren Säugling zu vergessen? Hat sie nicht Mitleid mit dem Kind, das sie in ihrem Leib getragen hat? Und selbst wenn sie es vergessen könnte, ich vergesse euch nicht!« (Jesaja 49,15). Gott, der Vater, ist ebenso der Gott allen mütterlichen Trostes. Gott weiß, dass wir weinen und schreien, uns schmutzig machen und spucken. Das Stöhnen bahnt sich aus unserem tiefsten Inneren den Weg nach oben. Doch auf eine unbegreifliche Weise wird dieses Stöhnen zum Kanal für Gottes Trost. Während wir weinen und klagen, hält uns der Gott allen Trostes, der Gott und Vater unseres Herrn Jesus Christus, einfach in seinen Armen und sagt: »Ich bin hier, ich bin hier, mein Kind. Weine ruhig. Lass mich dich nur halten und wiegen und meinen Trost in dein Herz ausgießen.«

Klagen öffnet unser Herz für die Hoffnung. Wenn wir den Gebeten des Klagens in unserem Leben Raum geben, öffnen sie unser Herz auch für die Hoffnung. Das ist Paulus' These in Römer 8,24–25. Seufzen öffnet unser Herz für mehr Hoffnung, und Hoffnung öffnet unsere Herzen für mehr Seufzen. In diesem Leben bleiben Hoffnung und Weinen miteinander verflochten wie zwei wilde Weinstöcke. Ehrlich gesagt, manchmal ist es sogar besser, nicht zu hoffen. So, wie es einer der Charaktere in dem Film »Die Verurteilten« mit Morgan Freeman und Tim Robbins formuliert: »Hoffnung ist eine gefährliche Sache. Sie kann uns verrückt machen.« Hoffnungslosigkeit verschließt das menschliche Herz, doch in dem Moment, wo Sie zu hoffen beginnen, machen Sie sich verletzlich. Hoffnung ist die Entscheidung, das Leben ohne Betäubung zu leben. Sobald Sie anfangen zu hoffen, beginnt Ihr Herz vor Sehnsucht schier zu zerreißen – denn nun gibt es etwas, das Sie wollen. Und diese Sehnsucht kann wehtun.

Bevor ich zwölf Jahre alt war, war ich noch nie bei einem Spiel der Minnesota Vikings gewesen. Für einen kleinen Jungen gibt es nur wenig aufregendere Dinge, als an einem frostigen Sonntagnachmittag im Dezember in einem gemütlichen Wohnzimmer zu sitzen und ein Spiel der Vikings zu verfolgen. So konnte ich 55000 Minnesota-Fans in Schneeanzügen sehen, die Kaffee aus ihren Thermoskannen schlürften und die Stadionluft mit ihrem warmen Atem erfüllten. Ich war ein Zuschauer, der nicht zu träumen wagte, jemals ein Vikings-Spiel live zu sehen.

Doch dann, an einem Tag Anfang August, verkündete mein Vater, er habe zwei Ticketsets für eine Spielsaison der Vikings erstanden. Meine zwei Brüder und ich würden zwei Spiele pro Kopf abstauben, und ich würde tatsächlich eine richtiges Vikings-Spiel besuchen – mit echten Männern (und ein paar mutigen Frauen) in der Kälte stehen und Kaffee aus Thermoskannen trinken, während wir in dem riesigen Hubert-Humphrey-Stadion saßen. Jetzt hatte ich eine Hoffnung.

Was glauben Sie, was Hoffnung im Herzen eines Kindes tut? Ja, Hoffnung ist gut! Hoffnung lässt Ihr Herz vor Freude und Abenteuerlust höherschlagen, als Sie es sich je vorstellen konnten. Aber Hoffnung öffnet Ihr Herz auch für den Schmerz der Sehnsucht und des Verlangens. In mancher Hinsicht war mein Leben weniger schmerzvoll, bevor ich die Hoffnung auf ein echtes Vikings-Spiel hatte. Ich war damit zufrieden, in meinem warmen, aber langweiligen Wohnzimmer zu sitzen, ohne an einem kalten Dezembertag einen Fuß vor die Tür setzen zu müssen. Doch jetzt hoffte ich, und dieses Gefühl zerriss mich schier.

Echte biblische Hoffnung mündet schließlich in Erfüllung. Die Bibel verspricht uns, dass unsere Hoffnung (im Gegensatz zum Wunschdenken!) uns »nicht enttäuschen wird« (Römer 5,5). Ich besuchte meine zwei Spiele. Ich zog meinen Schneeanzug an und saß in der Kälte auf der überdachten Tribüne. Aber die Hoffnung löste nicht die Spannung; sie intensivierte den Schmerz. Die Hoffnung malt immer das Bild einer wunderschönen und guten Zukunft und sagt dann: »Sie kommt, sie kommt! Sie wird dir gehören! Der Eine, der es versprochen hat, ist treu und glaubwürdig, aber du wirst darauf warten müssen.« Und so stöhnen und seufzen wir, während wir auf die kommende Herrlichkeit warten. Hoffnung und Schmerz wachsen gemeinsam.

Meine Freundin Theresa spiegelt diese tiefe Verbindung von Hoffnung und Schmerz wider. Die meiste Zeit ihres Lebens hat sie im Rollstuhl verbracht, und derzeit kann sie nicht einmal zur Arbeit fahren. Sie ist eine erwachsene Frau mit einem scharfen Verstand von großer Wendigkeit, aber sie ist vollkommen von der Pflege ihrer Eltern abhängig. Sie kennt die vielen und herrlichen Verheißungen der Bibel. Sie weiß, dass Christus eines Tages ihren zerbrochenen Körper in einen Körper verwandeln wird, der seinem Auferstehungsleib ähnelt (Philipper 3,21). Aber während sie auf die vollständige Erlösung ihres Körpers wartet, schmerzt es sie aufgrund dieser herrlichen Hoffnung sogar noch mehr. Diese Hoffnung ist so gut, so verlockend, dass sie sie beinahe greifen und schmecken kann. Aber im Moment ist sie außer Reichweite, und darum sehnt sie sich danach, sie zu besitzen. Unsere Kirchengemeinde braucht Theresa. Sie führt unseren »Klage-Chor« an. Ohne sie würden wir vergessen, dass Hoffnung und Seufzen Hand in Hand gehen, dass Hoffnung unser Seufzen verstärkt.

Nachfolger Jesu spüren, dass dieses Seufzen ihr Leben tiefer und reicher macht. Augustinus, der brillante Theologe des vierten Jahrhunderts, behauptete: »Sehnen macht das Herz empfindsamer.« Peter Brown, der sich mit Leben und Theologie des Augustinus befasst hat, hat dessen Mischung von Hoffnung und Schmerz folgendermaßen beschrieben:

»Augustinus ist ein Mann, der verstanden hatte, dass er dazu verurteilt war, in seiner gegenwärtigen Existenz unvollkommen zu bleiben, dass das, was er sich so inbrünstig wünschte, niemals mehr als eine Hoffnung sein würde, die aufgeschoben war, bis es zur finalen Auflösung aller Spannungen kommen würde, lange nach diesem Leben. ... Alles, was ein Mensch seiner Meinung nach tun konnte, war es, sich nach dieser fehlenden Vollkommenheit zu sehnen, ihren Verlust intensiv zu spüren, danach zu schmachten. ... Er war von einer Spannung bezüglich etwas anderem bestimmt, durch seine Fülle an Glaube, Liebe und Hoffnung, dadurch, dass er sich selbst als Pilger sah, der nach einem Land sucht, das stets fern ist, für ihn aber aufgrund der Liebe, mit der er sich nach ihm sehnt, allgegenwärtig ist.«[6]

In Augustinus' eigenen Worten des Seufzens und Hoffens: »[L]ass mich in meine Kammer gehen und Lieder meiner Liebe für dich singen, und seufzen mit unaussprechlichen Seufzern auf meiner weiten Wanderung, und mich mit einem Herzen, das in Sehnsucht nach oben strebt, an Jerusalem erinnern: Jerusalem, mein Vaterland, Jerusalem, die du meine Mutter bist.«[7]

Für Augustinus wie für Paulus erzeugt Seufzen Hoffnung und Hoffnung erzeugt Seufzen. Während wir zwischen einer von Sünde verhärteten Welt und einem von Christus erfüllten Kosmos hin und her gerissen sind, machen uns unsere Aufschreie nicht schwächer; sie weiten unser Herz durch Hoffnung. Und die Verletzlichkeit unserer Hoffnung öffnet unsere Herzen für noch mehr Klage.

Klagen öffnet unser Herz für Mitgefühl. Unsere Gebete, in denen wir mit Seufzern vor Gott treten, öffnen unsere Herzen auch noch für etwas anderes: Sie schenken uns ein tiefes Mitgefühl für andere. Wir fangen an, den Schmerz unserer »Leidensgenossen« anzunehmen. Gott erfüllt uns mit seinem Trost, und das Beste, was wir zu manchen Zeiten für andere tun können, ist, für Sie Gottes tröstende Gegenwart zu *sein*.

Für andere in ihrem Leid da zu sein – ohne alles sofort in Ordnung bringen zu wollen, ohne ihnen einen Vortrag zu halten und sogar ohne ihnen helfen zu wollen – ist eine seltene und kostbare Gabe. Die meisten von uns wollen Antworten geben und Lösungen anbieten. Natürlich gibt es einen Zeitpunkt für Hilfe oder Ratschläge. Doch wenn wir die »Schule des Klagegebets« durchlaufen haben, erlernen wir langsam die Kunst, einfach mit dem anderen zu *sein*, statt nur Dinge für ihn zu *tun*. Und manchmal ist das beste Gebet, das wir sprechen können, einfach nur neben einem von Schmerz erfüllten Menschen zu sitzen und gemeinsam mit ihm zu stöhnen.

Manchmal ist dieser Dienst des geteilten Leidens ganz schlicht und leise. Nachdem der Autor Joe Bayly seinen zweiten Sohn zu Grabe getragen hatte, erzählte er folgende Geschichte: »Ich saß einfach nur da, zerrissen von Trauer. Jemand kam und sprach mit mir über Gottes Handeln, darüber, warum es passiert sei, und über jene Hoffnung, die über den Tod hinausgeht. Er redete ununterbrochen, und ich wusste, dass das, was er sagte, wahr ist. Doch ich war vollkommen unberührt – außer dass ich mir wünschte, er würde gehen, was er irgendwann auch tat. Ein anderer kam und setzte sich zu mir. Er stellte keine Fragen. Er saß einfach eine Stunde oder länger neben mir, hörte zu, wenn ich reden wollte, antwortete mir kurz, betete einfach und schlicht und ging. Ich war total berührt. Ich war getröstet. Und ich hasste es, als er mich verließ.«[8] Joe Bayly brauchte jemanden, der einfach *still* mit ihm war und der ihn mit einer Zeit des gemeinsamen Klagens beschenkte. Wenn der Heilige Geist dahintersteht, führt uns das gemeinsame Klagen in die Gegenwart Gottes – des Gottes allen Trostes.

Unser gemeinsames Klagen muss nicht immer leise vonstatten gehen; manchmal ist es laut und unbändig. Im vergangenen Jahr besuchten drei Frauen eine gute Freundin, die an Depressionen litt und der eine Operation bevorstand. Sie hatte diese »betenden Pfingstler« darum gebeten, für sie vor Gott Fürbitte zu tun. Die drei Frauen sprachen ein paar Minuten mit ihr, und dann gingen sie mit ihr in den Keller unserer Gemeinde und starteten ihr kleines Gebetstreffen. Ich versuchte, nicht zu lauschen, aber ich konnte nichts dagegen machen: Sie waren laut! Diese Frauen wussten, wie man vor Gott klagt! Die drei brachten ihre Klageschreie mit einer derartigen Inbrunst vor Gott, dass ich erschrak.

Ich bin nette, gemütliche, wohlorganisierte Gebetstreffen

gewöhnt. Jeder kommt an die Reihe, so wie man auf dem Amt eine Nummer zieht. Diese Frauen zogen keine Nummer – sie beteten alle gleichzeitig! Sie waren nicht höflich oder milde oder wohlorganisiert. Sie jaulten gemeinsam auf wie drei verwundete Löwinnen. Oh, wie sehr sie vor ihrem Vater im Himmel seufzten! Natürlich wollte ich sie nicht unterbrechen – und wie könnte man auch ein Trio von drei verwundeten Löwinnen aufhalten? Sie hätten mich womöglich gefressen!

Nach 30 Minuten lauten, inbrünstigen Klagens hörten sie auf und verschwanden leise durch die Hintertür. Es war wieder still – aber ich werde nie vergessen, was diese Frauen mich über das Gebet gelehrt haben. Ich habe wichtige Werke großer Lehrer des christlichen Gebets gelesen. Ich habe wohlformulierte Predigten über die Theologie des Betens gehalten. Ich habe sogar ein Buch über das Gebet geschrieben. Aber noch nie habe ich so gebetet wie diese drei Löwinnen! Noch nie bin ich mit solch unbekümmerter Inbrunst für jemand anderen im Gebet eingetreten. Als sie gingen, fiel ich auf die Knie und rief zu Jesus: »Herr, lehre mich beten!« (Lukas 11,1).

Aber ich lerne das Seufzen und Klagen immer mehr. Es tut zwar weh, den Schmerz im eigenen Herzen und das Leid dieser gefallenen Welt zu spüren. Aber so ist das echte Leben! Ich begreife, dass Klagen unser Herz weiter macht. Und ich höre Gott, der mir sagt: »Lass die Klage raus, mein Kind, seufze, stöhne laut. Jammere, so viel du willst. Eines Tages wird das Seufzen ein Ende haben, das Weinen wird aufhören, und der Schmerz wird nicht mehr sein. Ich werde jede Träne von deinen Augen abwischen. Aber bis dahin stimme ein in das Seufzen der Schöpfung. Ich bin bei dir. Ich seufze in dir und an deiner Seite. Du bist nicht allein.«

2

Tränen, Blut, Brot und Wein

Letzten Sommer tat ich mich mit 15 Männern und zwei Frauen zusammen, um mit ihnen in einem harten Kirchen-Softballspiel gegen unsere Erzrivalen, die »Lutherischen Psalmen«, anzutreten. 90 Minuten lang gaben wir alles – wir warfen, fingen, liefen, rutschten, schwitzten und schrien. Wie gewöhnlich wurden wir von den »Psalmen« vermöbelt, aber wenigstens geschah das an einem wunderschönen Sommerabend. Als das Spiel zu Ende war, reihten wir uns auf, um den »Psalmen« zu gratulieren, bevor wir uns um unsere eigene Bank versammelten, uns auf die Schulter klopften, kaltes Wasser herunterstürzten und den traumhaften Sonnenuntergang genossen. Als wir unsere Ausrüstung zusammenpackten, rief einer meiner Teamkollegen: »Hey, Leute, lasst uns Gott für das Spiel danken. Okay, jetzt bitte Ruhe, schließt eure Augen und seid still, damit wir beten können.«

Also hörten wir artig auf zu reden, senkten unsere Köpfe und schlossen unsere Augen. Als wir gerade dabei waren, uns auf das Gebet zu konzentrieren, donnerte eine Schar Gänse über unsere Köpfe hinweg. Der Duft frisch gemähten Grases stieg uns in die Nase. Ich hörte einige Blätter in der kühlen Abendbrise rascheln. Und als wir gerade mitten im Gebet waren, konnte ich es einfach nicht mehr aushalten: Ich schummelte und öffnete meine Augen. 90 Minuten lang waren wir in Berührung mit der Welt um uns herum gewesen, hatten uns an Gottes Schöpfung erfreut und unsere Körper in Dreck, Gras und die Sommerhitze eingetaucht. Ich blinzelte, weil ich so beten wollte, wie ich gespielt hatte – mit weit geöffneten Augen, die all die Schönheit wahrnehmen konnten, die mich umgab.

Ich erzähle diese kleine Geschichte, weil viele von uns eine falsche Annahme bezüglich des Gebets entwickelt haben: Wenn wir so richtig »geistlich« sein wollen, müssen wir uns von der materiellen Welt absondern. Gott ist Geist – stimmt, oder? Diese Tatsache lässt uns annehmen, dass wir uns von den physischen Dingen um uns herum abkoppeln müssen, wenn wir auf einer tieferen Ebene mit Gott in Verbindung treten wollen. Sprich: Wenn du beten willst, werde still und schließ die Augen. Richte dich nach innen. Berühre nichts. Rieche nichts. Benutze deinen Kopf, aber nicht deine Nase. Lass dich nicht von Gänsen, die über deinem Kopf kreisen, dem Duft von frisch gemähtem Gras oder von Blättern, die rascheln, ablenken. Denn Beten ist eine »geistliche« Erfahrung.

Aus biblischer Sicht liegen all diese Annahmen ziemlich daneben. Beten ist nicht nur eine geistliche Erfahrung. Das biblische Verständnis von Gebet besagt nicht, dass wir besser beten, wenn wir »geistlicher« werden; wir beten besser, wenn wir »körperlicher« werden. Durch die ganze Bibel hindurch sagt Gott uns mal mehr, mal weniger: »Schau dir das an. Koste das. Riech das. Berühr das. Beweg deinen Körper.« Ich bin davon überzeugt, dass diese sehr physische, bodenständige und »sinnliche« (im Sinne von »all unsere Sinne gebrauchende«) Art zu beten unsere Verbindung mit Gott vertiefen kann. Und zudem ist sie der einfachste und praktischste Weg des Betens, der in diesem Buch erkundet wird.

»Sakramental« beten

Schon seit Jahrhunderten gebraucht die Kirche ein bestimmtes Wort für die Gegenstände, Zeichen und Symbole, die sie mit dieser Art des Betens verbindet: »Sakrament«.

Ich persönlich mag das Wort. Probieren Sie es einmal aus und sagen Sie es fünf Mal hintereinander: Sa-kra-ment. Es ist ein gutes, griffiges Wort, wenn es darum geht, den Gedanken zu vermitteln, dass Gott greifbare Dinge wie Bäume und Felsen, Brot und Wein, Sterne und Hände dazu benutzt, um uns seine Liebe zu zeigen.

Die Christenheit ist sich bezüglich der Anzahl der Sakramente nicht einig. Die protestantische Tradition erkennt nur zwei Sakramente an, die uns Gottes Gnade vermitteln: die Taufe und das Abendmahl. Andere christliche Traditionen kennen zahlreiche weitere Sakramente, bis zu sieben. Aber auch über die Teilnahme an formellen Sakramenthandlungen hinaus (die für unser geistliches Wachstum entscheidend sind, wie ich finde), können wir Gott auf vielen anderen Wegen sakramental begegnen. Es gibt viele Arten, auf die Gott zu uns sagt: »Ich möchte, dass du mich kennenlernst, darum komm her. Koste das Brot, trinke den Wein, rieche den Weihrauch, berühre den Baum, bewege dich im Tanz.«

Zum Beispiel erzählte mir eine Freundin, die lange Zeit in China gelebt hatte, dass sie bei ihrer Rückkehr nach Long Island vom Anblick der wunderschönen Bäume total überwältigt war. Spät im Herbst erblickte sie eine kleine Baumgruppe, deren blattlose Äste in den Himmel emporragten. Sie erzählte, es habe so ausgesehen, als würden die Zweige ihre Hände zu Gott erheben und ihm begeistert Lob- und Anbetungslieder singen. Ein abstruser Gedanke? Falls ja, was machen wir dann mit Psalm 96,12–13, wo es heißt: »Der Ackerboden soll fröhlich sein samt allem, was darauf wächst;

alle Bäume im Wald sollen jubeln! Denn der Herr kommt; er kommt und sorgt für Recht auf der Erde«? Indem meine Freundin diese Bäume betrachtete und in ihr Freudenlied einstimmte, betete sie sakramental.

Der Feind des sakramentalen Gebets

Manche betrachten die Idee der Sakramente und des sakramentalen Betens mit Argwohn. »Es ist unnötig und primitiv«, sagen sie. »Wozu brauche ich zum Beten Bäume und Dreck und Hände und Brot und Wein? Immerhin bin ich Christ. Wenn ich mich doch mit meinem Verstand und meinen Worten direkt an Gott wenden kann, wofür sollte dieses Zeug dann gut sein?«

Die Leute sind überrascht, wenn sie erfahren, dass diese Ansichten in ihrer extremen Ausprägung in Wahrheit mit einer Form der Irrlehre Hand in Hand gehen, die tief in anti-christlichem und anti-biblischem (ebenso wie anti-jüdischem) Gedankengut verhaftet ist. Der theologische Fachbegriff für diese Form der Irrlehre heißt »Gnostizismus«. Die Gnostiker des Altertums und der Neuzeit haben zumindest eine Sache gemeinsam: ein tief sitzendes Misstrauen gegenüber der Schöpfung, gegenüber aller Materie, gegenüber Dingen und Körpern. Alles Stoffliche dieser Welt ist beschmutzt – oder bestenfalls unwichtig für ihr geistliches Leben.

Laut Hans Urs von Balthasar, einem brillanten zeitgenössischen Theologen, lebte »im Hintergrund der frühen Kirche stets der grundlegende Glaubenssatz des Gnostizismus – nämlich die Überzeugung, dass die niedere, stoffliche Sphäre, das ›Fleisch‹ … verachtenswert sei, etwas, das überwunden werden musste, während die höhere, geistliche Welt … die einzige Sache war, die es wert war, entwickelt zu werden.«[2]

Selbst die blutigen Verfolgungen stellten eine geringere Bedrohung für die Kirche dar als der Gnostizismus.

Die frühe Kirche lehnte den Gnostizismus als radikal nicht-christlich ab, weil er die sakramentale Sicht der Welt verneinte. Sie bekämpfte ihn stets mit einem scharfen Gegenangriff: »Nein, verdammt noch mal (ausgeliehen bei C.S. Lewis)[4], die Welt, die Gott geschaffen hat, ist gut! Die Dinge dieser Welt sind gut. Menschliche Körper sind gut. Ja, die Welt und die Dinge dieser Welt sind beschädigt und fehlerhaft, aber sie sind es wert, dass man um sie kämpft und sie erlöst!«

Durch ihre gesamte Geschichte hindurch hat die Kirche ihren sakramentalen Reichtum auf zwei große Säulen gestellt: auf die Schöpfung und die Inkarnation, die Menschwerdung Gottes. Das sakramentale Gebet beruft sich bereits auf die ersten Seiten der Bibel: »Am Anfang schuf Gott Himmel und Erde … Und Gott sah alles an, was er geschaffen hatte, und sah: Es war alles sehr gut« (1. Mose 1,1 und 31). Sakramentales Gebet beginnt damit, dass die Schöpfung als »sehr gut« bezeichnet wird. Gott erfreut sich an allem, was er geschaffen hat. Und auch für Christus hat die Schöpfung eine große Bedeutung, ist er doch der Eine, durch den »alles besteht« (Kolosser 1,15–17).

Der chilenische Dichter Pablo Neruda wusste, wie man die Schöpfung auf eine sakramentale Weise betrachtet. Kürzlich habe ich mich durch drei Bände gelesen, in denen er Oden an die geschaffenen Dinge verfasst hat, Gedichte, in denen er die gewöhnlichen Dinge preist: ein Atom, einen Thunfisch, ein Glas Wein, eine Eidechse, eine Frau beim Gärtnern. Mein persönlicher Favorit: die »Ode an eine Zitrone«. Als er eines Tages eine Zitrone aufschnitt, ergoss er sich dichterisch ob der Schönheit »dieses gelben Kelches voller Wunder«.[5]

Neruda beschreibt darin nicht bloß eine einfache Zitrone, sondern ein Wunderwerk der Schöpfung. Sehr zu meiner Überraschung stellte ich fest, dass Neruda ein waschechter Marxist war, doch seine Gedichte weisen durch und durch biblische und sakramentale Züge auf. Nach der klassischen christlichen Lehre ist Gott von seiner Schöpfung getrennt, und trotzdem sind Dinge, ganz konkrete Dinge – Zitronen, Eichenblätter, Regenbogen, Zebras, Flüsse, die Lunge Ihres Nachbarn, Grillen, Gletscher und Ihr großer Zeh – von Bedeutung, weil Gott die Welt erschaffen hat, Jesus die Welt erhält und der Geist Gottes ihr neues Leben einhaucht (Psalm 104,29–30).

Das sakramentale Gebet fußt auf einer weiteren Säule: der Menschwerdung Gottes, der Inkarnation. Jesus, der Sohn Gottes, kam als Mensch in die geschaffene Welt, er wurde »Fleisch«, wie es einige Bibelübersetzungen ausdrücken. Demnach ist er für Christen das ultimative Sakrament, weil er der Einzige ist, den die Bibel als »das Bild des unsichtbaren Gottes« bezeichnet (Kolosser 1,15). Mit anderen Worten: Wenn Sie Gott zuschauen wollen, wenn Sie ihn fühlen wollen, wenn Sie ihm begegnen wollen – sehen Sie auf Jesus. Jesus ist Gott in einem Körper – mit Haut, roten Blutkörperchen, Haarwurzeln, einer Blase, einer Lunge und einer Milz.

Neulich traf ich meine Freundin Amy, die mit dem christlichen Glauben nichts am Hut hat, in einem indischen Restaurant, wo sie mich mit theologischen Fragen löcherte. Über Fladenbrot und mariniertem Hühnchen ereiferte sie sich über »sogenannte Christen«, die einen verlorenen Krieg im Irak unterstützten, sich geifernd für die Todesstrafe stark machten, die Erde ausbeuteten und in aller Ruhe alle Nichtchristen in die ewige Verdammnis schickten. Schließlich unterbrach ich ihren Redeschwall und sagte: »Amy, das sind gute

Fragen. Aber wenn du wirklich etwas über Gott wissen willst, würde ich dir raten: Sieh dir Jesus an. Lies etwas über sein Leben. Schau dir an, wie er mit Ausgestoßenen, Sündern und auch den Unterdrückern umgegangen ist. Hör dir an, was er zu Dingen wie Wahrheit und Wirklichkeit zu sagen hat. Laut Aussage der Bibel siehst du Gott-in-Aktion, Gott-in-menschlicher-Gestalt, wenn du in das Gesicht Jesu blickst.«

»Niemand hat Gott jemals gesehen«, schreibt der Apostel Johannes in seinem Evangelium, »nur der Eine, der selbst Gott ist und mit dem Vater in engster Gemeinschaft steht, hat uns gesagt und gezeigt, wer Gott ist« (Johannes 1,18). Jesus ist *das* Sakrament, er ist *die* Gabe Gottes an uns.

Das ist keine nebensächliche theologische Aussage. Wenn der Gnostizismus »die erste große Versuchung war, die das christliche Denken überwinden musste«[6], dann vernichtete die Tatsache der Menschwerdung Gottes dessen Anziehungskraft. Im Gegensatz zur blassen und vagen Lehre des Gnostizismus führt uns die Menschwerdung auf einen farbenprächtigen, von der Schöpfung erfüllten Weg geistlichen Lebens. Laut Hans Urs von Balthasar »erkannte das Christentum von ganzem Herzen das Gute der Schöpfung und bestätigte fröhlich und mutig das Menschsein … Die Tatsache, dass Gott ein Mensch, dass er tatsächlich Fleisch geworden ist, beweist, dass die Erlösung und Auferweckung der gesamten irdischen Welt nicht nur eine Möglichkeit, sondern Realität ist.«[7]

Die sakramentale Ausrichtung der Bibel

Warum also haben wir es nötig, dass uns die Dinge der Schöpfung helfen, mit Gott in Verbindung zu treten? Die einfache Antwort darauf lautet: weil Gott so arbeitet. Die Schöpfung war seine Idee, und obwohl sie, wie wir, gefallen ist, weist sie immer noch auf seine Herrlichkeit und Güte hin. Gott liebt seine Schöpfung, und er hat sich entschlossen, durch sie zu arbeiten und uns durch sie zu berühren. Sie bietet uns einen greifbaren Ansatz, mit dessen Hilfe wir Gott erkennen und uns ihm nähern können. Um es mit den weisen Worten von C. S. Lewis zu sagen: »Wir sollten nicht versuchen, geistlicher sein zu wollen als Gott. Gott wollte den Menschen nie als rein geistliches Wesen. Deshalb gebraucht er auch stoffliche Dinge wie Brot und Wein, um uns das neue Leben mitzuteilen. Uns erscheint das vielleicht grob und ungeistlich, aber Gott nicht: Er hat sich ausgedacht, dass wir essen müssen. Er mag materielle Dinge. Er hat sie erfunden.«[8]

Langsam entdecke ich, dass Hunderte biblischer Beispiele existieren, die uns zeigen, wie Gott in den geschaffenen Dingen die Hand nach uns ausstreckt und wie auch wir ihm auf diesem Weg antworten können. Als Gott zum Beispiel nach der Sintflut seiner Liebe zu seiner Schöpfung Ausdruck verleihen wollte, versprach er: »Ich schließe meinen Bund mit euch und mit euren Nachkommen und auch mit allen Tieren, die bei euch in der Arche waren und künftig mit euch auf der Erde leben, den Vögeln, den Landtieren und allen kriechenden Tieren« (1. Mose 9,9–10). Doch dieses Versprechen gab er nicht nur mit Worten. Der Bund wurde mit einem sichtbaren Zeichen verbunden – einem Regenbogen. Und Gott sprach: »Das ist der Bund, den ich für alle Zeiten mit euch und mit allen lebenden Wesen bei euch schließe. Als Zeichen dafür setze ich meinen Bogen in die Wolken. Er ist der sichtbare Garant für die Zusage, die ich der Erde mache« (1. Mose 9,12–13). Der Regenbogen wurde zu einem »Sakrament«, zu einem Zeichen, mit dem Gott seine Absicht erklärte, seine Schöpfung zu bewahren und seinen Bund zu halten.

Viele Jahre nach Noahs Regenbogen gab Gott Abraham

andere Zeichen seines Bundes und seiner Liebe, angefangen bei der Beschneidung (1. Mose 17,10-11). Ein Tattoo oder etwas Ähnliches wäre sicher ein weniger radikaler Eingriff gewesen, doch dafür ist es unmöglich, eine Beschneidung zu übersehen. Und dem durchschnittlichen Mann prägt sich wohl keine »Berührung durch Gott« stärker ein als diese. Auch darüber hinaus hatte Abraham sein Leben lang eine von Zeichen begleitete, sakramentale Beziehung zu Gott. Einmal lesen wir, dass Gott ihn aus seinem Zelt führte und sagte: »Sieh hinauf zu den Sternen am Himmel! Kannst du sie zählen? So unzählbar werden deine Nachkommen sein« (1. Mose 15,5). Ich liebe es, mir vorzustellen, dass Gott Abraham an der Hand nahm, ihn nach draußen führte und seinen Blick nach oben auf einen sternenübersäten Nachthimmel lenkte. Gott gab Abraham ein Bild für sein Versprechen.

Auch Abraham antwortete Gott mit einem Zeichen. In 1. Mose 21,33 lesen wir, dass Abraham einen Tamariskenbaum in Beerscheba pflanzte und »im Gebet den Namen des Herrn, des ewigen Gottes« anrief. Er hätte auch einfach nur »im Gebet den Namen des Herrn« anrufen können. Was bringt es, einen Baum zu pflanzen? Der Text sagt darüber nichts, aber wenn wir ihn sakramental lesen, war der Baum offenbar ein Symbol für Abrahams Gebetsleben. Jedes Mal, wenn Abraham ihn sah, erinnerte er sich an Gott und sein Gebet.

Auch der Rest des Alten Testaments ist von sakramentalen Handlungen erfüllt. Das Passahfest (2. Mose 12) war eine zeichenhafte Erfahrung. Bis heute feiern unsere jüdischen Freunde das Passahfest auf sakramentale Weise: Sie schmecken und riechen, singen, berühren und fühlen. Faszinierend ist, dass auch Gott das Passahfest zeichenhaft erlebte: »Eure Türen aber sollen durch das Blut bezeichnet sein. Überall, *wo ich dieses Blut sehe*, werde ich vorübergehen« (2. Mose 12,13,

Hervorhebung durch den Autor). Gott reagiert auf ein Zeichen, ein »Sakrament«: auf das Blut an den Türpfosten.

Die Anbetung in der Stiftshütte war ein vollkommen sinnenfreudiges, körpernahes Erlebnis voller Anblicke, Gerüche und Klänge. Fein gewebte purpurfarbene Vorhänge (2. Mose 26,1), die Gewänder des Hohepriesters (2. Mose 28,2–3), der wohlriechende Weihrauch (2. Mose 30,7), die aromatischen Gewürze – all diese Dinge, diese körperlichen Erfahrungen, verkündeten die Herrlichkeit Gottes. Und auch die Opfer-Ordnungen des Alten Testaments sprachen alle Sinne an. Nachdem am Versöhnungstag (3. Mose 16) ein Stier geschlachtet und sein Blut sieben Mal vor der Bundeslade auf die Erde gesprenkelt worden war, der Weihrauch ins Feuer geworfen worden war, man die Rauchschwaden gesehen und den Duft gerochen hatte, nachdem man zugesehen hatte, wie der Priester seine Hand auf einen lebendigen Ziegenbock legte und die Sünde eines jeden über seinem Kopf aussprach und den Sündenbock dann stellvertretend für das Volk in die Wüste schickte – nach all dem hätte niemand den Anbetungsgottesdienst verlassen und gemurmelt: »Ich kann mich gar nicht mehr erinnern, worüber der Pastor heute gepredigt hat.«

Insbesondere die Psalmen laden uns dazu ein, unseren ganzen Körper mit einzubeziehen, wenn wir Gott loben. Es scheint, als sage Gott wieder und wieder: »Steh nicht bloß rum, wenn du betest, sondern beweg deinen Körper! Rufe, knie, klatsche in die Hände, tanze, verbeuge dich oder lege dich hin. Tu etwas!« Gott handelt, und wir antworten ihm sakramental, indem wir unseren Körper in Bewegung bringen.

Ein weiteres Beispiel: Als Paulus für seinen jungen Zögling im Glauben betete, benutzte er nicht nur Worte; er streckte sich nach ihm aus und berührte ihn. Als Paulus Timotheus dann später aufforderte, seine Gnadengabe wieder zu »entfachen«, erinnerte er ihn daran, dass diese ihm »*durch die Auflegung meiner Hände zuteil geworden*« war (2.Timotheus 1,6; Hervorhebung durch den Autor). Warum handelt Gott auf diese Weise? Ist Gott von menschlichen Händen abhängig, wenn er Menschen eine Gnadengabe schenken möchte? Ja und nein. Ja, weil sich Gott häufig dafür entscheidet, durch unseren Körper und unsere Handlungen zeichenhaft zu wirken, und nein, weil er es nicht tun muss. Aber um es frei nach C. S. Lewis zu formulieren: Gott benutzt materielle Dinge wie Hände, um uns das neue Leben in Christus einzupflanzen.

Sakramental leben und beten

Die Beschäftigung mit diesen (und vielen weiteren) Bibelstellen hat mich zu zwei Prinzipien einer sakramentalen Weltsicht geführt. Erstens: Im Gebet empfangen wir etwas von Gott, indem er durch seine Schöpfung an uns handelt – sich uns offenbart, uns liebt, uns erlöst und segnet. Das »Sakrament« des Regenbogens scheint nur der Auftakt für weitere sakramentale Handlungen Gottes gewesen zu sein. Wenn ich Leute frage: »Für wen war der Regenbogen gedacht?«, dann antworten sie für gewöhnlich: »Na, natürlich für uns.« Aber das sagt die Geschichte nicht. Gott sagte: »Der Bogen wird in den Wolken stehen, und wenn ich ihn sehe, wird er mich an den ewigen Bund erinnern, den ich mit allen lebenden Wesen auf der Erde geschlossen habe« (1. Mose 9,16). Mit anderen Worten: Bei dem zeichenhaften Regenbogen geht es vor allem um Gottes Handeln, nicht unseres. Er handelt durch das Zeichen. Genauso geht es beim sakramentalen Beten in erster Linie darum, etwas von Gott zu empfangen, der in meinem Interesse an mir handelt.

Zweitens: Zeichenhaftes, sakramentales Beten schließt unsere aktive Beteiligung mit ein, indem wir Gott im Glauben durch zeichenhafte Handlungen antworten. Wir pflanzen einen Baum, wir heben im Gebet unsere Hände, wir betrachten die wunderschönen Vorhänge in der Stiftshütte, wir blicken staunend zu den Sternen, wir legen jemandem im Gebet die Hände auf.

Aber welchen Unterschied macht das alles nun für unser Gebetsleben? Wie können wir sakramental beten? Aus meiner persönlichen Erfahrung heraus möchte ich einige Formen sakramentalen Betens mit Ihnen teilen, die mein Gebetsleben lebendiger und reicher gemacht haben.

Beginnen Sie mit dem Abendmahl. Als Gemeinschaft, die sich um Jesus versammelt, feiern wir damit das ultimative Sakrament. Christen verschiedener Herkunft und unterschiedlicher Prägung werden sich wohl nie über die genaue Bezeichnung – Eucharistie, Mahl des Herrn oder Heilige Kommunion – einig werden, genauso wenig wie darüber, was genau während dieses Sakraments geschieht. Aber in Anbetracht unseres kurzen sakramentalen Abstechers in die Bibel behaupte ich, dass das Abendmahl zweierlei beinhaltet:

Gott handelt durch Jesus Christus und in der Kraft des Heiligen Geistes an seinem Volk, indem er es befreit, segnet und erlöst (und auch andere zur errettenden Erkenntnis seiner selbst führt).

Wir antworten durch unser zeichenhaftes Handeln des Essens und Trinkens, des Kniens und des Nach-vorne-Tretens, um Brot und Kelch zu empfangen, auf Gottes Geheimnis der Erlösung durch Jesus Christus.

Jede sakramentale Begegnung mit Gott fließt aus einem eucharistischen Leben, einem Leben, das zutiefst im Evangelium verankert ist. Erstaunlicherweise scheinen viele Christen im Abendmahl ein verklärtes Anschauungsbeispiel oder eine Kinder-Predigt zu sehen. Ein mickriges Stück Brot und ein winziger Schluck Wein (oder Traubensaft) machen einen so einfachen, alltäglichen und kindlichen Eindruck. In einem Punkt haben sie recht: Es ist einfach und alltäglich und kindlich. Aber sieht das Jesus nicht ähnlich? Er straft unser »gnostisches Elitedenken«, unsere Arroganz und unsere Abscheu vor der Schöpfung ab. Gott zerstört unsere Vorstellung, dass wir ihn an besonderen Orten oder in besonders »geistlichen« Menschen finden müssten, die sich auf einer nicht enden wollenden »geistlichen Suche« abmühen, die doch in der Sackgasse endet. Gott findet mich und arbeitet an mir an alltäglichen Orten und inmitten gewöhnlicher Menschen, die zu einer gewöhnlichen Gemeinschaft gehören. Jesus ist hier, genau jetzt, in den ganz normalen Dingen des Alltags: in Brot und Wein, in der Gemeinschaft von Menschen und in den unvollkommenen Worten und den Händen des Pastors.

Auf eine gewisse Art macht mich das einem Kind, ja sogar einem Bettler gleich. Wenn ich an den Altar trete, um Brot und Wein zu empfangen, dann werde ich daran erinnert, dass ich mich in eine geistliche »Essensschlange« einreihe. Wir alle hungern nach Gott und verzehren uns nach Gnade. Und so reihen wir uns in die Schlange der sündhaften, hungrigen, begierigen Heiligen ein, bereit für das nächste Mahl unseres Vaters. Ich brauche diese körperlichen, sichtbaren, greifbaren, schmackhaften Zeichen der Gnade Gottes, damit mein Hunger gestillt wird. Johannes Calvin sagte: »Die Sakramente sind demnach Übungen, die uns bezüglich der Vertrauenswürdigkeit des Wortes Gottes sicherer machen. Und weil wir ›im Fleisch‹ sind, werden sie uns inmitten der Dinge aus Fleisch gezeigt, um uns entsprechend unserer schwerfälligen Aufnahmefähigkeit anzuweisen und uns an die Hand zu nehmen, so wie ein Lehrer Kinder führt.«[9] Oder, wie ein zeitgenössischer katholischer Autor es ausdrückt: »Ich nehme nicht an der Eucharistiefeier teil, weil ich ein guter Katholik bin, heilig, fromm und fehlerlos. Ich nehme daran teil, weil ich ein schlechter Katholik bin, zerrissen von Zweifel und Angst und Wut; nahezu bewusstlos aufgrund ernsthafter Unterzuckerung der Seele.«[10]

Gott, der Vater, nimmt die Beziehung auf. Jesus lädt uns ein an den Tisch der Gnade. Der Geist kommt auf uns herab. Doch in einem sakramentalen Universum sakramental zu leben erfordert auch unsere Teilnahme am Mahl des Herrn. Wir tun dies in Gemeinschaft, aber ich kann meinen Teil dazu beitragen, mich vorzubereiten und es angemessen zu feiern.

Nehme ich den Hunger meines Herzens nach Gottes Gnade ernst? Bin ich offen dafür, am Tisch des Herrn etwas von Jesus zu empfangen? Bereite ich mein Herz am Morgen oder Abend vor dem Abendmahl darauf vor? Sehe ich diese Zeit als heilige Zeit in wahrhaftiger Gemeinschaft mit dem auferstandenen Jesus und meinen Glaubensgeschwistern?

Alles fließt aus dem Feiern des Abendmahls. In seinem Kampf gegen die Gnostiker fasste der frühe Kirchenvater Irenäus die zentrale Bedeutung des Abendmahls zusammen: »Unsere Lehre ist im Einklang mit dem, was wir in der Eucharistie tun; und das Feiern der Eucharistie bestätigt, was wir lehren.«[11]

Beten Sie gemeinsam mit anderen. Viel zu lange glaubte ich, mein persönliches Gebetsleben sei nur mein persönliches Gebetsleben. Ich sah das Gebet als eine Art privaten Geschäftsvorgang zwischen Gott und mir. Doch seit ich lerne, sakramental zu beten, erkenne ich, wie wichtig es ist, auch mit anderen gemeinsam zu beten. Ich kann meine Beziehung zu Gott entfalten, indem ich mit jemandem bete. Andere Menschen sind wichtig für mein Gebetsleben.

In dem Film »Dead Man Walking« gibt es eine sehr eindrückliche Szene zwischen Schwester Helen Prejean und dem jungen Mann, der durch die Giftspritze hingerichtet werden soll. Schwester Helen sagt zu ihm, er solle in ihr Gesicht sehen, wenn er auf der Bahre angebunden wird und auf seinen Tod wartet. »So ist das Letzte, was du siehst, bevor du stirbst, das Gesicht eines Menschen, der dich liebt.«[12]

Sakramental zu beten bedeutet, dass ich das Gesicht eines anderen Menschen sehe, während ich bete. Aus diesem Grund besteht ein Teil meines Gebetslebens aus dem Gebet mit anderen. Ich treffe mich dazu regelmäßig mit drei Freunden, wobei wir zwei »Tagesordnungspunkte« auf unserer Agenda stehen haben: 1. unser Leben miteinander zu teilen und 2. füreinander zu beten. Das ist alles. Wir versuchen nicht, Probleme zu ergründen oder zu lösen. Wir tauschen uns abwechselnd über unser Leben aus, und dann beten wir füreinander. Während ich bete, sehe ich die Gesichter dieser Menschen an, von denen ich weiß, dass sie mich lieben. Und doch geht es bei dieser Art des sakramentalen Betens nicht bloß darum, mein Gebetsleben »aufzupeppen«; es geht darum, dass ich meinen Platz in diesem konkreten, unvollkommenen und doch wunderbar bunten Haufen finde, der sich Kirche Jesu Christi nennt.

Berühren Sie jemanden, während Sie beten. Die Gemeinschaft von Christen ist immer auch eine Gemeinschaft, in der Berührung wichtig ist. Mir ist aufgefallen, dass Jesus andauernd Menschen berührte – Kinder, Leprakranke, blinde Männer, kranke Frauen –, und als der Apostel Paulus Timotheus berührte, entfachte er dadurch ein Feuer in seinem Herzen (2. Timotheus 1,6). Wenn in der frühen Kirche jemand krank war, waren die Ältesten dazu angehalten, die kranke Person mit Öl zu salben und für ihn oder sie zu beten (Jakobus 5,14). Das war kein Vorschlag – es war ein Gebot.

In einer Szene des Ingmar-Bergman-Films »Das Schlangenei« von 1977 zieht ein katholischer Priester gerade seine Messgewänder aus, als eine Frau die Sakristei betritt. Voller Not, einsam und verunsichert nähert sie sich dem Priester und beginnt zu schluchzen. Dann platzt es aus ihr heraus: »Ich bin so allein, Vater, niemand liebt mich! Gott ist so weit weg! Ich glaube sowieso nicht, dass er mich lieben könnte. Nicht so, wie ich bin! Alles ist dunkel für mich!« Anfangs ist der Priester verärgert, doch dann sagt er liebevoll zu der Frau: »Knie nieder, ich werde dich segnen. Gott mag weit weg erscheinen. Er kann dich jetzt nicht berühren, das weiß ich. Aber ich werde meine Hände auf deinen Kopf legen und dich berühren – damit du weißt, dass du nicht allein bist, nicht ungeliebt, nicht in der Dunkelheit. Gott ist hier, und er liebt dich. Wenn ich dich berühre, wird Gott dich berühren.«[13]

Nun könnte mancher einwenden: »Was für einen Unterschied macht es, ob ich nun Öl verwende oder meine Hände gebrauche oder einfach die Worte sage? Bedeutet es dir wirklich so viel, Gott?« Wozu Gott, wie ich mir vorstelle, sagen würde: »Ja, es ist mir wirklich wichtig. So arbeite ich einfach gern: durch Dinge. Ich mag Olivenöl, und ich mag Hände. Ich habe beides geschaffen.« Jedes Mal, wenn wir jemanden im Gebet berühren, sagen wir dem Gnostizismus ab und umarmen die sakramentale Sicht auf diese Welt.

Fassen Sie die Menschen Ihrer Gemeinde an, wenn Sie gemeinsam beten. Das sakramentale Gebet, so wie jeder andere Weg des Gebets in diesem Buch, ist ein Vorstoß der Liebe um der anderen willen. Darum wird uns das sakramentale Gebet dazu bringen, uns Folgendes zu fragen: Wenn Jesus die Gabe, das Sakrament Gottes ist und wir der Leib Christi sind, wie können wir dann die »Berührung Gottes« an unsere Gemeinschaft weitergeben? Wenn meine Freundin

Amy, die im Rollstuhl sitzt, nach einem Zeichen der erlösenden Liebe fragt – mehr noch: wenn sie es fordert –, wie versorgen wir dann sie und die anderen um uns herum mit diesen Zeichen? Ein sakramental betender Christ wird nah genug und engagiert genug sein wollen, um die Gesichter jener sehen zu können, die Jesus nicht kennen. Wir sind das Sakrament, das leibliche Zeichen der Gegenwart Gottes in unserer örtlichen Gemeinde.

Gehen Sie zum Beten nach draußen. Manchmal ist es ganz einfach, Ihre Verbindung zu Gott zu verbessern: Gehen Sie zum Beten nach draußen. Erst kürzlich traf mich die Erkenntnis, wie viele der biblischen Geschichten sich unter freiem Himmel abspielen. Der Landwirt und Essayist Wendell Berry aus Kentucky merkte einmal an: »Die großen Offenbarungsbegegnungen der Bibel fanden nicht im Tempel statt, sondern auf Schafweiden, in der Wüste, in der Wildnis, auf Bergen und an den Ufern von Flüssen und Meeren. … Ich denke, es wurde nicht genügend gewürdigt, was für ein »Outdoor-Buch« die Bibel ist. … Es liest und versteht sich am besten draußen, und je weiter draußen, desto besser. … Textabschnitte, die innerhalb von vier Wänden unwahrscheinlich oder unglaublich wirken, erscheinen unter freiem Himmel geradezu natürlich. Und dem ist so, weil wir draußen überall von Wundern umgeben sind; dort sehen wir, dass das Übernatürliche nicht außergewöhnlich ist, sondern die normale Daseinsweise alles Existierenden. Es ist unser tägliches Brot.«[14]

Er hat recht. Die Schöpfung, der Exodus, der Empfang der Zehn Gebote, die Eroberung des verheißenen Landes, die Geburt und der Dienst Jesu, seine Predigten, seine Kreuzigung und Auferstehung, die mutigen Taten der frühen Kirche und die Missionsreisen des Paulus – die meisten wichtigen Ereignisse der Bibel fanden im Freien statt.

Darum: Gehen Sie raus! Lesen Sie ein Stück in der Bibel, machen Sie einen langen Spaziergang durch den Wald, und reden Sie mit Gott über das, was Sie gelesen haben. Ich zum Beispiel habe einen besonderen Platz in einem Vogelschutzgebiet, wo ich jeden Morgen vom Frühling bis zum Herbst unter einem Apfelbaum auf einer harten Holzbank sitze. Mit einem heißen, dampfenden Kaffee in meiner Hand höre ich die Vögel singen, sehe, wie die Sonne aufgeht, rieche das Gras und die Blumen, lese meine Bibel und rede mit Gott. Meine fünf Sinne sind voll da, wenn die Schöpfung verkündet: »Gott ist groß!« (Psalm 19,2). Indem ich im Freien bete, umhüllt von Äpfeln und Holz und Vogelgesang, fange ich damit an, sakramental zu beten.

Bewegen Sie sich, während Sie beten. Die folgende Idee ist sehr alt und sehr einfach: Lies die Psalmen, und dann geh hin und handle genauso. Wenn also ein Psalmist schreibt: »Kommt, verneigt euch, werft euch nieder, geht auf die Knie und betet ihn an, ihn, den Herrn, unseren Schöpfer!« (Psalm 95,6), knien wir uns zum Beten hin. Wenn es heißt: »Kommt und jauchzt vor dem Herrn, wir begrüßen ihn mit Freudengeschrei; denn er ist unser starker Helfer!« (Psalm 95,1), jauchzen wir tatsächlich! Und wenn der Psalmist betet, indem er seine Hände zu Gott erhebt (Psalm 63,5), dann erheben auch wir unsere Hände zu Gott.

Angesichts solch demonstrativer Handlungen habe ich mich oft entschuldigt, indem ich auf meine Erziehung oder meinen kulturellen Hintergrund verwiesen habe. Ich muss meinen Körper nicht bewegen, aber ich muss mir zumindest die Möglichkeit geben, herauszufinden, dass ich mich so besser fühlen könnte, als wenn ich wie ein Gnostiker bete. Sakramentales Beten ist körperliches Beten. Die körperlichen Bewegungen bewirken einen Unterschied, und vielleicht werden meine Bewegungen und Gesten selbst zu einem Gebet. Stellen Sie sich vor, jemand drückt Ihnen eine Pistole in den Rücken und sagt: »Ich habe eine Pistole – drehen Sie sich also nicht um! Heben Sie einfach langsam Ihre Hände, und ich nehme Ihr Portemonnaie.« Wahrscheinlich werden Sie Ihre Hände heben, denn Ihre erhobenen Hände vermitteln die Botschaft: »Ich höre Sie, und ich unterwerfe mich Ihren Wünschen.« Körperliche Handlungen sprechen eine lautere Sprache als Worte. Auf dieselbe Art und Weise wird unser Körper – wenn wir im Gebet rufen, knien, die Hände heben, uns verbeugen, uns vor Gott niederwerfen oder auch nur unsere Augen öffnen oder schließen – zu einem Gebet für Gott.

Die frühe Kirche erkannte die Bedeutung körperlicher Handlungen und Gesten, als sie die Schönheit des Gebets beschrieb, bei dem ein Kreuzzeichen gemacht wird. »Auf all unseren Reisen und Bewegungen«, schrieb Tertullian im Jahr 204 nach Christus, »bei all unserem Kommen und Gehen, beim Anziehen unserer Schuhe, beim Baden, zu Tisch, beim Entzünden einer Kerze, beim Hinlegen, beim Hinsetzen – mit welcher Tätigkeit auch immer wir uns beschäftigen, wir zeichnen das Kreuzzeichen auf unsere Stirn.«[15] Das Kreuzzeichen auf unsere Stirn oder unseren Körper zu zeichnen ist keine bedeutungslose Geste; sie ist in sich selbst ein Gebet, ein Gebet-in-Bewegung.

Natürlich ist das Kreuzzeichen zu machen nur ein Beispiel, wie man seinen Körper in das Gebet einbinden kann. Ich liebe es zum Beispiel, meinen Hund zu einem späten Spaziergang auszuführen. Während er zerrt und hechelt, laufe ich und bete. Manchmal sage ich gar nicht viel zu Gott; ich höre nur hin. Aber der Vorgang des Bewegens an sich, das Gehen, der Blick in die Sterne, all das öffnet meinen Verstand, meine Seele und meinen Körper für die Gegenwart

Gottes. Wenn Sie keinen Hang zu solchen körperlichen Gesten haben, ist selbst der einfache Akt, Gott Ihre geöffneten Hände hinzuhalten, ein Weg, ihm zu sagen: »Ich bin offen. Füll mich, Herr.«

Wenn Sie ganz in die sakramentale Wirklichkeit eintauchen wollen, machen Sie einfach etwas mit Ihren Händen. Vor zwei Jahren fand ich ein großartiges Rezept für »Mulligatawny«, eine pikante Suppe nach einem englisch-indischen Rezept, die Butter, Hühnchen, Karotten, Rosinen, Linsen, Rüben, Curry, Nelken und Pfeffer miteinander vereint. Der Geschmack und das Aroma sind überwältigend. Jedes Mal, wenn ich die Rüben in Streifen schneide, den Pfeffer zerstoße und der Geruch von Curry und Nelken mir in die Nase steigt, weiß ich wieder, warum ich kein Gnostiker bin. Ich mag die Schöpfung. Ich möchte meine Nase hineinstecken und mit meinen Geschmacksknospen die Großartigkeit der Schöpfung entdecken.

Darum werde ich als sakramental betender Christ weiterhin mit weit geöffneten Augen beten. Ich tauche mit meinem Leben in die harte, dornige, stinkende, schmutzige, klebrige, holprige und herzhafte Stofflichkeit der Schöpfung ein. Dabei hat das sakramentale Gebet wenig damit zu tun, was wir tun, sondern damit, wie wir leben. Aus unserer Erde quillt der reiche, dickflüssige Honig der sakramentalen Wirklichkeit. Gott hat es so vorgesehen. Er mag es so. Gehen Sie also hin und backen Sie Brot. Sägen Sie Holz, und bauen Sie sich ein Bücherregal. Pflanzen Sie ein paar Kürbisse oder Petunien. Malen Sie ein Bild. Spielen Sie Flöte oder Gitarre. Ganz ehrlich: Es wird Ihrem Gebetsleben helfen. Gott liebt seine Schöpfung. Wir müssen sie nur schmecken, riechen, anfassen, sehen und uns in ihr bewegen. So hat Gott Sie geschaffen, und so mag er es.

3

Schreie aus der Tiefe

An einem strahlenden, milden Sommernachmittag saß ich zusammen mit meinem Freund Kevin auf einer Parkbank und aß ein Sandwich. Nachdem wir einige theologische »Schwergewichte« diskutiert hatten, fragte Kevin mich plötzlich nach meinem Freund Doc, dem Mann, der über mehr als zehn Jahre mein Mentor und mein größter Ermutiger gewesen war. Ich hielt inne und sagte leise: »Es ist schon acht Jahre her, dass Doc gestorben ist.« Kevin fragte: »Was vermisst du am meisten?« Ich hatte einen Kloß im Hals, und dann brach es förmlich aus mir heraus: »Ich brauche jemanden, der mir sagt, dass ich meine Sache gut mache!«

Ich versuchte, die Worte zurückzunehmen, aber ganz besonders zwei von ihnen hingen in der Luft: *»Ich brauche«*. Ich sprach sie mit einer solchen Wucht aus, dass es mich selbst überwältigte. Ich versuchte, sie zurückzunehmen, meine Antwort etwas besser zu formulieren und ihr einen »geistlicheren« Drall zu geben, aber es war zu spät. Doch dann fragte ich mich, wieso mir das so peinlich war. Was ist bloß an den Worten »Ich brauche« dran, dass ich mich innerlich vor Scham winde?

Ganz einfach: Ich mag es nicht, wenn ich meine Bedürftigkeit zugeben muss, und noch weniger will ich, dass andere von mir denken, ich sei ein bedürftiger Mensch. Viel lieber sage ich »Ich gebe« oder »Ich trage die Verantwortung« oder

»Mir geht's gut« oder »Ich kann«. Aber »Ich brauche« klingt so absolut menschlich: abhängig, verletzlich und manchmal sogar regelrecht verzweifelt. Lieber verbanne ich diese beiden Wörter aus meinem Vokabular und arbeite fieberhaft daran zu beweisen, dass ich von Verzweiflung weit entfernt bin.

Der Schrei nach Gott: Beten als menschliches Grundbedürfnis

Dummerweise arbeitet meine Abneigung gegen die Worte »Ich brauche« meiner Beziehung zu Gott entgegen, denn auf eine gewisse Weise ist das Gebet in unserer Bedürftigkeit verwurzelt. Eines der gebräuchlichsten Wörter, das die Bibel verwendet, wenn sie die Kommunikation zwischen Gott und uns beschreibt, ist das Wort »schreien« oder »aufschreien«. Es ist nie ein gedämpfter, schwacher Ruf wie: »Ähm, Gott, wenn du nicht zu beschäftigt bist und sowieso gerade vorbeikommst – würde es dir etwas ausmachen, mir ein bisschen Auftrieb zu schenken?« Nein, »weinen« und »aufschreien« vermitteln immer Dringlichkeit, Not oder sogar Verzweiflung. Die hebräischen Begriffe für »schreien« im Alten Testament bedeuten wörtlich »kreischen« (»zawak«), »brüllen« (»shawvah«) sowie »quietschen oder einen schrillen Ton machen« (»rinnaw«). Das im Neuen Testament am häufigsten gebrauchte griechische Wort für »herausschreien« (»kradzo«) bedeutet »krächzen wie ein Rabe« oder »schreien«.

Im 2. Buch Mose begegnen wir der ersten Begebenheit, bei der das Wort »herausschreien« unsere Beziehung zu Gott beschreibt: »Sie [die Israeliten] stöhnten unter der Zwangsarbeit und schrien um Hilfe. Und ihr Schreien drang zu Gott« (2. Mose 2,23). Im nächsten Kapitel treffen wir auf einen Gott, der auf unsere Schreie antwortet, indem er sagt: »Ich habe genau gesehen, wie mein Volk in Ägypten unterdrückt wird. Ich habe gehört, wie es um Hilfe *schreit* gegen seine Antreiber. … Ich habe den *Hilfeschrei* der Leute von Israel gehört« (2. Mose 3,7 und 9, Hervorhebungen durch den Autor).

Von diesem Punkt der biblischen Geschichte an wird das Schreien nach Gott zu einer regelrechten Gewohnheit. Irgendjemand schreit immer nach Gott. Die Psalmen – das alte Gebetsbuch der Bibel – sind voller Leute, die in Schwierigkeiten stecken und darum nach Gott schreien:

- »Unbeirrt habe ich auf den Herrn gehofft, auf seine Hilfe habe ich gewartet. Er hat mein Schreien gehört und hat mir geholfen« (Psalm 40,2).
- »Zu Gott, dem Höchsten, schreie ich, zu ihm, der sich auf meine Seite stellt« (Psalm 57,3).
- »Ich schrie zum Herrn in meiner Not, und er hat mich erhört« (Psalm 120,1).
- »Aus der Tiefe meiner Not schreie ich zu dir. Herr, höre mich doch! Sei nicht taub für meinen Hilferuf!« (Psalm 130,1-2).
- »Ich schreie zum Herrn, so laut ich kann, ich bitte den Herrn um Hilfe. Ihm klage ich meine Not, ihm sage ich, was mich quält« (Psalm 142,1-2).
- »Herr, erhöre mein Gebet, vernimm mein Flehen um deiner Treue willen, erhöre mich um deiner Gerechtigkeit willen« (Psalm 143,1).

Vor dem Hintergrund dieser Aussagen können wir einige Schlüsse bezüglich des Gebets ziehen:

1. Gebete klingen nicht immer schön und ordentlich – manchmal sind sie durcheinander.

2. Gebete sind nicht immer leise – manchmal sind sie sehr laut.
3. Gebete sind nicht immer gelassen – manchmal sind sie sehr leidenschaftlich.

Beten hat damit zu tun, dass wir im Durcheinander des Lebens, inmitten der Verwirrung, in allem Leid und unseren schmerzhaften Kämpfen zu Gott kommen und nach Hilfe schreien. Beten beginnt mit folgenden Worten: »Gott, hilf mir! Gott, ich brauche dich!« Gott hat sich das Gebet für Verzweifelte ausgedacht.

Das darf uns erleichtert aufatmen lassen, denn häufig nehmen wir an, dass Beten eine ganze Reihe Voraussetzungen erfordert: »Komm in die richtige Stimmung. Finde den richtigen Ort. Benutze die richtigen Worte. Zaubere die richtigen Gefühle herbei. Verbanne Ablenkungen. Säubere dein Leben von hässlichen Gefühlen wie Hass, Ärger oder Begehren.« Doch ganz nach dem biblischen Vorbild ist das erste Gebot bezüglich des Gebets oder des Schreiens nach Gott, dass wir da anfangen, wo wir sind, nicht wo wir denken, sein zu müssen. In seinem Buch *The Art of Prayer* zitiert mein Freund Tim Jones diesen Gedanken und erklärt dann, dass »keine Überzeugung mehr dazu beigetragen hat, mich befreit an Gott zu wenden … Gott will mich. Ich muss mich nicht aufspielen und versuchen, mir eine geistliche Schönheitskur zu verpassen, um mit Gott zu reden.«[1]

Als meine Tochter zwei Jahre alt war, war sie die chaotischste Esserin, die ich je gesehen hatte. Sie verteilte alles – Bratensoße, Möhren, Kartoffelpüree, Eiscreme – über ihre Hände, Füße und ihr Gesicht, und zu guter Letzt steckte sie den Kopf in die Schüssel. Übersät von einem schmierigen Etwas aus Soße, Fett und Zucker reckte sie mir dann ihre

Arme entgegen und rief: »Papa, hilf mir! Hol mich aus dem Stuhl!«

Genauso kommen wir zu unserem himmlischen Vater. In Christus, wegen Christus und durch Christus kommen wir zu Gott, dem Vater, so wie wir sind. Gebet beinhaltet Freiheit – freilich nicht die Freiheit zu sündigen, aber die Freiheit, als Kinder Gottes zu leben; die Freiheit, in der Gerechtigkeit Christi zu stehen; die Freiheit, die vom Geist Gottes kommt, der uns drängt, »Abba, Vater!« (Galater 4,6) zu rufen. Zu beten bedeutet nicht bloß, »Gebete zu sprechen«; es bedeutet, mit unserem himmlischen Vater zusammen zu sein und aus der Tiefe unserer Not nach ihm zu schreien.

Ärger in Sicht

Natürlich beinhaltet unsere Bedürftigkeit auch eine unangenehme Wahrheit über unser Menschsein: nämlich dass wir in Schwierigkeiten stecken. Psalm 22,11 erinnert uns kurz und bündig daran, dass »Ärger in Sicht« ist. In dieser gefallenen und gebrochenen Welt mit all ihren zutiefst mit Mängeln behafteten Menschen unterwegs zu sein bedeutet vor allem eins: dass Ärger in Sicht ist. Egal, wie lange wir leben oder wie sehr wir versuchen, ihnen auszuweichen – die Probleme warten auf uns wie Verbrecher in einer finsteren Seitenstraße. Der große polnische Schriftsteller Isaac Bashevis Singer sagte einmal: »Ich bete nur, wenn ich in Schwierigkeiten stecke. Aber ich stecke immer in Schwierigkeiten, also bete ich dauernd.«

Manchmal fragen die Leute mich: »Und – was machst du jetzt? Gehst du dem Ärger aus dem Weg?« Und nur ein einziges Mal möchte ich antworten: »Was ist das für eine Frage? Machst du Witze? Ich stecke immer in Schwierigkeiten. Ich bin ein fehlerhafter Mensch, der versucht, vier Kinder großzuziehen. Ich versuche, wirklich zu lieben – meine Frau, meine Freunde, meine Feinde, die Armen – aber in meinem Herzen gibt es ein riesiges Fass voller Selbstsucht. Ja, ich stecke in Schwierigkeiten! Ich versuche, Gottes ›leise, sanfte Stimme‹ zu hören, aber da gibt es so viele andere Stimmen und Ablenkungen, die sich wie ein Angelhaken in mich hineinbohren und mich hin und her schleudern. Ich bin süchtig nach meinen Lieblingssünden. Und nicht nur das, ich glaube, dass Gott heilig und gerecht ist und ich unter seinem Schuldspruch stehe. Im Hinblick auf meine Erfolgsbilanz bin ich verloren und verflucht. Stecke ich in Schwierigkeiten? Erzähl mir mal was Neues! In den Jahren, die noch kommen, werde ich Leid, Prüfungen, Missverständnisse, Trauer und Verluste erleben. Wir alle stecken in Schwierigkeiten. Die Bibel sagt, dass wir alle bis zum Hals in einem heftigen geistlichen Kampf stecken, in dem wir nicht ›mit Fleisch und Blut kämpfen, sondern mit Mächtigen und Gewaltigen, nämlich mit den Herren der Welt, die in dieser Finsternis herrschen, mit den bösen Geistern unter dem Himmel‹ (Epheser 6,12). Dem sind wir nicht gewachsen. Und wir haben noch einen weiteren Feind – den Tod –, und jeden Tag kommen wir seinem giftigen Stachel etwas näher. Alles in allem also, um deine Frage zu beantworten: Nein, ich gehe dem Ärger nicht aus dem Weg!«

Obwohl ich diesen Wortschwall noch nie über jemandem ausgegossen habe, erinnert er mich daran, dass vor jedem Gebet die Tatsache steht, dass bis zu dem Tag, an dem ich sterbe, der Ärger um die Ecke wartet. Ich kann die Probleme nicht allein bewältigen. Ich bin klug, habe Ressourcen und bin mit einem Willen ausgestattet, aber mit vielen dieser Kämpfe bin ich einfach überfordert – mehr noch, ich bin komplett hilflos. Doch genau dieses Wissen macht mein Gebetsleben lebendig. Wie Tim Jones behauptet: »Gebet, das aus der Not geboren wird, kann uns demütige Abhängigkeit lehren. Ich frage mich, ob Gott zulässt, dass wir durch Zeiten tiefer Not gehen, weil er weiß, dass sie die Möglichkeit beinhalten, dass wir uns an ihn wenden. Nicht, dass er uns Leid zufügen würde, aber er weiß, dass es in schwierigen Zeiten unwahrscheinlicher ist, dass wir dem Mythos Glauben schenken, unser Einfallsreichtum und unsere Selbstgenügsamkeit würden ausreichen.«[2]

Und jetzt die erstaunlich gute Nachricht: Wenn wir ungeniert unsere Not zugeben, wenn wir aus der Tiefe unserer Hilflosigkeit zu Gott schreien, hört er uns. Wenn wir schreien, kümmert er sich um uns. 2. Mose 2,23–24 beschreibt, wie Gott auf die Not seiner Kinder reagiert: »Sie … schrien um Hilfe. Und ihr Schreien drang zu Gott …«. Gott hört den Schrei derer, die Not leiden (Hiob 34,28). Gott antwortet denen, die nach ihm schreien, weil er barmherzig ist (2. Mose 22,26). Gott ist ganz offensichtlich von unserer Not und unseren Schwierigkeiten bewegt. Unser Schrei durchdringt sein Herz.

Das Gebet ist Gottes großartige Einladung an uns, inmitten unserer Probleme zu ihm zu kommen und seine Reichtümer zu empfangen. »Rufe zu mir, dann will ich dir antworten und dir große und geheimnisvolle Dinge zeigen, von denen du nichts weißt« (Jeremia 33,3). Gott besitzt Liebe und Kraft im Überfluss. Und er verschickt die Einladung. Scheint einfach zu sein, oder nicht? Es ist eine simple, saubere und ordentliche Drei-Punkte-Auflistung:

1. Gott ist gut und überreich an Hilfe.
2. Wir stecken in Schwierigkeiten.
3. Gott lädt uns ein, zu ihm zu kommen und Hilfe zu erfahren.

Wie schwer ist das wohl? Wir müssen nur die drei Punkte miteinander verbinden. Wir sollten uns in Gottes Arme werfen und erklären: »Ja, ich komme. Ja, ich werde dich bitten. Ja, hier stehe ich mit meinem geöffneten Händen so groß wie ein riesiger Korb, um von dir Hoffnung zu bekommen, Vater.« Wo also liegt das Problem? Warum ist Beten so schwierig? Und warum gehen wir nicht einfach zu ihm?

Entlarven Sie Ihre größten Gebets-Hindernisse

Ich glaube, dass es zwei große Hindernisse für unser Gebetsleben gibt, die beide in unserer sündhaften Natur wurzeln. Erstens: Wir sind stolz. Wir fragen nicht, weil unsere Bedürftigkeit zuzugeben und um Hilfe zu bitten uns inkompetent, unvollkommen, gebrochen und voller Makel dastehen lässt – und unser Stolz sich an dem Eindruck der Bedürftigkeit stößt. Also flüstert er: »So schlecht geht es dir gar nicht. Verzweiflung? Mannomann, was für ein überzogenes und ätzendes Wort! Du wirst ein paar kleineren Problemen begegnen – der Sünde, ewiger Verdammnis, dämonischen Mächten, Kreisläufen der Sucht, Tod, Leiden – aber mach dir keine Sorgen, du kannst sie überwinden!«

Ich muss zugeben, dass zumindest ein Teil von mir sich windet, während ich dieses Kapitel schreibe. Was, wenn ein intellektueller Leser das Buch kauft und in diesem Kapitel zu lesen beginnt? Wird er über meine Beschreibung von Verzweiflung spotten? Wird er daraus schließen, dass Christen tatsächlich rückwärtsgewandte Anti-Intellektuelle sind? (Natürlich offenbaren diese Art Sorgen lediglich den Stolz, der in den klammen Ecken meines Herzens wohnt.)

Aber ich bin nicht nur stolz; ich bin auch zutiefst verunsichert. Unsicherheit fängt uns auf unserem Weg zu Gott ab, packt uns bei der Kehle und zischt: »Moment mal, wer denkst du, dass du bist, dass du dich einfach so Gott näherst und ihn nach dem fragst, was du brauchst? Das Universum ist riesig, und du bist nur ein kleines schmutziges Körnchen auf einem Krümel von einem Planeten. Wenn es Gott wirklich gibt – warum sollte er sich um dich kümmern?« Als meine Freundin Betsy ihren Ehemann durch Krebs verlor, sagte sie zu mir: »Ich fühle mich vollkommen und auf ewig ungeliebt. Mein Mann hat mich ›verlassen‹. Ich weiß, es war nicht seine Schuld, aber ich fühle mich so allein. Warum sollte irgendjemand – inklusive Gott – mich jemals lieben?«

Natürlich haben wir gute Gründe, uns unsicher zu fühlen. Als Blaise Pascal, der große Mathematiker des 15. Jahrhunderts, über die Unermesslichkeit des Universums (er nannte es das Nichts, aus dem wir auftauchen, und die Unendlichkeit, die uns verschlingt) und unsere staubkorngroße Existenz nachsann, erklärte er mit Schaudern: »Mir graut es … Die ewige Stille des unendlichen Weltraums erfüllt mich mit Furcht.«[3] Wir sind tatsächlich ein Körnchen Schmutz auf einem Krümel von einem Planeten.

Andererseits verkündet das Evangelium eine Botschaft, die uns angesichts ihrer absoluten Schönheit vollkommen sprachlos machen sollte: Jesus hat uns mit Gott versöhnt – und darum dürfen wir in Christus, durch Christus, mit Christus und im Namen Christi, der für unsere Sünden gestorben und wiederauferstanden ist und nun für uns vor Gott einsteht, unseren Stolz und unsere Unsicherheit für immer begraben. Christus hat für unsere Sünden bezahlt. Er hat den Schuldschein vernichtet, der gegen uns gerichtet war (Kolosser 2,13–15). In ihm erhalten wir seine vollkommene Gerechtigkeit, und er bringt uns dieses freiwillige Geschenk Gottes allein aus Gnade. Darum sagt uns die Bibel: »Weil wir uns auf ihn [Christus] verlassen, dürfen wir *zuversichtlich* und *vertrauensvoll* vor Gott treten« (Epheser 3,12, Hervorhebungen durch den Autor). Jesus tauscht unseren Stolz und unsere Unsicherheit gegen einen herrlichen neuen Weg aus, auf dem wir zum Vater kommen dürfen – mit Zuversicht und Vertrauen.

Die Geschichte eines verzweifelten Mannes

Darum liebe ich die Geschichte von Bartimäus so sehr (Markus 10,46–52). In der Gegenwart Jesu strahlt Bartimäus Zuversicht und Vertrauen aus. Bemerken Sie seinen fehlenden Stolz. Er ist ein Häufchen Elend: blind, zerlumpt, arm. Er bettelt um allen Abfall, den er bekommen kann. Er ist verzweifelt und hat keine Angst, es zuzugeben. Er hört, wie Jesus vorbeigeht, und ohne einen Funken Anstand fängt er an zu schreien: »Jesus, Sohn Davids, hab Erbarmen mit mir!« (Markus 10,47). Die Leute, die Jesus umgaben (d. h. die Jünger), versuchen mit aller Kraft, nicht verzweifelt zu wirken. Sie gehören zu den »anständigen« Leuten – zu den unbeschwerten, unbeeindruckten, gerechten und sehr coolen Jesus-Nachfolgern. Wie üblich fühlen sich anständige Menschen von verzweifelten Menschen abgestoßen. Und so sagen auch in dieser Geschichte die anständigen Leute zu Bartimäus, er solle die Klappe halten und abhauen (»Viele fuhren ihn an, er solle still sein«, Markus 10,48).

Wie diejenigen in der Menge um Bartimäus tun sich anständige Menschen (wie ich!) häufig durch zwei Dinge hervor: durch Geschäftigkeit und Rechthaberei. Also laufen sie wie aufgescheucht um Bartimäus herum und geben ihm Ratschläge und herrische Befehle. Wie die meisten von uns versuchen auch sie, zu helfen. Und schauen Sie mal, wie hilfsbereit sie sind! Sie schirmen Jesus von diesem lästigen, stinkenden, verzweifelten Mann ab. Hilfsbereitschaft gibt uns immer die Kontrolle; Hilflosigkeit bringt uns dahin, dass wir die Kontrolle aufgeben und nach Gott schreien, so wie Bartimäus. Bartimäus lässt sich von der »Hilfsbereitschaft« der Menge nicht entmutigen. Er verschmäht ihre oberflächliche religiöse Frömmigkeit und schreit (»kradzo«) einfach noch lauter: »Sohn Davids, hab Erbarmen mit mir!«

In Vers 49 lesen wir, dass Jesus anhielt. Das ist erstaunlich. Denn in Vers 32 erfahren wir, dass Jesus mit seinen Jüngern unterwegs nach Jerusalem war und ihnen voranging. Jesus ist auf dem Weg, in Jerusalem seiner größten Herausforderung zu begegnen, indem er für die Sünden der Welt sterben und wiederauferstehen und so der ganzen Schöpfung neues Leben bringen wird. Er steht vor einer riesigen, weltverändernden Aufgabe. Entschlossen und voller Leidenschaft geht Jesus vorwärts. Er will nicht aufgehalten werden. Als sein Jünger Simon Petrus kurz zuvor versucht hatte, seine Mission zu unterbrechen, hatte Jesus ihn getadelt: »Weg mit dir, Satan!« (Markus 8,33).

Aber dann, auf einmal, lässt ihn etwas anhalten. Jemand schreit nach Gott. Ein verzweifelter Bettler schiebt all die Neinsager und anständigen, seriösen Leute, die stets schön ruhig und cool beten, zur Seite und wagt es tatsächlich, nach Gott zu schreien. In der Gegenwart Jesu ist er kein bisschen unsicher. Er erlebt vollkommene Freiheit und Zuversicht. Und so sagt er, als Jesus ihn fragt: »Was kann ich für dich tun?«, einfach nur: »Ich will sehen.« Bartimäus schreit – mutig und voller Zuversicht, ohne herumzudrucksen oder sich zu entschuldigen. Er tut sich durch zuversichtliche, überschwängliche und von Hoffnung erfüllte Verzweiflung hervor.

Bartimäus hatte verstanden, was den Kern des Gebets ausmacht: Das Gebet ist die unglaubliche Einladung eines großzügigen Gottes an Menschen in Not. Ein guter und heiliger Gott, der in Jesus Christus unser Vater ist, lädt uns ein, zu ihm zu kommen. Wir stecken in Schwierigkeiten. Wir brauchen Hilfe. Und so rufen wir: »Gott, hilf mir! Ich brauche dich.« Und Gott antwortet: »Es ist Zeit! Es ist an der Zeit, dass du der Illusion deiner Unabhängigkeit, deines Stolzes und deiner Unsicherheit absagst. Du bist als bedürftiges menschliches Wesen geboren; du wirst als bedürftiges menschliches Wesen sterben; und zwischen diesen beiden großen Markierungen – deiner Geburt und deinem Tod – lebst du als bedürftiges menschliches Wesen. Dein Geheimnis ist gelüftet: Du bist bedürftig. Du bist ein verzweifelter Mensch wie Bartimäus. Aber ich gebe gern. Darum komm zu mir, bitte mich, rufe mich an, und schrei nach mir.«

Die Frucht der Verzweiflung

Ich bin zu dem Punkt gelangt, das Gebet der Verzweiflung als einen langsamen, langen und auch schmerzhaften Prozess zu begreifen. Zu Anfang tat ich es widerwillig und um mich tretend. Denn meine Eltern, Lehrer, Trainer und sogar meine Kirche hatten mich nicht dazu erzogen, *verzweifelt* zu sein. Sie hatten mich vielmehr dazu ermutigt, ein anständiges, nicht bedürftiges und nicht verzweifeltes menschliches Wesen zu sein.

Ich erinnere mich noch gut an mein Probespielen für die Aufnahme in die Baseball-Mannschaft der »Little League«, als ich zehn Jahre alt war. Meine Fähigkeiten waren durchschnittlich, aber ich war groß und in meinen Bewegungen einigermaßen koordiniert. Also riet mir mein Vater, beim Probespielen ein dickes, rotes Sweatshirt zu tragen, weil mich das älter und kräftiger aussehen lassen würde. Es funktionierte. Ich war einer der wenigen Zehnjährigen, der es zu den »Majors« schaffte, wo üblicherweise die Elf- bis Zwölfjährigen spielen. Ich kam ins Team und lernte eine wichtige Lektion: Im Leben schaffst du es nur, wenn du gut, kompetent, ausdauernd und in jeder Weise perfekt rüberkommst.

Kein Wunder also, dass die »Komm-gut-und-kompetent-rüber-und-sei-stark«-Botschaft in meinem Herzen hängen geblieben ist. Und es ist ja auch keine vollkommen falsche Botschaft. Denn ganz offensichtlich bin ich nicht in jedem Bereich völlig inkompetent. Ich verzweifle nicht, wenn es darum geht, einen Text zu schreiben, mein Bankkonto unter Kontrolle zu haben, einen neuen Anzug zu kaufen, meinen Rasen zu mähen oder Geld zu verdienen. Aber ich verzweifle, wenn es darum geht, in der Liebe zu wachsen, Hoffnung zu säen, für die Gerechtigkeit einzustehen, gegen die Sünde zu kämpfen, den Tod zu überwinden, Leben spendende Gemeinden zu gründen oder meine Abhängigkeiten zu überwinden (um nur ein paar zu nennen). Wenn also Kompetenz und Perfektion zur vorrangigen Botschaft in unserem Herzen werden, beginnen wir, uns über unsere Bedürftigkeit und Schwäche zu ärgern. Manchmal höre ich, wie Leute (inklusive mir) sagen: »Ich kann jetzt nicht krank werden. Ich bin zu beschäftigt, um hilfsbedürftig zu sein.« Die Botschaft dahinter ist klar: »Bedürftig zu sein ist völlig unnormal. Es ist unfair, bedürftig und verzweifelt zu sein. Ich ärgere mich darüber.«

Nur langsam begreife ich, wie die Wahrheit des Evangeliums bezüglich meines Schreiens nach Gott lautet: Wenn wir unsere Schwachheit annehmen und dann nach Gott rufen, setzt das Gottes Erbarmen und Kraft frei. Noch einmal: Gott brachte mich zu diesem Schluss, als ich mich noch dagegen wehrte und ihn anschrie. Doch als ich die Bibel wieder und wieder (und wieder und wieder) las, bemerkte ich, wie sich ein klares Muster abzeichnete: Wenn wir unsere Not nicht zugeben, dann stolpern wir kopfüber in die Katastrophe. Doch wenn wir ganz unten angekommen sind, unsere Verzweiflung zugeben und dann nach Gott schreien, wird Gottes Kraft und Gnade in und durch uns freigesetzt.

Und noch etwas anderes ist mir aufgefallen: Wenn wir das Gebet der Verzweiflung verstehen lernen, verändert das grundlegend unsere Anbetung. Denn wenn wir nach Gott schreien, sind wir gleichzeitig offen für Gott und hungern nach ihm. Wir sind durstige Menschen mit leeren Händen, die voller Erwartung zu ihm kommen und bereit sind, etwas zu empfangen. So wie es in einem älteren afro-amerikanischen Gebet heißt: »O Herr, wir kommen heute morgen mit gebeugten Knien uns verneigend zu deinem Thron wie ein leerer Krug zu einem vollen Brunnen.«[4] Wenn wir alle wie leere Krüge zu Gott kommen, werden wir in unserer Anbetung und unserem Lobpreis beschenkt werden. Wir wissen, dass wir Gott brauchen. Wir alle sind verzweifelte Menschen – aber wir sind auch Menschen, die zu Gott rufen, auf ihn warten, ihm entschlossen folgen (und von ihm mit Leidenschaft verfolgt werden) und die offen und bereit sind, von seiner Herrlichkeit erfüllt zu werden.

Wir kommen nicht als Zuschauer zusammen. Und auch nicht, um Gottesdienste zu analysieren und zu kritisieren. Stattdessen treten wir aus unserer Geschichte der Verzweiflung heraus in die Anbetung vor Gott. Wir waren leere Krüge – trocken, staubig, rissig und verzweifelt – und sind aus dem überfließenden Brunnen der Gnade Gottes gefüllt worden. Wir sind mit gebeugten Knien uns verneigend vor Gottes Thron der Gnade getreten – und haben ihn aufrechten Ganges, mit erhobenem Haupt und einem von Gottes Kraft befreiten Herzen verlassen. Gott hat sich an uns erfreut – und wir uns an ihm. Darum haben wir als verzweifelte und doch beglückte Menschen stets eine Geschichte zu erzählen. Und ein Lied auf unseren Lippen. Wenn wir uns zur Anbetung versammeln, werden unsere Geschichte der Verzweiflung und Gottes Erbarmen in uns lebendig.

Und noch etwas: Die Verzweiflung, die wir teilen, vertieft und bereichert die Beziehung, in der wir als christliche Gemeinschaft stehen. Das Klima einer Gemeinschaft bleibt unecht und verlogen, wenn wir uns nicht trauen, in der Gegenwart unserer Brüder und Schwestern nach Gott zu schreien. Woche für Woche versammeln wir uns in unseren Kleingruppen, Gemeindegremien und Gottesdiensten – aber niemand zeigt seine Verzweiflung. Dabei hat Jesus uns alle aus unserer Not befreit. Es ist unglaublich, aber wahr: Unsere Bedürftigkeit wurde von uns genommen, und unsere Verzweiflung wurde vollständig geheilt.

Leider ist eine christliche Gemeinschaft, in der es scheinbar keine Verzweiflung gibt, kein glücklicher Ort. Die Leute lachen, weinen, lieben und umarmen sich selten. Stattdessen wiederholen sie bloß abgestandene Klischees, die in Wirklichkeit niemand glaubt. Jede Gemeinschaft, die versucht, eine keimfreie Umgebung zu schaffen, in der Verzweiflung keinen Platz hat, beginnt irgendwann vor muffiger Langweile zu stinken. Und dem ist so, weil jeder weiß, dass die gesamte Gemeinde in einer Lüge gefangen ist, der riesigen Lüge, die da lautet: »Mir geht's gut.« Es gibt nichts Langweiligeres als eine christliche Gemeinschaft, in der Verzweiflung keinen Platz hat.

Doch wenn wir nach Gott schreien, erwacht unsere Gemeinschaft zum Leben. Für gewöhnlich ist Verzweiflung das Letzte, für das wir auf unserer vollgepackten Tagesordnung

Platz machen wollen, aber wenn ich meine Verzweiflung zugebe und Sie Ihre, wenn wir lernen, uns auf Gott zu werfen, wenn wir aus unserer Not heraus nach ihm rufen – dann wird Gemeinschaft plötzlich lebendig. Sie ist von Wirklichkeit erfüllt. Ich brauche Sie, und Sie brauchen mich, und wir beide brauchen den lebendigen Gott – und so rufen wir nach Erbarmen.

Niemals werde ich meine erste Begegnung mit einer echten Gemeinschaft der Verzweifelten vergessen. Jeden Dienstagmorgen stand ich um vier Uhr auf und fuhr zwei Stunden, um mich mit acht Männern und unserem Gruppenleiter Paul zu treffen. Wenn ich ankam, brauchte ich nichts mehr als einen Kaffee und einen Bagel, aber ich kam nicht wegen des Essens. Ich kam wegen der Aufrichtigkeit, der Wahrhaftigkeit und des tiefen Wissens darum, dass wir allesamt verzweifelte, durstige und hungrige Männer waren. Wir lechzten nach Gott, und wir sehnten uns nach Freundschaft. Wie das gebrochene Brot des Abendmahls wurden unsere Leben vor- und füreinander »aufgebrochen«. Paul führte uns stets behutsam in die heilende Gegenwart Jesu, aber es war eine gemeinschaftliche Reise, kein Solotrip. Verzweiflung öffnet mein Leben für andere auf eine tiefe und wahrhaftige Weise.

Und das wiederum führt zu einer weiteren wunderbaren Frucht: Wir werden zu einer mitfühlenden Gemeinschaft, die sich nach einer gebrochenen Welt ausstreckt. Wahrhaftig zu beten ist nicht bloß private Frömmigkeit; es verändert uns und die Welt um uns herum. Während wir als Gemeinschaft lernen, nach Gott zu schreien, werden unsere Herzen und Ohren darin geübt, die Schreie jener zu hören, die uns umgeben. Die verzweifelten, chaotischen, zerlumpten Menschen (die Bartimäusse unserer Welt) schockieren und stoßen uns nicht länger ab, denn wir sind verzweifelte Menschen. Vielleicht sollten wir unseren Kirchen den Namen »Club der Verzweifelten« geben, denn wir wissen, wie Verzweiflung und Not sich anfühlen. Wir wissen, wie man um Hilfe schreit. Wir sind Experten, wenn es um menschliche Schwächen geht, denn es sind unsere Schwächen. Mit dem Ergebnis, dass Gott unsere Herzen für andere erweicht. Wir lernen, Mitleid zu haben, und hören die Schreie der Verzweiflung, die von den meisten Leuten überhört werden.

Der jüdische Autor James Kugel hat angemerkt, dass das in der hebräischen Bibel benutzte Wort für »aufschreien« sich nicht auf das Gebet an sich bezieht. Es gibt viele andere wunderbare hebräische Wörter, die das Gebet als solches beschreiben. Kugel behauptet, dass das hebräische Wort für »heulen« oder »aufschreien« häufig als Kurzform für den Schrei der Opfer, der Hilflosen und der Unterdrückten der Gesellschaft benutzt wurde. Gott verspricht, dass er zornig wird, wenn die Witwen und Waisen unterdrückt werden und nach ihm schreien, und dass er die Unterdrücker mit dem Schwert töten lassen wird (2. Mose 22,22–24). Wenn jemand einen Armen um sein Gewand bringt und dieser zu Gott schreit, sagt Gott: »Wenn er sich bei mir über dich beklagt, werde ich ihn hören; denn ich bin barmherzig« (2. Mose 22,27). Und so folgert Kugel: »Es ist der Schrei der Unterdrückten … der die Kette der Ereignisse auslösen wird, an deren Ende letztlich die Strafe steht. Ich bin machtlos, nicht zu reagieren, scheint Gott zu sagen, sobald ein missbrauchter Mensch nach mir schreit.«[5]

Also hilft das Gebet uns nicht nur, unseren eigenen Problemen zu begegnen; es verbindet uns mit der Not der Menschen um uns herum – besonders der Armen, der Missbrauchten, der Unterdrückten und all jener, die Opfer der

Mächtigen geworden sind. Gott hört ihre Hilferufe. Und wenn wir beten, werden auch wir auf dieses stille Leid aufmerksam.

Mein Freund Saul erzählt gerne, wie es dazu kam, dass er seinen Dienst unter den Ärmsten der Armen in Mexico City begann. Obwohl Saul in Mexico aufgewachsen ist, hatte er noch nie die furchtbare Armut am Rand der Stadt gesehen. Doch an einem Sonntagnachmittag fuhr ein Bekannter mit ihm auf einen Hügel, von dem aus man eine riesige Müllhalde sehen konnte. Dieser riesige von Menschen angelegte Krater beherbergte Tonnen von Müll, durch die ein dunkler, brauner Abwasserfluss gurgelte. Als er auf den Boden des Kraters blickte, bemerkte Saul, dass dort unten tatsächlich Menschen auf den steilen Abhängen herumliefen, die sich in die Halde gegraben hatten. Indem sie die Halde nach etwas Essbarem und Schrottteilen, die sie verkaufen konnten, absuchten, versuchten sie, sich ein Leben zu erkämpfen.

Zunächst war Saul einfach aufgebracht und fassungslos. Er murmelte: »So sollten Menschen nicht leben müssen! Das ist ein Verbrechen, gegen das etwas unternommen werden muss.« Als er sich umdrehte, immer noch murmelnd und wütend, erblickte er nur ein paar Meter entfernt einen kleinen Jungen. Der Junge stocherte in einem Haufen Abfall auf der Spitze des Hügels herum. Am Ende seiner wilden Suche zog der Junge ein paar Stücke einer welken, von Dreck übersäten Orangenschale hervor, setzte sich auf einen Abfallhaufen und begann, sein »Mahl« zu verschlingen. Sauls Herz brach vor Mitleid. Und so widmen er und seine Frau seit nunmehr 20 Jahren ihr Leben der Arbeit unter den Armen und Hungernden von Mexico City und Oaxaca.

Genau das macht das Gebet der Verzweiflung mit uns: Es verändert unsere Herzen. Es lehrt uns, die gebrochenen, armen, weinenden Menschen um uns herum zu sehen, zu hören und zu riechen. Wir können sie nicht länger ignorieren. Wir können uns nicht mehr vor ihnen verstecken. Wir können sie nicht länger aus unserem Blickfeld verbannen. Denn der Gott und Vater unseres Herrn Jesus Christus hört die Schreie der Gequälten und Verzweifelten. Wenn wir zu ihm kommen, wird er uns hören. Und wenn wir wieder und wieder zu ihm kommen, wird er unsere Ohren auf die Schreie der Welt richten.

Verzweiflung einüben

»Verzweiflung einüben« – dieser Gedanke irritiert mich immer noch; aber er fasst einen Großteil meines derzeitigen Gebetslebens gut zusammen. Langsam begreife ich, dass Verzweiflung ein ständiger Zustand ist, der mich dazu bringt, gewohnheitsmäßig vor Gott zu schreien, ohne Scham oder Bedauern.

Ich würde dieses Kapitel gerne mit einer großen, dramatischen Geschichte über Gottes Eingreifen in meine Verzweiflung enden lassen. Aber es ist aufrichtiger, wenn ich etwas erzähle, das schlichter, kleiner und alltäglicher ist. Neuerdings besteht mein Gebetsleben aus einer einfachen Übung: spätabends, wenn alle im Haus schon schlafen, zünde ich eine einzige lange weiße Kerze an, um mich an die Gegenwart des auferstandenen Christus zu erinnern. Dann falle ich auf meine Knie und hebe meine Hände vor Gott und wiederhole leise Sätze wie: »Abba, Vater« oder: »Herr Jesus, hab mit mir Sünder Erbarmen.« Und dann sprudeln die Worte nur so aus mir heraus: »Ich stecke in Schwierigkeiten, weil … Ich brauche dich, weil …« Ich bitte Gott um das, was ich brauche. Denn jeden Tag brauche ich mindestens vier Dinge: Weisheit, Mut, Liebe und Geduld. Davon habe ich nie genug, und für gewöhnlich bitte ich um Gottes Erbarmen, weil ich sie nicht besitze.

Und dann bitte ich ihn für andere. Zum Beispiel: »Herr Jesus, Joe steckt heute Nacht in einem schweren inneren Kampf, und er ruft nach dir. Catherine ist im Krankenhaus. Sie ist 91 und fühlt sich so allein und ist voller Angst. Hilf ihr, Herr! So viele hungern heute Nacht, Vater. Sie haben Probleme und brauchen etwas zu essen. Hilf ihnen, Herr!«

Nachdem ich ihm ganz konkrete Dinge, die mich und andere bedrängen, genannt habe, setze ich mich in der Dunkelheit hin und höre auf Gottes Worte der Liebe. Und es ist tatsächlich so, dass je besser ich mich selbst kenne – dieses vollkommen verzweifelte menschliche Wesen –, desto wahrscheinlicher ist es, dass ich zu Gott schreie. Und je besser ich Gott kenne, den unglaublich guten und großzügigen Gott und Vater Jesu Christi, desto wahrscheinlicher ist es, dass ich zu ihm schreie.

Alles fängt damit an, dass ich nach Gott rufe. Und unser Gott kann nicht anders, als auf dieses überschäumende, vertrauensvolle und von Hoffnung erfüllte Gebet der Verzweiflung zu antworten.

4

Der Tag, an dem Gott sein eigenes Gebet nicht erhörte

Ich fuhr meine Tochter gerade von Long Island, New York, nach Wheaton in Illinois, als unser Auto plötzlich auf der Schnellstraße den Geist aufgab. Es war erst halb acht Uhr morgens, unsere Handys funktionierten nicht, und so sprach ich leise ein kurzes Gebet. *Zufällig* standen wir kurz vor einer Ausfahrt, und so fuhren wir in Blakeslee, im Bundesstaat Pennsylvania, ab. Wir rollten im Leerlauf einen Berg hinab, bevor unser Auto *zufällig* vor einer Polizeistation zum Stehen kam. Der Polizist in der Zentrale sagte: »Mann, haben Sie Glück! Jimmy vom Abschleppdienst rief *zufällig* eben an und sagte, er sei um die Ecke.« Jimmy war innerhalb von drei Minuten da, schleppte uns bis zu seiner Werkstatt und setzte uns sogar vor einem Frühstückscafé ab (das *zufällig* das einzige in Blakeslee war). Jimmy erhielt *zufällig* eine Absage von einem anderen Kunden, und so konnte er sich direkt unserem Auto widmen. *Zufällig* war nur ein Kabel an der Batterie locker, weshalb wir innerhalb einer Stunde wieder auf der Schnellstraße waren. Wir dankten Gott für die Macht des Gebets. Es war so leicht und einfach gewesen, wie eine heiße Scheibe Toast mit Butter zu bestreichen.

Vergleichen Sie diese Geschichte mit der nächsten: Meine Freundin Susan kämpfte mit Depressionen. Allein und verwirrt lief sie an einem der Strände von Long Island herum und schüttete Gott ihr Herz aus: »Gott, bitte gib mir ein Zeichen, dass du wirklich da bist – nur ein einziges!« Während sie betete, begann eine einsame Möwe über ihrem Kopf zu kreisen. »Könnte dies das Zeichen deiner Güte sein, Herr?«, fragte sie sich. Sie beobachtete die Möwe, wie sie in der Luft kreiste, als diese plötzlich einen Klacks grauer, schleimiger Möwenkacke absonderte, der Susan mitten auf den Kopf fiel. Touché! Und es fühlte sich an, als sagte Gott zu ihr: »Hier hast du deine Antwort: *Platsch!*«

Das Problem erkennen

Das Verwirrende dieser beiden Szenen liegt offen auf der Hand. Wieso beantwortet Gott manche Gebete auf schnelle, saubere und manchmal sogar wundersame Art und Weise, während gleichzeitig andere Gebete – Gebete, die aufrichtig und ernsthaft sind, die Gott ehren und von Glauben erfüllt sind – von der Zimmerdecke abzuprallen scheinen? Als Pastor und Christ habe ich mit der Realität des zweiten Szenarios immer wieder gekämpft. Wir beten, wir schreien es heraus, wir vertrauen Jesus bezüglich großer und guter Dinge, die Gott ehren, wir beten inbrünstig und mutig und dann – nix, null, Stille! Oder aber die Umstände verschlechtern sich sogar noch. Mancher betet um Heilung, und der geliebte Mensch stirbt dennoch. Andere beten darum, dass ihre Ehe gerettet wird, doch die Scheidungspapiere kommen trotzdem. Viele meiner Freunde bitten Gott darum, ihnen ihre Versuchungen wegzunehmen – unmoralische Gelüste, Alkoholsucht oder chronische Wut und Bitterkeit – doch die Verlockungen der Sünde werden sogar stärker. Über viele Jahre hinweg habe ich beobachtet, dass wir nicht gerne über dieses Problem sprechen. Ich höre selten, dass Leute in ihrem Bibelkreis zusammenkommen und jemand sagt: »Hey, ich möchte gerne eine weitere Geschichte eines unbeantworteten Gebets mit euch teilen!« Und dabei scheint es doch so zu sein, dass jeder ein, zwei oder sogar einen ganzen Sack voller unbeantworteter Gebete mit sich herumschleppt.

Zu all dem gesellt sich der Eindruck, dass die Bibel diese Spannung verstärkt. Jesus selbst machte einige erstaunliche Aussagen bezüglich der Beantwortung von Gebeten: »Wenn ihr Gott um irgendetwas bittet, müsst ihr nur darauf vertrauen, dass er eure Bitten schon erfüllt hat, dann wird er sie auch erfüllen« (Markus 11,24). Und er sagte auch: »Was ihr also in meinem Namen erbitten werdet, das werde ich tun« (Johannes 14,14). Das Versprechen scheint klar: Bitte, und du wirst bekommen, um was du gebeten hast.

Wie ich bereits im vorangegangenen Kapitel erwähnt habe, sollen wir voller Erwartung zu Gott kommen und mutig beten, voller Freiheit und Zuversicht (Epheser 3,12). Wir sollen Gott um Großes bitten (Jeremia 33,3). Was aber, wenn wir zu Gott kommen, mutig und voller Erwartung bitten und keine Antwort erhalten – oder zumindest nicht die, die wir erwartet hatten?

Was mich erstaunt, ist die Tatsache, dass die Bibel sich eingehend und mit großer Offenheit mit dem unangenehmen Problem unbeantworteter Gebete befasst, statt es zu umgehen. Sie gibt sogar konkrete Beispiele für diese schmerzhafte Realität. Ich bin noch niemandem begegnet, der eine verständliche und allgemeingültige Theorie anbieten konnte, die jeden Aspekt des unbeantworteten Gebets beleuchtet. Andererseits kann ich mir zumindest einige der unbeantworteten Gebete näher anschauen, die ich auf den Seiten des Wortes Gottes selbst finde. Ich hoffe, dass Sie, nachdem Sie diese Fallstudien betrachtet haben, Ihre eigenen Schlüsse ziehen und Ihre eigene Theorie bezüglich des Mysteriums Gottes und des Geheimnisses des Gebets entwickeln.

Mit dem Unverständlichen kämpfen

Meine Freundin Jill, eine Doktorandin des Ingenieurwesens und eine ernsthafte Christin, betete fortwährend für zwei Dinge: Sie bat Gott, sie von ihren Depressionen zu befreien und ihr einen Ehemann zu schenken. Doch als Gott – zumindest aus Jills Sicht – nicht darauf antwortete, gab sie ihm den Laufpass. Ich habe mich immer gefragt, ob ich ihr nicht etwas Hilfreiches hätte sagen können. Doch die Sache ist nicht so einfach, wie sie klingt. Ihre Depressionen rührten von schweren Missbrauchserfahrungen und Verlassensängsten her; sie war als Kind vergewaltigt und terrorisiert worden. Und auch die Bitte um einen Ehemann schien mir vernünftig. Ich betete auch, dass Gott ihr einen Mann schenken würde. Aber Jill war den Schmerz leid, und darum sagte sie zu mir: »Mir reicht's. Ich bin jetzt 35, und Gott hat sich nicht für mich eingesetzt. Also klappe ich meine Bibel und mein Gebetsbuch zu und sage ihm ›Auf Wiedersehen‹. Wäre es nicht einfacher, *nicht* an Gott zu glauben? An ihn zu glauben endet nur damit, dass ich zutiefst enttäuscht werde, und ich habe bereits genügend Enttäuschungen erlebt.«

Auf der einen Seite mag ihre Bitte selbstsüchtig erscheinen, doch auf der anderen Seite waren Jills Seelenqualen echt. Wie entwirren wir das Geheimnis um Jills unbeantwortete Gebete? Zu meiner Überraschung stellte ich fest, dass die Bibel nicht immer mit direkten »Antworten« aufwartet, sondern uns stattdessen einlädt, in das Ringen um die Frage nach dem unbeantworteten Gebet einzutreten.

Das Buch der Psalmen, dieser grundlegende Leitfaden des Gebets, ist eine außerordentlich wertvolle Quelle, wenn es darum geht, unsere Verwirrung zu verstehen und auszudrücken. Fast ein Drittel der 150 Psalmen beinhaltet Elemente des Klagens – schonungslos ehrliche Schreie nach Gott aus der Verlassenheit heraus. Klagen sind eine Einladung, vor Gott und in die Gemeinschaft seiner Nachfolger zu treten, um dem Schmerz unbeantworteter Gebete Raum zu geben. Es sind keine fröhlichen Gebete; Klagen führen uns in eine Welt des Schmerzes, der Wut und der Dunkelheit.

Zuweilen sind diese Klagegebete dunkel, aber keines von ihnen ist so dunkel wie Psalm 88. Er beginnt mit einem klitzekleinen Bisschen Hoffnung: »Herr, mein Gott und Retter, Tag und Nacht schreie ich zu dir!« Doch der Psalmist steckt in Schwierigkeiten, und Gott scheint nicht einzugreifen: »Ich habe mehr als genug gelitten, mit einem Fuß stehe ich schon im Grab. … In den tiefsten Abgrund hast du mich gestürzt, wo ewige Dunkelheit mich einschließt. … Ich bin im Elend gefangen und finde keinen Ausweg« (Psalm 88,4, 7 und 9). Mit anderen Worten: »Gott, du hilfst mir nicht; stattdessen lässt du einfach Vogelkacke auf meinen Kopf fallen.«

Jeder andere Klagepsalm kehrt am Ende wieder zur Hoffnung und zum Vertrauen auf Gott zurück. Der Psalmist schreit in seinem Schmerz nach Gott; er schreit ihn sogar an und streitet mit ihm. Doch dann wird sein Gebet wieder ruhig, und besänftigt verkündet er: »Aber ich vertraue dir immer noch, Gott.« Psalm 88 ist eine Ausnahme, denn er durchbricht dieses Muster. In diesem Gebet schreit der Psalmist nach Gott; er ist ehrlich; er glaubt das Richtige über Gott – und doch scheint die Hilfe auszubleiben. Und so lautet der letzte Vers: »Freunde und Nachbarn hast du mir entfremdet; mein einziger Begleiter ist die Finsternis.« Dieses Gebet verhallt mit ungelöster Spannung, in Zweifel, Schmerz und Angst – und im Geheimnisvollen.

Wenn Sie sind wie ich, würden Sie an den meisten Tagen Psalm 88 am liebsten einfach aus der Bibel herausreißen. Und wenn schon Thomas Jefferson, der dritte Präsident der

Vereinigten Staaten, mit der »Jefferson Bibel« eine eigene Bibelversion herausbringen konnte, in der er auf 90 Prozent der Evangelientexte verzichtete – wieso sollte man dann nicht einen einzigen Psalm herausnehmen können? Psalm 88 ist nicht optimistisch. Er endet nicht wie die typische amerikanische Fernsehserie, bei der die Musik einsetzt, sobald die Familie sich umarmt und alle Probleme gelöst sind. Oder, wie Kathleen Norris schreibt: »Dieser typisch amerikanische Optimismus, in weiten Teilen ein Phänomen der protestantischen Mittelschicht, will von dieser Welt nichts wissen. Wir wollen das Böse mit Nettigkeit überwinden, und nette Leute beschmutzen ihre weißen Handschuhe nicht mit dem mutigen Zorn im Herzen dieses Klagepsalms.«[1]

Christen aber glauben, dass die Bibel das von Gottes Geist inspirierte Wort Gottes ist. Und so ist Psalm 88 Gottes dunkles, verwirrendes und unangenehmes Geschenk an uns. Norris schreibt: »Wir kommen inmitten aller Launen und Umstände des Lebens bei den Psalmen an, und obwohl es höllisch wehtut, singen wir trotzdem. Zu unserer Überraschung finden wir heraus, dass die Psalmen unsere wahren Gefühle nicht verleugnen, sondern uns erlauben, vor Gott und allen anderen über sie nachzudenken.«[2]

In den dreißig Jahren, in denen ich jetzt Jesus nachfolge, habe ich jede Menge positives christliches Gerede gehört, mit dem man versucht hat, das Geheimnis des unbeantworteten Gebets begreiflicher zu machen und es richtig einzuordnen. Der typische Abriss klingt so: Gott antwortet immer auf Gebete; manchmal sagt er »Ja«, manchmal »Nein«, und manchmal sagt er »Warte«. Diese Aussage ist nicht völlig abwegig, aber sie ist oberflächlich. Denn sie würdigt unser Leid nicht gebührend. Ich will nicht, dass meine Ängste lediglich in »Punkt 1« oder »Punkt 2« eines Predigtentwurfs passen.

Auf diese Weise werden dem Mysterium, dem Unverständlichen, die Ecken und Kanten genommen; sie werden glatt poliert und schöngeredet, und doch bleibe ich kalt und leer zurück.

Manchmal habe ich Christen auch sagen hören, unsere Gebete blieben unbeantwortet, weil wir etwas falsch gemacht hätten. Wir hätten nicht die richtige »Formel« benutzt oder nicht genug Glauben gehabt. Natürlich kann auch mit unserem Gebet etwas nicht stimmen, aber das erklärt nicht alles. Ich entdecke keine fehlerhafte Theologie in Psalm 88. Der renommierte theoretische Teilchenphysiker und Theologe John Polkinghorne sagte vor Kurzem, dass jede wissenschaftliche Theorie »strapazierfähig, überraschend und aufregend« sein müsse oder aber wahrscheinlich nicht wahr sei.[3] Dasselbe gilt für die Art und Weise, mit der wir das Quälende und das Geheimnis des unbeantworteten Gebets betrachten müssen. Jegliche Theorie, jeder Erklärungsversuch, muss strapazierfähig, überraschend und aufregend sein, weil schnelle und einfache Antworten nicht funktionieren.

Warum sollten wir mit Psalm 88 beginnen, wenn wir das Geheimnis des unbeantworteten Gebets klären wollen? Wird das nicht unseren Glauben untergraben? Offensichtlich wird Gott (da dies sein lebendiges Wort an uns ist) von meinen ehrlichen Fragen nicht bedroht. Gott weiß, dass mein Leben sich manchmal so anfühlt und so aussieht wie Psalm 88. Und wenn es Ihnen wie mir geht, hatten auch Sie schon Psalm-88-Momente – und wenn nicht, dann werden Sie sie noch erleben.

Aus irgendeinem Grund fühle ich mich durch folgendes getröstet: Gott betrachtet das Geheimnis unbeantworteter Gebete mit dem größten Ernst. Er fürchtet sich nicht vor meinen Fragen und dunklen Gefühlen. Gott sorgt sogar für die Worte, mit denen ich meine Seelenqual vor ihm ausdrücken kann.

Das umgepflügte Herz

Und doch bin ich durch Psalm 88 noch nicht völlig aus dem Schneider. Ja, das Gebet ist eine geheimnisvolle Sache, aber das heißt nicht, dass ich alles von mir weisen und sagen kann: »Da hast du's – es ist alles Gottes Schuld!« Manchmal gehen das Geheimnis des unbeantworteten Gebets und meine ichbezogene Haltung gegenüber Gott und dem Gebet Hand in Hand.

Keine Gestalt der Bibel zeigt diese Wahrheit besser auf als Jona. Als ich das Buch Jona in einem Zug durchlas, fiel mir auf, dass er die ganze Zeit betet. Leider waren die meisten seiner Gebete oberflächlich, belanglos und eigennützig. Manche von Jonas Gebeten scheinen ernsthaft und tief zu sein, aber sie veränderten sein Herz nicht wirklich. Gegen Ende der Geschichte ist er immer noch ein gemeiner und übellauniger Prophet des Herrn. Er will, dass Gott die brutalen Feinde seines Volkes, die Einwohner Ninives, einäschert. Doch Gott zeigt stattdessen Erbarmen und erlaubt ihnen, Buße zu tun. Das aber verärgert Jona und macht ihn »sehr zornig« (Jona 4,1). Er ist so griesgrämig, dass sich sein Gebet auf einen unschönen Einzeiler reduziert: »Nimm mein Leben zurück, Herr! Sterben will ich, das ist besser als weiterleben« (Jona 4,3). Was das Gebet angeht, sind diese Worte direkt und deutlich; Jona schreit aus seiner Verzweiflung heraus nach Hilfe. Aber sein Gebet ist auch von Zorn, Selbstmitleid und Unreife durchzogen. Statt also Jonas Bitte nachzukommen, sagt Gott einfach: »Hast du ein Recht dazu, so zornig zu sein?« (Jona 4,4).

Dann lässt Gott eine Pflanze wachsen, die Jona in der heißen Wüstensonne Schatten spenden soll. Jonas Gebete werden erhört, noch bevor er sie ausspricht. Aha, zu guter Letzt ist Gott also doch noch vernünftig und schließt sich Jonas Plan an! Dann aber lässt Gott die Pflanze eingehen und Jona in der Hitze schmoren. Und wieder stampft Jona zornig mit den Füßen auf und schlägt um sich. Jonas Herz bewegt sich wie ein Stück Treibholz im Meer: bei Flut ist es oben, bei Ebbe unten. Wenn Gott die Umstände im Sinne Jonas ordnet, ist Jona glücklich; wenn die Umstände sich nicht seinen Wünschen gemäß entwickeln, wird er zu einer riesigen Nervensäge.

Es ist offensichtlich, dass Jona sich vollkommen lächerlich benimmt und dass seine Gebete total erbärmlich sind. Und doch muss ich mich fragen: Sehen meine Gebete – selbst einige meiner schönsten und gottgefälligsten – aus Gottes Perspektive nicht aus wie Jonas Gebete? Offenbar ist dem manchmal so, denn später im Neuen Testament sagt Gott: »Woher kommen denn die Kämpfe und Streitigkeiten zwischen euch? Doch nur aus den Leidenschaften, die ständig in eurem Innern toben« (Jakobus 4,1). Ich persönlich mag das hässliche Wort »eurem« nicht – scheint es doch zumindest zum Teil das Geheimnis unbeantworteter Gebete zu lüften, und zwar indem es mit einem Finger direkt auf mich zeigt! Aber Jakobus ist noch nicht fertig. Er richtet den Flutlichtscheinwerfer auch auf meine Gebete: »Ihr bittet und empfangt doch nichts, weil ihr in böser Absicht bittet, um es in eurer Leidenschaft zu verschwenden« Jakobus 4,3). Doch die Pointe kommt erst noch: »Eure Liebe gehört nicht Gott, ihr handelt an ihm wie Ehebrecher! Wisst ihr denn nicht: Freundschaft mit dieser Welt bedeutet Feindschaft mit Gott« (Jakobus 4,4).

Ich mag diese Anschuldigungen nicht, aber manchmal

stimmen sie. Der Autor Jerry Sittser sagte einmal: »Unbeantwortete Gebete pflügen unser Herz um.« Oder anders ausgedrückt: Unbeantwortete Gebete funktionieren wie eine riesige Planierraupe, die die Oberfläche meines Herzens aushebt und umgräbt und so die Kloake meiner Selbstsucht mit all ihren Abwässern freilegt. Ja, es gibt tatsächlich das Geheimnis des unbeantworteten Gebets. Aber selbst in ihren besten Momenten hegen meine Gebete nur sehr begrenzte Absichten und haben eine geringe Reichweite – und in ihren schlechtesten Momenten stinken sie gewaltig nach meinen eigenen Zielen.

Wahrscheinlich müssen wir nicht lange nachdenken, bis wir konkrete Beispiele dafür finden. Wir beten für einen Parkplatz – und das bedeutet, dass zehn andere gestresste Autofahrer den Platz nicht bekommen, wenn Gott uns unsere Bitte erfüllt. Wir beten dafür, dass unser Kind im Test eine Eins bekommt, doch das bedeutet, dass ein anderes Kind versagen wird, weil unser Kind mit seiner Note den Klassendurchschnitt zu weit angehoben hat. Wir beten für unser Land, wenn es Bomben über einem anderen Land abwirft, und wissen genau, dass dort Hunderttausende gläubiger Christen leben, die um Bewahrung beten. Wir beten darum, von Versuchungen und Lüsten befreit zu werden, aber wir wollen nicht wirklich auf das Vergnügen verzichten, das sie uns schenken. Wir verhalten uns wie Augustinus, der in seinem Werk *Bekenntnisse* zugibt, dass er Gott bat, ihn von seiner sexuellen Begierde zu befreien – aber nicht sofort. Wir zitieren gerne Markus 11,24 (»Wenn ihr Gott um irgendetwas bittet, müsst ihr nur darauf vertrauen, dass er eure Bitten schon erfüllt hat, dann wird er sie auch erfüllen«), ignorieren jedoch den nachfolgenden Vers: »Aber wenn ihr betet, sollt ihr euren Mitmenschen vergeben, falls ihr etwas gegen sie habt, damit euer Vater im Himmel auch euch die Verfehlungen vergibt« (Markus 11,25).

Während ich also versuche, freimütig und zuversichtlich zu bitten, erinnere ich mich gleichzeitig an eines der Ziele, die Gott mit meinem Gebet verfolgt: Gott möchte mich verändern – nicht bloß meine Umstände! Manchmal zieht er es vor, meine Umstände zu verändern, und manchmal lässt er die Dinge so, wie sie sind, damit er *mich* verändern kann. Jona wollte, dass Gott seine Umstände ändert, die Bewohner Ninives vernichtet und ihm ein nettes, schattiges Plätzchen besorgt. Gott aber wollte Jona verändern, er wollte sein Herz »umpflügen«, indem er ihn von seinem Selbstmitleid, seinem Mangel an Liebe und seiner Kleinlichkeit befreite.

Ich denke an eine Freundin, die mir erzählte, dass sie die ersten 20 Jahre ihrer Ehe Gott kontinuierlich darum gebeten hatte, ihren Mann zu verändern. Sie hatte eine lange Liste mit Vorschlägen, wie Gott ihren Herzenswunsch beantworten könnte. Einige von ihnen waren vollkommen »korrekte« Gebete: Ihr Ehemann misshandelte sie zwar nicht, aber er war offensichtlich unreif, impulsiv und unsensibel. Und wer hätte um seine Fehler besser wissen können als seine eigene Frau? Doch nachdem sie 20 Jahre lang gegen die Mauer von Gottes Schweigen angerannt war, bat sie ihn schließlich, sie zu verändern. Das tat er – und endlich veränderte er auch ihren Mann. Aber darum ging es in dieser Geschichte gar nicht. Gott wollte ihr richtendes, unglückliches und auf ihren Ehemann fixiertes Herz bearbeiten, ja »umpflügen«.

Auch ich habe festgestellt, dass Gott, sobald ich bete: »Gott, willst du nicht meine Frau, meine Kinder, meine Mitarbeiter, meinen Beruf, meine Finanzen, meinen Nachbarn, meine Gemeindeleiter, meine Gesundheit, meine Depressionen und meine Versuchungen verändern, damit ich glücklicher sein und dir besser dienen kann?«, zu antworten scheint: »Ich möchte dich durch diese Umstände verändern.« Das erscheint uns hart, bis wir uns daran erinnern, welches größere Ziel Gott in unserem Leben verfolgt: uns Christus ähnlich zu machen (Römer 8,28-29). Alles, was Gott in meinem Leben zu meinem Besten bewirkt, ist auf dieses Ziel ausgerichtet.

Sobald ich einmal begriffen habe, dass Gott für mich ist, mehr noch, dass er in leidenschaftlicher und eifernder Liebe zu mir entbrannt ist und zu meinem tiefsten Glück und zu seiner Ehre an mir arbeitet, sehe ich plötzlich einige meiner unbeantworteten Gebete in einem anderen Licht. Es kann sein, dass Gott sie wie eine riesige Baggerschaufel benutzt, um mein Herz »umzugraben«.

All das schenkt mir eine vollkommen neue Sicht auf mein Gebetsleben. Wenn ich es aus Gottes Perspektive betrachte, frage ich nicht länger danach, wie Gott die Umstände meines Lebens verändern könnte, damit sie meinen Bedürfnissen und Plänen entgegenkommen. Dann wird die Frage mit einem Mal noch komplexer und geheimnisvoller: Wie nutzt Gott all die Gebete von Millionen von Menschen und die unzähligen Bruchstücke unterschiedlichster Umstände so, dass sie zu seiner Ehre und zu unserem Besten dienen – und das während unseres gesamten Lebens und bis in alle Ewigkeit hinein?

Wenn ich also für ein Parkplatz-Wunder bete, kann es entweder passieren, dass Gott ein anderes Auto in Luft auflöst – oder aber er lässt es zu, dass ich weitere 20 Minuten im Kreis fahre. Doch egal, was er tut, es geschieht immer zu meinem Besten. Und vielleicht entfernt er, während ich meine Kreise ziehe, mit seinem Bagger einfach gerade einen weiteren Teil meiner hässlichen Selbstsucht.

Besser als eine Antwort

Doch Gott verändert uns nicht, ohne uns nicht zuvor auch die nötige Gnade und Kraft dazu geschenkt zu haben. Manchmal gibt Gott uns etwas Besseres als eine Antwort auf unsere Gebete: nämlich sich selbst. Genau das behauptet Paulus in seinem 2. Brief an die Korinther in Kapitel 12. Paulus schrieb an eine Gruppe Christen, die von ein paar großartigen Zeugnissen der Kraft Gottes sehr beeindruckt waren: von Wundern, von dem vom Heiligen Geist gewirkten Sprechen in anderen Sprachen und von Demonstrationen außergewöhnlicher intellektueller Brillanz. Paulus hatte zu seinen Lebzeiten einige sehr eindrucksvolle Wunder bewirkt (Römer 15,18–19). Aber an dieser Stelle seines Briefes schildert er eine kleine, leise, demütige Geschichte. Paulus, der große Anführer, der große Wundertäter, der große Gebetskämpfer, hatte ein Problem: Ein »Stachel« hatte sich in sein Fleisch gebohrt. Woraus auch immer dieser Stachel bestand, er schien nicht Gottes Willen zu entsprechen. Und so bat er Gott drei Mal, ihn wegzunehmen. Doch drei Mal sagte Gott Nein.

Stattdessen gab er Paulus etwas anderes. Er sagte: »Lass dir an meiner Gnade genügen; denn meine Kraft ist in den Schwachen mächtig« (2. Korinther 12,9). Gott gab Paulus eine Antwort auf sein Gebet. Doch statt den Stachel zu entfernen, beschenkte er Paulus mit seiner Gegenwart und seiner Kraft.

In der Theorie klingt das alles ganz wunderbar. Aber ehrlich gesagt: Wann immer ich einen großen »Stachel« in meiner Seele spüre, möchte ich, dass er entfernt wird. Hin und wieder hören sich meine Gebete so an: »Danke, Gott, für das Mehr an Kraft, aber das ist kein guter Tausch. Ich will einfach raus aus meinem Leid. Ich will, dass du den Stachel entfernst. Und wo du schon mal gerade hier bist: Ich will die Beförderung oder das größere Haus oder die große Liebe. Oder: Ich will, dass du meine Ehe rettest und dass mein Kind eine Eins schreibt. Oder ein neues Auto oder Weltfrieden oder ein gesundes Baby oder …« Doch ungeachtet all meiner Wünsche habe ich festgestellt, dass die Bibel einen völlig anderen Blickwinkel hat. Gott hat uns erschaffen und hat uns so angelegt, dass wir uns nach ihm sehnen, ja sogar nach ihm lechzen (Psalm 42,2–3 und Psalm 63,2–3). Ich sehne mich immer nach Gott, sogar dann, wenn es mir nicht bewusst ist. Jedes Mal also, wenn ich bete, bete ich nicht in erster Linie darum, etwas zu bekommen, sondern darum, mit Gott zusammen zu sein.

In seinem Buch *When God Doesn't Answer Your Prayers* beschreibt Jerry Sittser diesen Wunsch auf sehr bewegende Weise. An nur einem Tag, in einem Sekundenbruchteil, veränderte sich sein Leben für immer. Ein betrunkener Fahrer fuhr über die Mittellinie, krachte in das Auto, das Jerrys Frau steuerte, und tötete sie, ihre vierjährige Tochter und Jerrys Mutter. Jerry kämpfte mit dem Schmerz über diese Tragödie. Aber einige Jahre später bemerkte er, dass er sich tief in seinem Herzen nach noch etwas viel Größerem als den Gaben Gottes sehnte: Er sehnte sich nach Gottes Gegenwart. Aus menschlicher Sicht war das genau das, was ihn seine Frau so sehr vermissen ließ. Er vermisste ihre Gegenwart, nicht nur das, was sie ihm gegeben hatte, oder die Pflichten, die sie für ihn wahrgenommen hatte. Und so schreibt Sittser:

»Nach dem Unfall vermisste ich Lynda aus vielen Gründen … Zunächst wünschte ich mir, sie wäre noch am Leben, damit sie mir helfen könnte, meinen Alltag zu Hause am Laufen zu halten. Ich brauchte sie, zumindest teilweise, bei bestimmten Dingen, die den Haushalt betrafen … und um die Kinder zu ihren Freizeitaktivitäten zu fahren. Doch mit all diesen Verantwortlichkeiten komme ich seit Langem klar … Und doch bleibt der Schmerz, denn ich vermisse *sie* – nicht wegen der Dinge, die sie für mich tun konnte, sondern wegen der Person, die sie war. Ich vermisse nicht einfach eine Frau im theoretischen Sinne, ich vermisse den Menschen, mit dem ich verheiratet war. Ich sehe immer noch ihr Gesicht vor mir … Ich vermisse unsere Gespräche, die wir bis spät in die Nacht hinein führten. Ich vermisse sogar unser Streiten. Ich habe herausgefunden, dass der wahre Schmerz des Witwerdaseins im Verlust der Beziehung besteht, die mich mit jenem Menschen verband, dem ich mein Herz geschenkt hatte.«[4]

Sittser wurde klar, dass er sich auf dieselbe Art nach Gott sehnte, wie er sich nach seiner Frau sehnte – und das sogar auf eine tiefere Weise. Er wollte nicht bloß, dass Gott ein paar »Hausarbeiten« für ihn erledigte; er wollte Gottes Angesicht sehen, und er sehnte sich danach, mit ihm Gespräche »bis spät in die Nacht« hinein zu führen.

Dieselbe Wahrheit entdeckte auch der Apostel Paulus. Der Sinn des Gebets besteht nicht darin, bestimmte Dinge von Gott zu bekommen; er besteht darin, mit Gott so zusammen zu sein, wie ein Kind mit seinem Vater zusammen ist. Natürlich ist das nicht immer das, was ich hören will, aber so langsam verstehe ich, dass Gott uns manchmal das Geschenk unbeantworteter Gebete macht, damit wir noch etwas Besseres als Antworten finden: Gott möchte, dass wir den Geber kennenlernen, nicht bloß die Gaben. Leider ist es oft ein weiter Weg, bis ich entdecke, dass meine Stachel und meine Schwächen manchmal bessere Lehrer sind als all meine Triumphe. Es ist seltsam, aber manchmal habe ich mich ausgestreckt und meinen himmlischen Vater um eine gute Gabe gebeten, doch meine Hände blieben leer. Aber inmitten dieser Leere und

Kraftlosigkeit hat Gott sich immer auf eine Weise gezeigt, wie ich es mir nie hätte vorstellen können.

Als Gott Gott nicht antwortete

Vielleicht stammt das schockierendste unbeantwortete Gebet der Bibel von den Lippen Jesu selbst. Kurz bevor er ans Kreuz ging, ging Jesus in den Garten Gethsemane und betete: »›Abba, mein Vater‹, sagte er, ›alles ist dir möglich; nimm diesen Kelch von mir‹« (Markus 14,36a). Aus den anderen Evangelien wissen wir, dass Jesus beharrlich und voller Inbrunst betete. Er bat mit solcher Intensität, dass er große Blutstropfen schwitzte (Lukas 22,44). Und er betete mit Vertrauen und Zuversicht. Er glaubte fest, dass sein Vater Tausende Engel schicken könnte, um ihn zu befreien (Matthäus 26,53). Und doch wissen wir auch, dass diese ganz bestimmte Bitte (»Nimm diesen Kelch von mir«) unbeantwortet blieb. Jesus hing trotzdem am Kreuz.

Ich habe oft darum gerungen, was ich mit diesem Gebet anfangen soll. Zunächst fiel mir auf, dass Jesus seine Bitte mit einem schweren Zusatz versah: »Doch nicht, was ich will, sondern was du willst« (Markus 14,36b). Letztlich wollte Jesus eine Sache noch mehr, als seinen Willen zu bekommen: Er wollte den vollkommenen, schwierigen und guten Willen des Vaters tun. Jesus, der Eine, der so lebte, wie wir es hätten sollen, zeigt uns, wie man betet: Bete ehrlich, bete konkret, bete hartnäckig und inbrünstig; aber bete vor allem für eins – den Willen Gottes. Oder um es mit einem Bild zu sagen, das einmal jemand gebrauchte: Für Jesus ist das Gebet so etwas wie ein Blankoscheck, der zwei Unterschriften statt nur einer benötigt. Wir unterschreiben, wir bitten, wir beten konkret und mutig – doch ab da wissen wir, dass Gott den Scheck gegenzeichnen muss.

Doch noch etwas anderes verblüfft mich an dieser Geschichte: Jesus ist nicht nur vollkommen Mensch, er ist auch vollkommen Gott. Darum ist es richtig, wenn wir sagen, dass Gott, der Vater, auf das Gebet Gottes, des Sohnes, nicht antwortete. Jesus, der menschgewordene Gott, weiß um unbeantwortete Gebete. Ebenso wie wir hat Gott – wortwörtlich – am eigenen Leib erfahren, dass ein Gebet nicht beantwortet wurde.

Diese Wahrheit brachte mir mein Freund Bill vor ein paar Jahren auf unvergessliche Weise nahe. Vor 40 Jahren verloren er und seine Frau Sandra ihren Sohn durch Ertrinken. Als ich eines Sonntags über das unbeantwortete Gebet Jesu predigte, dachte ich, ich täte es kraftvoll und mit Leidenschaft … bis ich Bill begegnete. In der Woche darauf traf ich mich mit ihm zum Mittagessen, und er klärte mich über das wahre Wesen dieser Geschichte auf.

Er sah mich intensiv und voller Wärme an und sagte: »Das ist der zärtlichste Textabschnitt der ganzen Bibel. Gott, der Sohn, schreit zu Gott, dem Vater, doch sein Gebet wird nicht erhört. Jesus wird ans Kreuz gehen. Jesus wird den Kelch trinken. Er wird leiden und sterben. Aber das Schlimmste für ihn ist das: Gott, der Sohn, der Eine, der von Ewigkeit her mit dem Vater vereint war, wird den absoluten Horror der Trennung von seinem Vater erleben. Es wird die Hölle sein. Und darum ist es so, als riefe der Sohn: ›Papa, hilf mir, aber ich tue das für dich und für sie! Ich vermisse dich, Papa, aber wenn es der einzige Weg ist, die Welt zu retten, dann werde ich den Kelch bis zum letzten Tropfen austrinken.‹ Weißt du, Matt, das hat er für uns getan. Sein Gebet wurde nicht erhört, aber es war der einzige Weg, dem Vater gehorsam zu sein und seine verlorene Schöpfung zu retten.«

Damit brachte mir Bill etwas Grundlegendes bei. Unbeantwortete Gebete sind ein Geheimnis und ein Problem. Sie machen uns Angst. Es gibt keine schnelle Antwort auf sie, und manchmal scheint es, als gäbe es gar keine. Wenn ich glauben würde, dass Gott im Grunde genommen gegen mich ist, dass er der Gegenpol meines Glücks ist, dass er der grausame, gefürchtete, furchtbare und unvorhersagbare Herr und Meister des Universums ist, dann würden unbeantwortete Gebete mich frustrieren und traurig machen. Doch wenn ich anfange, Gottes gütiges Herz zu sehen, wenn ich verstehe, dass er in und durch Christus für und nicht gegen mich ist, dann kann ich Gottes gütigem Herzen vertrauen. Wenn ich das Kreuz betrachte, den Ort, an den Gott für uns zu gehen bereit war, dann kann ich sagen: »Ich mag vieles nicht verstehen. Ich verstehe das Gebet nicht – warum und wie und wann Gott es beantwortet. Aber wenn ich auf das Kreuz sehe, dann zweifle ich nicht daran, dass Gott für mich ist.«

Übrigens: Erinnern Sie sich noch an meine Freundin Susan, die betete und der Möwenkacke auf den Kopf fiel? Als sie auf die Geschichte ihrer unbeantworteten Gebete zurückblickte, wurde ihr auf einmal klar, dass die Vogelkacke auf eine witzige und skurrile Art und Weise eine Antwort war. Vor sieben Jahren, als sie mit Depressionen kämpfte, glitt sie immer weiter in die Dunkelheit. Doch erstaunlicherweise brachte dieser Tag am Strand die entscheidende Wende. Sie tauchte aus der Dunkelheit auf, die ihr Herz gefangen hielt.

Als ich Susan danach fragte, wie Gott ihr durch einen Haufen Möwendreck geantwortet habe, erklärte sie: »Es war so, als würde Gott mir sagen: ›Sieh mal, du fragst nach einem Zeichen, und hier ist es: Du bist ganz unten angekommen. Tiefer kann es nicht mehr gehen. Ich, der Herr, dein Gott, werde nicht erlauben, dass du noch tiefer abrutschst. Die

Wahrheit ist: Heute ist der letzte Tag, an dem du in Depressionen versinkst.‹ Es war ein langsamer Aufstieg, aber es war der Anfang meiner Heilung.«

Auf welche Weise nutzt Gott Vogelkacke, um Gebete zu beantworten? Ich weiß es nicht. Und die Fragen werden sogar noch größer und geheimnisvoller. Fragen wie: Wie kann Gott ein Kreuz benutzen, um uns die Auferstehung zu schenken? Ich weiß es wirklich nicht.

Manchmal scheinen Gebete unbeantwortet zu bleiben. Ich habe nur vier Beispiele genannt, doch ganz sicher gibt es viele weitere. Wie ich bereits sagte, habe ich keine große, einheitliche Theorie zum Thema unerhörtes Gebet. Es bleibt ein Geheimnis für mich, so wie Gott ein Geheimnis für mich bleibt. Aber ich weiß: Gott ist gut. Ich weiß, dass Gottes Pläne, uns zu retten und zu segnen, souverän und sorgsam ausgewählt sind. Er ist auf meiner Seite, er ist für mich – und er ist ohne Frage auch für Sie. Manchmal ist das die einzige Theorie, die wir haben.

5

Die dunkle Nacht der Seele

Viele Jahre lang lief mein Gebetsleben nach folgender Formel ab: Gebet + Glaube = Gottes Gegenwart. Mit anderen Worten: Wenn ich bete, soll ich mich Gott auch näher fühlen. Ganz im Sinne der christlichen Tradition, in der ich aufgewachsen war, sollte ich *spüren*, wie mir in Gottes Gegenwart »seltsam warm ums Herz« würde.[1] Zumindest aber sollte das Gebet mich nicht noch stärker Gottes Abwesenheit spüren lassen.

So sollte es sein. Unglücklicherweise aber hat diese Formel im echten Leben nicht immer funktioniert – nicht bei mir und nicht bei anderen. Sie hat bei einem guten Freund nicht funktioniert. Zurzeit empfindet er die Abwesenheit Gottes viel stärker als seine Gegenwart. Nachdem er seinen Schweiß, seine Zeit und sein Geld in eine neue Kirchengemeinde investiert hatte, wurde diese Gemeinde zwischen Klatsch und Machtspielen zerrieben. Die Mitglieder der Gemeinde begannen, einander anzuschuldigen und zu hassen. Die Tochter meines Freundes, zu dieser Zeit ein Teenager, sah mit an, wie all diese »reifen Christen« sich bekämpften und verletzten, und sagte schließlich: »Es reicht mir! Ich verlasse die Gemeinde und Gott – endgültig!« Sie ließ Familie und Freunde hinter sich und geriet auf den zerstörerischen Weg der Sucht. Mein Freund verfiel in tiefe Depressionen. Er verlor seine Tochter, seine Gemeinde, die meisten seiner

Freunde und seine Verbindung zu Gott. Wo war Gottes »liebliche Gegenwart«? Warum ließ er zu, dass ihm alles derart um die Ohren flog?

Ebenso betroffen war ich, als ich herausfand, dass die Formel auch für Mutter Teresa nicht funktionierte. Allem Anschein nach erlebte sie nicht die Enttäuschung und die Verletzungen, die meinem Freund widerfuhren; stattdessen fühlte sie sich einfach fern von Gott. Im Dezember 1979, als sie den Friedensnobelpreis empfing, gab sie die fröhliche und mitreißende Botschaft weiter, die die Welt von dieser »Heiligen der Gosse« erwartete. Sie sagte ihren Zuhörern, dass Weihnachten uns daran erinnern solle, dass »die strahlende Freude echt ist«, weil Christus überall ist – »Christus in unseren Herzen, Christus in den Armen, die uns begegnen, Christus in dem Lächeln, das wir verschenken, und in dem Lächeln, das wir empfangen.« In scharfem Kontrast dazu hatte sie drei Monate zuvor einem Freund über die Dunkelheit berichtet, die ihren Glauben überschattete: »Jesus hat eine ganz besondere Liebe für dich … aber was mich betrifft, ist das Schweigen und die Leere so groß, dass ich sehe und doch nicht sehe … und meine Zunge sich zwar im Gebet bewegt, ich aber doch nichts sage.« In einer Reihe von Briefen, die sie über 66 Jahre hinweg geschrieben hat, erwähnt sie oft ihren Zustand der geistlichen Dürre, Dunkelheit und Einsamkeit.[2]

Was war dem Glauben meines Freundes zugestoßen? Was geschah mit Mutter Teresas Gebetsleben? Was passiert, wenn wir beten – ehrlich, treu und voller Leidenschaft – und es sich trotzdem so anfühlt, als sei Gott weit weg? Wenn wir diese Jahreszeiten der Dürre und Gottesferne erleben, »funktioniert« dann das Gebet nicht mehr? Und wenn ja, wessen Schuld ist es?

Meiner Erfahrung nach sprechen wir nicht gerne über diese seltsam kalten Zeiten, die uns während unserer Glaubensreise mit Christus widerfahren. Denn Gott sollte uns eigentlich auch gefühlsmäßig nahe sein. Und so treibt uns die empfundene Abwesenheit in eine persönliche Krise und sorgt darüber hinaus für eine problematische PR in Sachen Gott. Sie haben das Gefühl, Gott sei weit entfernt? Dann gehen Sie mit diesem Geheimnis bloß nicht an die Öffentlichkeit! Was würden unsere Freunde denken? Und ganz sicher würde es nicht dabei helfen, das Bild des siegreichen und fröhlichen Jesus-Nachfolgers zu verbreiten, der alle Widrigkeiten überwindet und selbst in den dunklen Momenten des Lebens noch lächelt.

In Zeiten, in denen ich selbst mit dem Gefühl der Abwesenheit Gottes rang, entdeckte ich, dass die Bibel an einer PR-Masche für Gott kein Interesse hat. Den biblischen Berichten nach erlebten einige der engsten Freunde Gottes düstere Zeiten, in denen Gott weit entfernt schien. Psalm 42 wurde zum Beispiel von einem Mann verfasst, der leidenschaftlich Gott nachfolgte. Er war kein flüchtiger »Sucher«; er war wie ein Hirsch, der verzweifelt nach Wasser lechzt: »Wie ein Hirsch nach frischem Wasser lechzt, so sehne ich mich nach dir, mein Gott! Ich dürste nach Gott, nach dem wahren, lebendigen Gott. Wann darf ich zu ihm kommen, wann darf ich ihn sehen?« (Psalm 42,2-3). Der Psalmist befindet sich in einer geistlichen Wüste, einem dürren Ort, und er hat Durst. Es gab einmal eine Zeit, in der er sich Gott ganz nah fühlte: »Wenn ich an früher denke, geht mir das Herz über: Da zog ich mit der großen Schar zum Hause Gottes, da konnte ich jubeln und danken in der feiernden Menge« (Psalm 42,5). Das waren die guten alten Zeiten! Aber jetzt, überwältigt von der Last der Gottesferne, schreit er einfach heraus: »Tränen sind meine Nahrung bei Tag und Nacht« (Psalm 42,4)!

Dieses befremdliche Gebet eines Menschen, der leidenschaftlich nach Gott sucht, trifft mich zutiefst. Denn laut meiner eingangs erwähnten Gebetsformel (Gebet + Glaube = Gottes Gegenwart) sollte er eigentlich sagen: »Weil ich nach dir lechze, o Gott, hast du mich mit Freude erfüllt, und mir ist ›seltsam warm ums Herz‹.« Doch stattdessen betet er: »Warum hast du mich vergessen? Warum geht es mir so elend? Und dazu quälen mich noch meine Feinde! Wie eine tödliche Wunde ist ihr Hohn für mich, weil sie mich täglich fragen: ›Wo bleibt er denn, dein Gott?‹« (Psalm 42,10-11). Statt sich von der Gegenwart Gottes warm umhüllt zu fühlen, verspürte dieser aufrichtige Sucher nur die kalte, dunkle Lücke der Gottesferne.

Gottes Abwesenheit verstehen

Wie können wir diese trostlosen Zeiten einordnen? Wenn ich das Gefühl hatte, Gott sei weit weg, gab es für mich bisher nur folgende drei Erklärungsmöglichkeiten:

1. Gott erledigt seinen Job nicht.
2. Ich erledige meinen Job nicht.
3. Das Leben erledigt seinen Job nicht.

Nummer 2 und 3 liefern durchaus mögliche Erklärungen, aber wenn sie sich nicht mit meiner Wahrnehmung decken, bin ich froh, dass die langen Geschichte des christlichen Gebets eine weitere Erklärung bereithält.

Vor einigen Jahren stieß ich fast zufällig auf einen dieser älteren, weisen »Reiseführer«, die uns auf dem schmerzhaften und einsamen Weg durch jene Zeiten begleiten, in denen wir nach Gott dürsten. Heute kennen wir ihn unter dem Namen »Johannes vom Kreuz«. Es ist gut zehn Jahre her, dass ich versuchte, ihn zu lesen; doch seine auf den ersten Blick scheinbar eintönige Analyse der geistlichen Pilgerschaft langweilte mich schnell. Erst nachdem ich selbst eine sehr schmerzhafte Zeit durchgemacht hatte, in der Gott abwesend schien, fanden die Aussagen von Johannes vom Kreuz in meiner Seele Widerhall. Er schien einer der wenigen Christen zu sein, die wagten, mir zu sagen: »Deine Formel funktioniert nicht. Es wird Zeiten geben, in denen es sich anfühlt, als sei Gott weit weg. Das ist ein normaler Umstand auf deiner Reise mit Gott. Aber gib nicht auf, denn diese dunklen Nächte der Seele sind in Wirklichkeit ein wundervolles Geschenk deines himmlischen Vaters! Ja, mein Freund, entdecke, dass das Gefühl der Abwesenheit Gottes reine Gnade ist.«

Ich begann, die Schriften von Johannes vom Kreuz zu schätzen, weil sie keine rein akademischen Schinken waren. Er verstand ohne Frage etwas von diesen geistlichen Dürrezeiten, über die der Psalmist in Psalm 42 spricht.

Kurz nach seiner Geburt im Spanien des Jahres 1542 starb plötzlich sein Vater. Seine Mutter arbeitete hart, um die Familie zusammenzuhalten; doch Johannes lernte bereits früh, dass das Leben tragische Wendungen nehmen kann, die uns zwingen zu fragen: »Gott, wo bist du inmitten dieses Schmerzes?« Mit 26 wurde Johannes eine der leitenden Figuren der Kirche. Während er seine Begabungen nutzte, um die Kirche zu reformieren, schnaubten einige der spanischen Geistlichen vor Wut und Argwohn. Nach diversen Warnungen und Drohungen überfielen in einer Dezembernacht gegnerische Christen Johannes in seinem Haus in Avila und brachten ihn in eine Gefängniszelle, wo sie ihn zunächst verhörten und dann einsperrten. Auf eine winzige, schmutzige und einsame Zelle begrenzt, erduldete Johannes Hunger, Gestank und Läuse. Hinsichtlich seiner Beziehung zu Gott fühlte er sich, als sei er wie Jona von einem Wal verschluckt und in dessen »düsterem Bauch verdaut« worden.[3] Das waren einige der schwersten Tage seines Lebens. Alles verdüsterte sich, und Gott war fern.

Es ist eine Sache, für seinen Glauben verfolgt zu werden und Leid und Enttäuschung zu ertragen, aber Johannes vom Kreuz wurde von *Mitchristen* verlassen und misshandelt, was sein Leid doppelt schwer machte. In einem seiner dichterischen Werke schreit Johannes Gott entgegen: »Wo hast du dich verborgen, mein Geliebter, und lässt mich wehklagend zurück? Du flohst wie ein Hirsch, nachdem du mich verwundet hattest; ich rief nach dir, doch du warst nicht da.«[4] Später würde Johannes für diese Erfahrung der Gottverlassenheit einen Ausdruck prägen: »die dunkle Nacht der Seele«.

Einer meiner Freunde verglich die Verletzung, die die Nacht der Seele uns zufügt, damit, mit 100 km/h gegen eine Wand zu fahren. Eine Zeit lang läuft unser Leben vorhersagbar dahin. Wir leben in dem Glauben, die Umstände zu kontrollieren, und die »Gott-Straße«, auf der wir unterwegs sind, sieht eben und leicht befahrbar aus. Doch dann prallt unser Leben gegen eine Wand, die wir nicht erwartet hatten, und wir finden keinen Weg um sie herum. Für Johannes vom Kreuz bestand diese Wand (oder der »Wal-Bauch«) aus seiner ungerechten Inhaftierung und dem körperlichen Schmerz. Unsere Wand ist vielleicht eine Scheidung, eine anhaltende Krankheit, eine schmerzhafte Beziehung, eine tiefe Depression oder – wie bei Mutter Teresa – einfach eine lange Zeit der geistlichen Dürre. Wir beten; wir schreien; wir bitten andere, für uns zu beten – doch nichts geschieht. Der Friede und der Trost, die wir einst aus Gottes Brunnen der Gnade in uns aufsogen, versiegen plötzlich. So wie der Psalmist in Psalm 42 sollten wir *eigentlich* glücklich sein; wir sollten *eigentlich* vor Freude jauchzen inmitten der festlichen Schar. Wir geben es niemandem gegenüber zu, aber die guten Tage sind nur noch ein ferner Traum; die Nacht ist angebrochen, und Gott hat die Lichter ausgeknipst.

Die alten Schriften von Johannes vom Kreuz wurden zu Begleitern meines Gebetslebens. Zu Anfang passten ihre Aussagen nicht zu den Vorstellungen, die ich über das Gebet hatte – und sie passten auch nicht zu vielen Äußerungen bezüglich des geistlichen Lebens, die man heutzutage hört. Denn überwiegend belassen wir es dabei, unsere Anbetungsgottesdienste mit fröhlichen Liedern und Lichterglanz zu füllen. Doch Johannes hat mich gelehrt, dass wahrhaftiges geistliches Leben sich mit den dunklen Seiten des Lebens auseinandersetzen muss. Wir fühlen uns *tatsächlich* manchmal weit von Gott entfernt! Überraschenderweise folgert Johannes, dass Gott uns in diesem Gefühl seiner Abwesenheit viel näher ist, als wir es uns je vorstellen könnten. Oft ist es so, dass gerade dann, wenn es so aussieht, als würde unser Leben in seine Einzelteile zerfallen, Gott uns wieder zusammensetzt. Und oft geschieht es in den Wüsten des Lebens, dass Gott seinen tiefen Frieden in unsere Seelen ausgießt. Aber macht das Sinn? Wie kann Zerbrochenheit auf Wiederherstellung hinweisen? Und wie kann aus Dürre überfließende Fülle hervorgehen?

Kuschelkissen oder verzehrendes Feuer?

Johannes vom Kreuz würde als Erstes unser Gebetsleben wieder an den Charakter Gottes zurückbinden. Er würde es nicht so ausdrücken, aber ich tue es: Machen Sie das folgende

Multiple-Choice-Quiz. Wählen Sie die richtige Antwort zu jeder Frage:

1. Gott ist eher wie
a) ein sanftes Kissen für unseren müden Kopf.
b) ein Flammenwerfer, der gezielt Feuer gegen unsere Brust schleudert.

2. Gott sagt eher:
a) »Ich bin für dich da, wann immer du jemanden zum Kuscheln brauchst, du es dir gemütlich machen und ein Nickerchen halten willst.«
b) »Komm zu mir und lass mich dich entzünden und all den Müll in deinem Herzen verbrennen.«

Wenn Sie bei beiden Fragen Antwort a) gewählt haben, dann würde Johannes vom Kreuz, soweit ich seine Schriften verstehe, Folgendes zu Ihnen sagen: »Tut mir leid, falsche Antwort! Ja, Gott ist die Liebe. Ja, Gott ist wie ein Kissen – warm, weich und einladend. Ja, Jesus verspricht dir wirkliche Ruhe. Aber der Bibel zufolge kommt Gott eher einem Flammenwerfer gleich, der auf unsere Brust zielt und bereit ist, den Müll unseres Lebens zu verbrennen.«

In all seinen Schriften benutzt Johannes ein Bild für die Liebe Gottes: das einer kräftigen, lebendigen Flamme. Doch Gottes Liebe ist nicht außer Kontrolle. Gott verschlingt uns nicht in seinem Zorn; er läutert uns vielmehr durch seine vollkommene Liebe. »Flamme, Feuer, brennend, lodernd … Der Geist, den Johannes kennt, ist ein ›unendliches Feuer der Liebe‹, das in der Lage ist, ein Herz ›stärker zu entflammen als alle Feuer der Welt.‹«[5]

Dies alles half mir, einige der ernsteren Passagen der Bibel, wie zum Beispiel Hebräer 12,29, zu verstehen, in denen Gott als ein »verzehrendes Feuer« dargestellt wird. Natürlich ist Gott kein rücksichtsloser Flammenwerfer! Gott hat mit seiner Flamme der Liebe stets ein Ziel vor Augen: Er will uns reinigen, ja »veredeln«. Die Bibel sagt uns, dass wir Gott so viel bedeuten, dass er uns sein Meisterstück nennt, sein Kunstwerk (Epheser 2,10). Gott, der »Flammenwerfer«, hat niemals im Sinn, uns zu verletzen oder gar zu zerstören; er will uns herrlich machen – oder um Johannes' spanischen Begriff zu benutzen: Gott möchte uns »grande« machen. Tatsächlich will er alle Schlacke in unserem Leben verbrennen, bis wir das herrliche, vollkommen erlöste Ebenbild Jesu Christi sind und auch als solches leben (Römer 8,29).

Dieser Prozess des Reinigens durch Feuer war mir mitnichten fremd. Als Vater von vier Kindern empfinde ich genauso. Ich bemühe mich, sie zu »veredeln«, möchte, dass sie charakterlich gesund und reif werden, anständig und liebenswürdig. Und so bin auch ich als unvollkommener Vater an manchen Tagen wie ein weiches Kissen, an anderen aber muss ich wie ein »verzehrendes Feuer« handeln.

Auch Freunde müssen manchmal wie ein Feuer sein. Wenn Sie einen guten Freund haben, der alkoholabhängig ist, dann können Sie für ihn nicht für immer der nette, weiche Kissen-Freund sein; manchmal werden Sie Ihren Freund mit seinem Tun konfrontieren und ihm »die Wahrheit in Liebe« sagen müssen (Epheser 4,25). Die Wahrheit mag sich tief in ihn hineinbrennen und ihm wehtun – aber Ihr Ziel ist immer, dass Ihr Freund wieder zu einem guten Leben findet. Und genau auf diese Weise möchte Gott, der die lebendige Flamme der Liebe ist, uns reinigen und umgestalten.

Wir brauchen einen Müllmann

Das Zweite, das Johannes vom Kreuz mir klarmachte: Bevor ich meine eigene »dunkle Nacht« würde verstehen können, musste ich erst etwas über mich wissen, nämlich dass überall in meinem Herzen Müll verstreut ist. Jemand muss mein Herz durchforsten, den Müll ausfindig machen, ihn hinaustragen und ihn verbrennen. In seiner unendlichen Liebe und Sorge für uns dient Gott uns freiwillig als »Müllmann« und persönliche »Müllverbrennungsanlage«. Das ist eine etwas überspitzte Formulierung, und Johannes benutzte ein schöneres Wort als »Müll«; er sprach von unseren »Mängeln« oder »Unvollkommenheiten«. Aber es spielt keine wirkliche Rolle, ob ich es nun Müll oder Unvollkommenheiten nenne – es fällt mir schwer, zuzugeben, dass beides auf mich zutrifft. Lieber würde ich mich in der Gruppe der talentierten Jesus-Studenten aufstellen lassen, die auf der Überholspur unterwegs sind. Aber weil jeder von uns geistlich betrachtet riesige Mängelberge hat, bleiben wir für eine lange, lange Zeit Anfänger in Sachen Nachfolge. Vielleicht ist es das, was Jesus meinte, als er sagte: »Glücklich sind, die erkennen, wie arm sie vor Gott sind, denn ihnen gehört die neue Welt Gottes« (Matthäus 5,3).

Es ist eine Sache, theoretisch und theologisch zuzugeben, dass ich ein Anfänger im Glauben und sogar ein Sünder bin; aber es ist etwas ganz anderes, mir einzugestehen, dass ich ganz spezielle Eigenschaften aufweise, die meine Sünde und Unreife offenlegen und sichtbar machen. Indem er die klassischen »Todsünden« erforscht, enthüllt Johannes vom Kreuz die offensichtlichen Dinge, die mich als Anfänger in Sachen Gebet ausweisen. Das ist der Müll, der aus meinem Herzen entfernt werden muss. Wie benehmen sich Anfänger? Johannes zählt einige Fehler auf, die uns verraten:

Stolz. Wir werden traurig, wenn wir uns unserer Fehler bewusst werden, weil wir uns lieber auf der Schnellstraße zur Heiligkeit befinden würden; es ist uns peinlich, zu unseren Sünden zu stehen und sie zu bekennen. Als Anfänger in Sachen Heiligung sind wir sehr pingelig, wenn es darum geht, wer uns lehren und anleiten darf (»Ich kann nicht wachsen, wenn nicht Soundso predigt, und ich kann Gott nicht anbeten, solange nicht Soundso den Anbetungsteil leitet oder solange die Musik nicht meinen Ansprüchen genügt«).

Gier. Laut Johannes vom Kreuz sind »Anfänger selten mit dem zufrieden, was der Geist Gottes ihnen schenkt. Sie sind unglücklich und mürrisch, weil sie in geistlichen Dingen nicht den Trost finden, den sie sich wünschen.« So verbringen wir mehr Zeit damit, Bibelstunden zu besuchen und Bücher über Gott zu lesen, als dass wir *handeln* wie Jesus. Als Anfänger filtern wir stets unsere geistliche Nahrung – Predigten, Anbetungsgottesdienste, Bibelstudienzeiten, ja sogar unsere persönliche Gebetszeit – durch das Sieb der einen Frage: Komme ich auf meine Kosten?

Zorn. »Anfänger werden wegen der Sünden anderer wütend, tadeln diese, und manchmal fühlen sie sogar den Impuls, dies im Zorn zu tun … indem sie sich selbst zum Herrn über die Tugend machen.« Manchmal sind wir so »unausstehlich, dass niemand mit uns auskommt«. Oder wir werden ungeduldig und wütend wegen unserer eigenen Unvollkommenheiten, denn wir wollen an einem Tag zu Heiligen werden.

Maßlosigkeit. Anfänger »streben stärker nach geistlichem Genuss als nach geistlicher Reinheit«. Auf uns heute bezogen, kann sich das zum Beispiel darin äußern, dass wir – je nach Prägung und Vorliebe – unsere gitarrenbegleiteten rockigen Worshiplieder oder aber unsere orgelbegleiteten klassischen Hymnen einer echten geistlichen Veränderung in und durch Christus vorziehen.

Eifersucht. Als Anfänger macht es uns traurig, wenn wir von anderen hören, die auf der Straße der Heiligung an uns »vorbeiziehen«. Wir können uns nicht mit denen freuen, die sich freuen.

Trägheit. Geistliche Herausforderungen überfordern oder langweilen den Anfänger. »Weil sie daran gewöhnt sind, in geistlichen Übungen Verzückung zu finden, langweilen sie sich, sobald diese einmal ausbleibt. Wenn sie aus dem Gebet nicht jene Befriedigung ziehen können, die sie sich ersehnen, … wollen sie sich ihm nicht mehr zuwenden, geben es ganz auf oder tun es widerwillig.«[6]

Das ist natürlich keine vollständige Mängelliste, und doch durchstößt sie den Panzer meiner vermeintlichen »geistlichen Reife«. Während ich die Schriften von Johannes vom Kreuz las, kam ich widerstrebend zu dem Schluss, dass ich immer noch ein echter Anfänger war, wenn es um das geistliche Leben ging, und es noch für eine lange Zeit bleiben würde.

Aber natürlich handelt es sich beim Evangelium voll und ganz um eine gute Nachricht: Gott, mein behutsamer »Müllmann«, möchte meine Unvollkommenheiten herausholen, damit er sie vergeben und langsam abbrennen kann. Aus diesem Grund nannte Johannes vom Kreuz Gott »eine lebendige Flamme der Liebe, die meine Seele an ihrer tiefsten Stelle zärtlich verwundet«.[7] Ich begriff, dass Gott ein radikales Heilmittel für meine Krankheit sucht. Gott findet sich nicht damit ab, die Oberfläche meines Lebens zu polieren; er wird mich »auf links drehen« und reinigen.

Auf Nachtsicht umschalten

Wie aber geht Gott vor, wenn er uns zum Reinigen »auf links dreht«? Von Johannes vom Kreuz habe ich gelernt, dass Gott oft die dunkle Nacht der Seele dazu benutzt, um unsere Unvollkommenheiten auszumerzen. Das Bild der Flamme sagt uns etwas über Gott, die dunkle Nacht etwas über unsere Reise. Wie aber sieht eine dunkle Nacht aus?

Obwohl Nächte nicht unbedingt furchterregend sein müssen, so vermitteln sie uns doch das Gefühl von Orientierungslosigkeit und Kontrollverlust. Wann immer ich nachts aufwache und wegen einer bestimmten Sache oder gar einer langen Liste von Bedenken beunruhigt bin, gewinne ich selten Klarheit. In der Regel macht mich die Nacht mit ihrer tiefen und unheimlichen Stille noch ängstlicher. Und weil ich nicht klar denken kann, sage ich mir meistens Folgendes: »Ich muss einfach bis zum Morgen warten, vielleicht kann ich dann alles entwirren.«

Auf die gleiche Weise sorgt die dunkle Nacht der Seele dafür, dass wir uns orientierungslos fühlen. Johannes definiert die dunkle Nacht als jene Zeiten, in denen es sich so anfühlt, als »wenn alles und jeder uns verlässt … und es scheint, als würde auch Gott uns verlassen … und alles würde genau in die entgegengesetzte Richtung laufen.«[8]

Hinzu kommt, dass wir im Dunkel der Nacht die Kontrolle verlieren. Oder anders ausgedrückt: Wir können unsere dunklen Nächte nicht selbst bestimmen. Auch das alte Gebet in Psalm 42 spricht von diesem Kontrollverlust. Der Psalmist saß im Exil fest, und er wünschte sich sehnlichst, nach Hause zu ziehen und sich der guten alten Tage zu erfreuen. Aber er konnte den Ablauf nicht bestimmen. Noch einmal: Wenn ich mitten in der Nacht desorientiert und verängstigt aufwache, will ich den Morgen schneller herbeizwingen. »Hol mich heraus aus dieser furchterregenden, einsamen Nacht«, flehe ich. Aber es funktioniert nicht, weil ich nicht über die Nacht bestimmen kann. In Bezug auf den Glauben heißt das: Normalerweise erbitte ich von Gott keine dunklen Nächte; er schickt sie einfach.

Genau das ist schmerzhaft für uns, weil wir am liebsten über alles die Kontrolle behalten. Wir hätten gerne eine Antwort – aber bitte auf all unsere Fragen! Wir wollen, dass alles Sinn macht – und zwar sofort! Oder, um eine Metapher zu gebrauchen: Wir fassen den Stier gern bei den Hörnern. Das ist ein tolles Bild für unseren Wunsch, alles im Griff zu haben – auch wo es um unseren Glauben geht. Aber in den dunklen Nächten der Seele beginnt Gott damit, uns auf eine Art und Weise zu führen, die außerhalb unserer Macht liegt.

Johannes vom Kreuz benutzt das Bild eines Mannes, der sich auf eine Reise in ein unbekanntes Land begibt. Mit einem Mal ist er gezwungen, einer neuen Route zu folgen. Dazu muss er seine gewohnten Pfade verlassen. Die Karten, denen er glaubte, vertrauen zu können, scheinen ihren Dienst zu versagen. Und plötzlich erscheint die Reise furchterregend und verwirrend.

Genauso beängstigend, ja sogar sinnlos können sich die dunklen Nächte unserer Nachfolge anfühlen – diese Zeiten, in denen Gott uns einlädt, ihm ohne die richtigen Karten und mitten im Dunklen auf einer uns unbekannten Straße zu folgen. Zeitweise sagen wir: »Wenn ich wüsste, dass Gott dabei ist, würde ich diese Reise entspannt angehen.« Aber genau das ist der Punkt der dunklen Nacht der Seele: Es *fühlt* sich nicht an, als sei Gott dabei! Und das macht sie zur Nacht.

Die meiste Zeit, die ich in der Nachfolge Christi gelebt habe, war ich im Besitz verlässlicher Karten. Meine Route war abenteuerlich, aber vorhersagbar. Doch vor einigen Jahren trat ich in eine dunkle Nacht ein, für die sämtliche meiner alten Karten unzureichend waren. Zurzeit ist es zu schmerzhaft für mich, hier ins Detail zu gehen; alles, was ich weiß, ist, dass es sich anfühlte, als sei Gott weit entfernt. In der Tat war es so, dass jedes Mal, wenn ich konkret für etwas betete, Gott meine Gebete so »beantwortete«, dass er genau das Gegenteil von dem tat, was ich wollte. Es war fast unheimlich, wie Gott mir meine Karten wegnahm. Und während mein Leben langsam zerfiel, sah es so aus, als würde Gott mich abservieren. Als ich mitten in der Krise steckte, machten die schweren und befremdlichen Schriften von Johannes vom Kreuz plötzlich Sinn. Er gab mir eine Möglichkeit, meine Erfahrungen neu zu deuten, indem er mich auf den tieferen, biblisch verankerten Bezugsrahmen für diese Fragen verwies. »Gott hat dich nicht verlassen«, würde Johannes sagen. »Du erlebst nicht Gottes tatsächliche Abwesenheit; du erlebst bloß Gottes Gegenwart auf eine ganz neue Weise. So, wie die Sonne deine Sinne überwältigt, so blendet die strahlende Gegenwart Gottes deine geistliche Sicht und lässt dich denken, du seist in der Dunkelheit. Inmitten dieser dunklen Nacht, inmitten dieser Ohnmacht und Verwirrung, inmitten des Gefühls der Gottesferne, und während du glaubst, du liefst genau in die entgegengesetzte Richtung, läutert dich Gott. Und er ist dir näher, als du es dir vorstellen kannst.«

Wenn Gott uns unser Fläschchen wegnimmt

Johannes benutzt einige wundervolle Bilder, um Gottes gutes Wirken an uns in der dunklen Nacht zu umschreiben. Mein Lieblingsbild ist das einer Mutter (Gott) und ihres Kindes (wir). Wenn ein Kind entwöhnt wird, mag es denken, dass die Mutter es verlassen hat. Aber wir wissen natürlich, dass die Mutter ihrem Kind in Wahrheit dabei hilft, erwachsen zu werden und alleine laufen zu lernen. Johannes sagt uns, dass unsere Beziehung zu Gott sich ganz ähnlich gestaltet. In den ersten Phasen unseres Lebens mit Christus schenkt Gott uns häufig »süße geistliche Milch«, die uns zufrieden und glücklich macht. Wir müssen uns nicht einmal darum bemühen – sie fließt einfach in uns hinein! Doch wenn Gott den Zeitpunkt für gekommen hält, dass wir erwachsen werden müssen, entzieht er uns diese leicht zugängliche flüssige Annehmlichkeit, stellt uns auf den Boden, lehrt uns zu gehen und unsere Baby-Perspektive hinter uns zu lassen. Und es ist ganz natürlich, dass das Baby »diese neue Phase als befremdlich empfindet, zumal sich alles von vorne nach hinten gekehrt hat«.[9] Das Baby weint, stampft mit seinen Füßen auf und will seine Milch zurück.

Genauso verhält es sich mit unserem geistlichen Leben. In unseren dunklen Nächten fühlt es sich so an, als habe Gott uns etwas weggenommen. Also weinen wir, stampfen mit den Füßen auf und fordern Gott auf, uns gefälligst unsere Milch zurückzugeben! Aber noch einmal: Gott ist nicht abwesend; es *fühlt* sich nur so an. In Wahrheit arbeitet er tief in unserem Herzen daran, unsere Unvollkommenheiten zu »verbrennen«, und fordert uns auf, ihm auch »ohne Milch« zu vertrauen. In diesem Sinne würde uns Johannes warnen: »Sei nicht wie die vielen Narren, die in ihrem kleinen Verständnis von Gott denken, dass wenn sie ihn nicht verstehen, schmecken oder erfahren, er weit weg und gänzlich verborgen sei. Das Gegenteil zu glauben wäre wahrer.«[10]

Unser Problem ist, dass wir die Milch mit Gott verbinden. »Milch« kann alles sein, was unser Gehirn mit »Gott« verknüpft. Es kann ein bestimmter Musikstil sein, die Menschen, die wir mögen, besondere Orte oder Städte, ein bestimmtes Klima, ein Kirchengebäude oder eine besondere Architektur, ein bestimmter Autor oder Prediger – oder eine besondere Gebets-Methode. Wir verlangen nach diesen Dingen. Wenn wir also zum Beispiel plötzlich auf einen bestimmten Musikstil verzichten müssen, sind wir nicht nur traurig (was angemessen wäre), sondern wir stampfen mit unseren Füßen auf und fordern ihn zurück!

Ich persönlich trinke meine »Milch« gerne, indem ich jeden Morgen mit einer Tasse heißen Kaffees in der Hand bete und in meiner Bibel lese (er muss wirklich heiß sein, sonst kann ich nicht beten!), während ich unter einem Apfelbaum im Vogelschutzgebiet unserer Stadt sitze. Es ist Teil meiner Routine, um mit Gott in Verbindung zu treten, und die Verknüpfungen in meinem Gehirn fordern diese Routine. Eines schönen Morgens kam ein rüpelhafter und für geistliche Dinge vollkommen unempfänglicher Angestellter der Stadt mit seiner Motorsäge in den Park, richtete verheerenden Schaden an und störte meine Gebetszeit. Ich wollte schreien: »Hey, das können Sie jetzt nicht machen! Sehen Sie nicht meine Bibel und meinen heißen Kaffee? Das ist meine Zeit mit Gott. Mann, wie blöd kann man eigentlich sein?«

Doch wenn ich jetzt darüber nachdenke, wird mir klar, dass »meine Zeit mit Gott« bloß meine Milch ist. Von Zeit zu Zeit wird Gott mir meine Milch wegnehmen – für einen kurzen Moment oder für immer –, um mich daran zu erinnern, dass er nicht die Milch ist! Gott wird mir die Milch wegnehmen, damit ich ihn kennenlerne – und nicht bloß an meinen guten Gefühlen oder meinen schönen Erfahrungen festhalte. Gott wird mir die flüssigen Annehmlichkeiten entziehen, die schnellen und einfachen geistlichen Mahlzeiten, die ich mir wünsche, und sie durch feste Nahrung ersetzen.

Gott selbst ist diese feste Nahrung. Und er ist der Eine, nach dem mich hungert.

Leben mit einem »abwesenden Gott«

Wie haben nun diese Bilder – Gott, die Flamme, und die dunklen Nächte der Seele – mein Leben verändert? Ich *mag* die dunklen Nächte immer noch nicht, noch frage ich danach; andererseits habe ich eine realistischere Sicht davon bekommen – ich weiß, dass sie auch zu mir kommen werden. Irgendwann werden die meisten von uns Zeiten der Dürre und der Verzweiflung durchleben. Sie müssen nicht unbedingt mit einer Krise verbunden sein, aber manchmal ist vielleicht ein ganz bestimmtes Ereignis in unserem Leben daran beteiligt: eine Ehe geht kaputt, obwohl wir um Heilung beten; ein geliebter Mensch stirbt und hinterlässt eine klaffende Wunde in unserem Herzen; unser Kind gleitet von Gott weg in eine Sucht hinein; unsere Arbeit verändert sich durch Umstände, die wir nicht kontrollieren können, zum Schlechten; der Krebs kehrt zurück; unsere Glaubensgeschwister machen uns keine Freude mehr; das Alter macht uns immer mehr zu schaffen; das Baby oder der Ehepartner, nach dem wir uns sehnen, kommt einfach nicht. Ein Schmerz setzt sich tief in unseren Eingeweiden fest und will nicht verschwinden. Und befremdet fragen wir leise: »Wo ist Gott?«

Ich lerne gerade einige wichtige Lektionen über diese dunklen Zeiten der Nachfolge. Ich lerne zuzugeben, wenn ich mich in einer dunklen Nacht befinde. Eine dunkle Nacht ist nicht bloß eine Prüfung. Die meisten von uns schämen sich nicht, wenn sie geprüft werden. Als Paulus Prüfungen erleiden musste, verkündete er voller Zuversicht: »Wir rühmen uns sogar der Leiden« (Römer 5,3); aber als er sich in einer dunklen Nacht befand, gestand er: »Was ich zu ertragen hatte, war so schwer, dass es über meine Kraft ging. Ich hatte keine Hoffnung mehr, mit dem Leben davonzukommen« (2. Korinther 1,8). Es ist schwer für uns, wenn wir hören, wie geistliche Vorbilder, Gemeindeleiter und Pastoren ehrlich über ihre dunkle Nacht berichten, aber Paulus tat es. Wenn ich also Gottes Abwesenheit stärker empfinde als seine Gegenwart, lerne ich zu sagen: »Ich befinde mich in einer dunklen Nacht. Ich fühle mich verwirrt und habe die Orientierung verloren; ich bin gegen eine Wand geknallt. Ich weiß nicht, was Gott gerade in meinem Leben tut, und manchmal lautet mein einziges Gebet: ›Gott, wo bist du?‹« Das ist keine Wehleidigkeit; das ist ehrliches, von den Psalmen durchdrungenes und sich an dem Vorbild Jesu orientierendes Beten.

Ich lerne, dass Gott mich in den dunklen Nächten nicht verlassen hat. Ich stütze mich auf das Versprechen Jesu, mich niemals im Stich zu lassen oder gar völlig zu verlassen (Matthäus 28,20). Aber Jesus gab uns nicht nur ein Versprechen. Als er an unserer statt am Kreuz starb, lebte er dieses Versprechen und erwies sein Vertrauen in dieses Versprechen. Unsere dunkle Nacht fühlt sich häufig sinnlos und einsam an. Wir schreien: »Gott, warum?« und »Wie lange, o Herr?« und »Wo bist du in all dem Leid?« Aber ich ziehe Trost aus der Tatsache, dass Jesus selbst, mein Bruder (Hebräer 2,11), ebenso mitten aus der dunklen Nacht heraus schrie: »Mein Gott, mein Gott, warum hast du mich verlassen?« (Matthäus 27,46). Jesus durchlebte nicht bloß eine dunkle Nacht, sondern das, was Johannes vom Kreuz die »horrenda noche«, die »furchtbare Nacht«, nannte. Die Bibel hält nicht für alle meine großen »Warum?«-Fragen eine Antwort bereit; aber sie sagt mir, dass Gott jede Art von dunkler Nacht erfahren hat. Was bedeutet, dass, egal, wie tief meine Nächte auch sein mögen, Gott immer noch ein Stück tiefer in die dunkle Nacht menschlichen Leids hinabgestiegen ist.

Darüber hinaus entdecke ich mehr und mehr, dass Gott einen guten Plan für mich hat, mitten in der dunklen Nacht. Seine Hand ist souverän, und sie ist gut (Römer 8,28; Philipper 1,6; 1. Mose 50,20). Johannes vom Kreuz verglich die dunkle Nacht mit einem weiteren meisterhaften Bild: mit dem Heilmittel, das man einem Kranken zuteilwerden lässt. Wenn jemand schwer krank ist, wird alles im Haus gedämpft. Das Essen ist einfach und langweilig: trockener Toast, dünne Brühe, Eiswürfel. Freunde und Familie müssen sich von dem Kranken fernhalten. Inmitten seines Deliriums fühlt sich der Kranke vielleicht verlassen und allein. Aber es ist die »Dunkelheit« seiner Umstände, die es möglich macht, dass er wieder gesund wird. Auf die gleiche Weise, würde Johannes argumentieren, wird unsere Seele in unseren dunklen Nächten einer Kur unterzogen, um ihre Gesundheit wiederzuerlangen – und ihre Gesundheit ist Gott selbst. Gott, die lebendige Flamme, verbrennt unsere Unvollkommenheiten. Er entwöhnt uns von unserer Bindung an die Milch (unsere Gedanken, Gefühle und Erfahrungen *mit* Gott statt Gott selbst), damit Gott wirklich Gott in unserem Leben sein kann.

Ich lerne, meine dunklen Nächte nicht mehr beschleunigen zu wollen. Ich habe keine Macht über die Nacht, Gott hat sie. Johannes vom Kreuz schrieb in Schönheit und Klarheit von dem zentralen biblischen Ziel unseres Lebens mit Gott: Einheit mit Jesus Christus, unserem Bräutigam. Aber der Weg, den wir beschreiten, und der Gott, der uns führt, sind oft geheimnisvoll. Und so rät uns Johannes: »Höre nie damit auf, dein Verständnis und deine Erfahrung Gottes zu lieben und dich daran zu erfreuen; doch liebe und erfreue dich an dem, was du nicht erfährst und nicht an ihm verstehst. Das ist der Weg … ihn im Glauben zu suchen …. Wenn du dich ihm auf diese Weise näherst, wirst du Dunkelheit erleben wegen der Schwäche deiner Augen.«[11] Anders ausgedrückt: Je näher wir Gott kommen (oder je näher Gott uns kommt), desto mehr werden wir von dem schieren Wunder, der Herrlichkeit und dem unergründlichen Geheimnis der Gegenwart Gottes überwältigt – ähnlich wie wir der Sonne immer näher kommen und dann von ihrem Glanz und ihrer Hitze geblendet werden. Johannes vom Kreuz lehrt uns, uns an dem Geheimnis zu erfreuen und den geheimnisvollen Einen anzubeten, den wir in Jesus kennen und der doch unsere Fähigkeit, ihn gänzlich zu verstehen, bei Weitem übersteigt.

Wenn ich also versucht bin, Gott zu sagen: »Ich kann diese dunkle Nacht (diese Krankheit, diese Enttäuschung, diese geistliche Dürre, Ablehnung oder Trauer) gerade nicht gebrauchen; ich habe zu viel zu tun; ich habe wichtige Dinge für dich zu tun, Herr«, dann scheint mir, als ob Gott sagt: »Deine ›wichtigen Projekte‹ können eine Weile warten. Ich möchte, dass du dich auf mein Projekt mit dir konzentrierst: dich heil und reif zu machen in meinem Sohn Jesus.«

Im Moment lerne ich, nach jener »reinen Gnade« der dunklen Nacht zu fragen: dem Geschenk eines liebenden Herzens. Denn in Bezug auf das letzte Ziel und die Absicht hinsichtlich unseres Glaubens ist die Bibel eindeutig: Liebe. »Wenn ich die Sprachen aller Menschen spreche und sogar die Sprache der Engel, aber ich habe keine Liebe – dann bin ich doch nur ein dröhnender Gong oder eine lärmende Trommel« (1. Korinther 13,1). »Das ganze Gesetz ist erfüllt, wenn dieses eine Gebot befolgt wird: ›Liebe deinen Mitmenschen wie dich selbst‹« (Galater 5,14). Laut Johannes vom Kreuz sind die meisten von uns immer noch blutige Anfänger auf dieser Reise zur Liebe hin. Wegen unseres richtenden Geistes sind unsere Herzen oft wie versteinert. Wir werden zu »Wächtern der Tugend«, die häufig so handeln wie der ältere Bruder in Jesu Gleichnis – wütend, unnahbar und schroff (Lukas 15,25–32). Doch jedes Mal, wenn wir in eine tiefe Nacht fallen, bricht Gott etwas von der Härte und der Lieblosigkeit unseres Herzens entzwei. Jedes Mal, wenn wir mit 100 km/h gegen eine Wand fahren, reißt Gott uns ab und baut uns dann wieder mit ein wenig mehr Liebe in unserem Herzen auf.

Johannes, der Dichter, benutzt ein wunderschönes Bild für unser geistliches Leben: Wir sind wie ein verschmutztes Fenster. Die Sonne mag auf das Fenster scheinen, aber der Schmutz verhindert, dass das Licht durch es hindurchbricht. Der Schmutz steht für all die Schranken in unserem Herzen, die uns hindern, zu lieben. In Johannes Worten: »Eine Seele macht Raum für Gott, indem sie allen Schmutz und alle Schlieren der Kreatur wegwischt … denn zu lieben bedeutet, die Mühe aufzuwenden, um Gottes willen auf alles zu verzichten und sich allem zu entziehen, das nicht Gott ist. Wenn dies getan ist, wird die Seele erleuchtet von und umgestaltet in Gott.«[12]

Wenn es also in der dunklen Nacht so scheint, als würde sich Gott von uns zurückziehen, arbeitet er hinter den Kulissen wie ein schweigsamer Fensterputzer, der die Verschmutzungen leise, aber wirksam entfernt, bis die Strahlen der Liebe Gottes erst in uns hinein- und dann durch uns hindurchscheinen.

6

Selig sind, die mit Gott streiten

Kurz nachdem wir als Familie von Minnesota nach New York umgezogen waren, lernte ich David, einen passionierten und geistreichen Vollblut-New Yorker und jüdischen Christen kennen, der mich seither fortwährend darin herausfordert, die Bibel mit jüdischen Augen zu betrachten. In den ersten beiden Jahren meines Pastorendienstes auf Long Island kam David häufig nach dem Gottesdienst zu mir und sagte etwa Folgendes: »Hey, gute Predigt. Deinen dritten Punkt mochte ich besonders gern, aber du hast in diesem Abschnitt auch etwas Entscheidendes vergessen. Ich will dir sagen, wie ich es als Jude sehe.« Und dann startete er seine wöchentliche fünfminütige Rede bezüglich einer genaueren biblischen Auslegung. Ich dachte, er wolle Streit provozieren, aber ich hörte ihm jedes Mal höflich zu und dankte ihm für seine »Einblicke«. Nachdem das ungefähr zwei Jahre lang so ging (Leute aus Minnesota sind notorisch nett und sehr leidensfähig), konnte ich es nicht mehr ertragen. Und so platzte es aus mir heraus: »David, was ist los mit dir? Geben dir meine Predigten nichts? Spricht Gott nicht zu dir? Warum kommst du immer zu mir und kritisierst meine Predigten? Warum musst du immer so spitzfindig im Bezug auf nebensächliche theologische Fragen sein?« Mein Gesicht lief vor Wut rot an, und David stand vor Schock wie angewurzelt da.

Schließlich durchbrach er die eisige Stille. Er lachte. Und dann sagte er: »Vielleicht sollte ich dir meinen kulturellen Hintergrund erklären, der sich offensichtlich von deinem unterscheidet. Wenn ein New Yorker Jude wie ich mit dir über die Bibel streitet, dann sucht er den Dialog mit dir. Wenn ich sage, dass ich mit einigen Punkten nicht einverstanden bin, dann erwarte ich, dass du zurückschießt und sagst: ›Also, ich denke, dass du falsch liegst, und ich will dir auch sagen, warum.‹ Weißt du, Juden kommen sich durch Streiten manchmal näher. Dem anderen die Stirn zu bieten ist ein Zeichen für eine vertraute Beziehung. Wenn ich dir also eins austeile, erwarte ich, dass du zurückschlägst. Auf diese Weise wächst unsere Beziehung.«

Dieser Ansatz, Vertrautheit durch intensive Gespräche und manchmal sogar durch einen heftigen Streit zu gewinnen, war mir neu. Doch durch meine Freundschaft zu David brachte mir Gott hinsichtlich des Gebets etwas Wichtiges bei: Manchmal bedeutet Beten, mit Gott zu streiten. Manchmal kommen wir Gott näher, indem wir ihn »zur Rede stellen«.

Meine jüdischen Freunde wissen das seit Langem. In ihrem Buch über die jüdische Midrasch erläutert Judith Kunst, wie Juden über die Schrift streiten: »Ein Lehrer verkündet den festgelegten Textabschnitt, aber er interpretiert ihn nicht, er liest ihn nicht einmal vor. Stattdessen beginnt überall im Raum einer der beiden Hevrutas (das sind Studienkollegen, die sich zum Studium der Tora in Zweiergruppen gegenübersitzen), den Abschnitt laut vorzulesen. Der jeweils andere hört aufmerksam zu (was bei so vielen Stimmen im Raum auch nötig ist), dann springt er mit einer Frage dazwischen, woraus sich häufig stundenlange Sitzungen mit Fragen, Antworten und Streit entwickeln.« Und so folgert Judith Kunst: »Im Judentum können Vertrautheit und Streit nicht voneinander getrennt werden.«[1]

Diesen Gedanken (»Vertrautheit und Streit können nicht voneinander getrennt werden«) haben Juden auch auf ihr Gebetsleben übertragen. Der Talmud erklärt: »Kühnheit ist äußerst wirkungsvoll – sogar gegenüber dem Himmel.« Es gibt eine jiddische Geschichte über eine Großmutter, die mit ihrem Enkel an den Strand ging. Während der Junge unschuldig mit seiner Schaufel und seinem Eimer im Sand spielte, tauchte plötzlich eine riesige Welle auf, verschlang ihn und zog ihn hinaus aufs Meer. Jede Spur des Jungen war verschwunden – seine Schaufel, sein Eimer und sogar die kleine Mütze. Voller Panik und voller Wut begann die Großmutter zu beten: »Herr, Gott des Universums, wie kannst du zulassen, dass so etwas passiert? Mein einziger Enkelsohn ist von einer Welle verschluckt worden. Du darfst ihn nicht ertrinken lassen! Bei allem nötigen Respekt, ich erwarte, dass du mich besser behandelst, Herr. Das ist unerhört. Bring ihn sofort wieder!« Plötzlich schwappte eine weitere Welle heran, spuckte den Jungen unverletzt an den Strand und rollte zurück ins Meer. Einen Moment lang starrte die Großmutter ihren erschrockenen Enkel an, dann blickte sie nach oben und sagte: »Du weißt, Herr: Er hatte auch noch eine Mütze!«

Wie diese Großmutter gehen auch wir im Gebet auf Konfrontation, wenn wir unsere Fragen und Meinungsunterschiede direkt vor Gott bringen. Ganz erfüllt vom Alten Testament schrecken Juden niemals davor zurück, mit Gott einen Streit auszutragen. Ein zeitgenössischer jüdischer Gelehrter schreibt: »Das jüdische literarische Erbe ist überreich an Klageliedern, Beschwerden und Auseinandersetzungen, die alle gegen Gottes Umgang mit seinem Volk protestieren.«[2] Vertrautheit und Streit können nicht voneinander getrennt werden. Dieser Punkt hat mich wahrscheinlich stärker herausgefordert als irgendetwas sonst in diesem Buch. Die überwiegende Zeit meines Lebens habe ich versucht, Konflikte und Streit zu vermeiden, weil ich annahm, sie seien schlecht und Furcht einflößend und ein sicheres Zeichen für eine distanzierte Beziehung. Doch diese einzigartige Sicht auf das Gebet öffnet mein Leben für eine gesündere und ehrlichere Beziehung zu Gott und zu anderen. Menschen wie mein Freund David helfen mir dabei, diesen Furcht einflößend-aufregenden Weg des Gebets einzuüben.

»Ich werde dein Gott sein – Und wo bist du?«

Als ich damit anfing, die Bibel durch die »jüdische Brille« zu lesen, entdeckte ich einige besondere Blickwinkel auf Gottes Charakter. Der Gott der biblischen Geschichten ist nicht wie die Götter zahlreicher anderer Religionen, er ist nicht distanziert, gleichgültig, feindselig oder gar gegen das menschliche Glück. Stattdessen offenbart die Bibel, dass Gott gut ist und die Welt gerecht regiert. Dazu schloss Gott einen Bund mit einem Volk, indem er versprach: »Ich will euch als mein Volk annehmen und will euer Gott sein« (2. Mose 6,7). Gott band sich an ein bestimmtes Volk und versprach, für es zu sorgen, so wie das Volk versprach, ihm zu gehorchen und ihn zu ehren. Beide Seiten wurden durch eine verbindliche, andauernde Liebesbeziehung miteinander verbunden.

Dieser Bund spielt in Gebeten, in denen Menschen Gott zur Rede stellen, eine große Rolle. Wenn das Volk Gottes den Bund brach, beschuldigte Gott es des geistlichen Ehebruchs. Aber es gab auch Zeiten, in denen es so *aussah*, als halte Gott seinen Teil der Abmachung nicht. Es *schien* so, als würde Gott seinerseits sein Versprechen brechen. Und obwohl Menschen es nur so empfinden, nimmt Gott ihre Empfindungen ernst. Also: Von beiden Seiten der zerbrochenen Beziehung kann es zu einer Konfrontation kommen.

Die Rahmenbedingungen, die diesem Bund zugrunde liegen, dienen als Vorbild für jene Gebete, die darauf abzielen, Gott zur Rede zu stellen. Man nennt sie auch Gebete nach dem »Gerichtshof-Muster«. Diese Gebete vollziehen sich in vier Schritten:

Das Wort wird an Gott gerichtet.

Dann folgt die Beweisführung. Wenn es so aussieht, dass die Dinge nicht im Einklang mit Gottes Gerechtigkeit stehen, muss der Beweis *vor* Gott und *gegen* ihn erbracht werden. Gott ist Richter und Angeklagter, darum muss sich die Beschwerde *an* und *gegen* Gott richten.

Es wird eine besondere Forderung an Gott gestellt.

Gott hört zu und antwortet. Gott stimmt unserer Klage zu oder auch nicht, doch so oder so antwortet er in diesem »Gerichtsverfahren«.

Weil Leute wie mein Freund David mich in meinem Gebetsleben begleiten, beginne ich zu begreifen, dass unser Bund mit Gott immer wieder zu Auseinandersetzungen zwischen ihm und uns führt. Die meiste Zeit konfrontiert uns Gott mit unserem Verhalten. Weil es sich um eine echte Beziehung handelt und Gott den Wunsch nach Vertrautheit mit uns hat, erlaubt er uns ihm Gegenzug, auch ihn mit seinem Verhalten zu konfrontieren. Uns ist erlaubt, eine Klage gegen Gott anzustrengen, die zum Ziel hat, ihm näherzukommen.

Manchmal schmerzt unsere Klage wie eine offene Wunde. Die Chassidim erzählen die Geschichte eines einfachen Schneiders, der einen Streit mit Gott hatte. Der Schneider wurde von seinem Rabbi gebeten, das Gespräch mit Gott noch einmal Revue passieren zu lassen. Er erzählte: »Ich habe

Gott erklärt: Du möchtest, dass ich Buße über meine Sünden tue … Aber du, o Herr, hast viel schwerwiegendere Sünden begangen. Du hast Müttern ihre Kinder genommen und Kindern ihre Mütter. Lass uns einen Strich darunter ziehen: Du vergibst mir, und ich vergebe dir.« Da erwiderte der Rabbi: »Warum hast du Gott so billig davonkommen lassen? Du hättest ihn zwingen können, ganz Israel zu erlösen.«[3]

Überraschenderweise ist die Bibel voller Beispiele für diese Art Gebete. Gott erlaubt sie nicht nur (er könnte solche Gebete ignorieren oder einfach jene, die so beten, vernichten) – es scheint, als ermutige er uns sogar dazu. Wenn unser Gebet aus der richtigen Einstellung und Perspektive heraus gesprochen wird, wird es zu Gottes Weg, auf dem wir uns mit ihm auseinandersetzen können. Es ist, als würde Gott sagen: »Sag etwas, stell mich zur Rede, antworte mir. Alles ist besser, als zu schweigen oder mir die kalte Schulter zu zeigen. Argumentiere, schimpfe, tobe, schreie, widersprich mir, aber sitz nicht nur rum! Oder schlimmer: Komm mir bitte nicht mit frommen und netten Worten, die doch bloß leer und unaufrichtig sind.« Ich beginne zu begreifen, dass das Gebet eine intensive persönliche und leidenschaftliche Unterhaltung mit einem Gott ist, der für uns da ist und einen Bund mit uns geschlossen hat. Es ist eine Übung, die mich ganz fordert – mein wahres Ich und nicht bloß meine zur Schau gestellte Schokoladenseite.

Gott vor Gericht schleppen

Seit meinem Wutausbruch gegenüber meinem Freund David habe ich entdeckt, dass die Bibel uns viele Beispiele für das Prinzip »Vertrautheit durch Streiten« gibt. Allem Anschein nach mag Gott es, wenn wir ab und zu austeilen. Die Bibel ist voller Beispiele von Menschen, die an Gott glauben und ihm auf eine raue, aber ehrliche und lebensnahe Art im Gebet begegnen.

Abraham. Die erste Geschichte begegnet uns in 2. Mose 18, als Abraham Gott entgegentritt, weil dieser beschlossen hat, Sodom und Gomorrha zu vernichten. Als Gott Abraham beiseitenahm und ihn wissen ließ, dass er Sodom und Gomorrha zerstören würde, wurde Abraham traurig. Doch statt in sich zusammenzusinken und sich schmollend von Gott zurückzuziehen, erzählt uns der biblische Text, dass Abraham »vor dem Herrn stehen blieb« (2. Mose 18,22). Er ging nicht weg, sondern verwickelte Gott in ein Gespräch. Und dann begann er, mit Gott zu verhandeln: »Willst du wirklich Schuldige und Schuldlose ohne Unterschied vernichten? Vielleicht gibt es in Sodom fünfzig Leute, die kein Unrecht getan haben. Willst du sie auch umkommen lassen und nicht lieber die ganze Stadt verschonen wegen der fünfzig? Du kannst doch nicht die Unschuldigen zusammen mit den Schuldigen töten und die einen genauso behandeln wie die andern? Du bist der oberste Richter der ganzen Erde, darum darfst du nicht selbst gegen das Recht verstoßen!« (2. Mose 18,23–25).

Als ich die Geschichte wiederholt las, bemerkte ich ein Muster in diesem Gespräch, in dem Abraham mit Gott »feilscht«. Er konfrontiert Gott, den Richter und Angeklagten, mit dessen eigenem Maßstab für Gerechtigkeit. Und überraschenderweise hört Gott nicht nur zu, sondern antwortet ihm, indem er seine Pläne ändert. Abraham handelt mit Gott solange weiter, bis Gott von seiner ursprünglichen Zahl von fünfzig Gerechten auf zehn Gerechte heruntergeht.

Doch natürlich ist mir auch Abrahams tiefe Demut aufgefallen: »Ich habe es gewagt, dir dreinzureden, Herr, obwohl ich Staub und Asche bin« (2. Mose 18,27). Diese Haltung steht im Gegensatz zu der Haltung, die wir häufig gegenüber Autoritätspersonen zeigen. Ein Beispiel: Während der Fußball-Weltmeisterschaft 2006 bewegten sich die Beschwerden gegen die amtierenden Schiedsrichter auf einem historischen Höchststand. Kommentare wie »die Schiris sind Idioten« oder »die Schiris ruinieren das Spiel« waren an der Tagesordnung. Als ich noch Basketball-Spieler auf der Highschool war, tat ich dasselbe. Nachdem ich einem Gegner eins mit dem Unterarm verpasst hatte und eines Fouls beschuldigt worden war, hob ich spöttisch meine Hand im Protest, als wolle ich sagen: »Wer, ich? Schiri, du machst Witze! Ich habe den Typ kaum berührt!« In beiden Fällen entzündet sich der Streit mit den Schiedsrichtern an einer Arroganz, die sagt: »Ich weiß es besser als du! Und meine Einschätzung ist deiner überlegen.«

Das ist nicht die Haltung, die hinter dieser Art zu beten steht. Als Abraham Gott widersprach, als er mit ihm stritt und verhandelte, stand er gleichzeitig demütig vor ihm und gab zu: »Ich wurde aus Staub gemacht, und du könntest mich innerhalb einer Nanosekunde wieder zu Staub werden lassen (oder auch zu einem kleinen Fettfleck) – aber ich muss diese Frage einfach stellen.« Gebete, in denen Gott zur Rede gestellt wird, weisen stets eine große Demut sowie ein Gefühl für das Wunder auf, dass ich mich Gott überhaupt nähern darf. Gott und ich sind keine gleichwertigen Sparringspartner. Unser Verhältnis ist nicht das zwischen einem Schiedsrichter und einem Mittelfeldspieler. Es ist das Verhältnis zwischen Schöpfer und Geschöpf; zwischen Töpfer und Krug. Und doch bin ich eingeladen, zu Gott zu kommen, mich auf ihn einzulassen und sogar mit dem lebendigen und heiligen Gott des Universums zu streiten.

Mose. Ich weiß nahezu alles über Mose, aber mir ist nie aufgefallen, dass auch er manchmal mit Gott stritt. Nachdem Gott sein Volk aus der Sklaverei in Ägypten befreit hatte, zogen sie – sehr langsam – zum Gelobten Land. Mose war für diesen widerspenstigen, dickköpfigen, jammernden und störrischen Haufen Leute verantwortlich. Bevor sie zu ihrer langen Reise aufbrachen, gab Gott Mose ein einfaches und klares Versprechen: »Ich will mit dir sein« (2. Mose 3,12) und »Ich will dir helfen« (2. Mose 4,12). Als jedoch die Nörgelei epidemische Ausmaße annahm, drohte dem riesigen Familien-Campingausflug das Aus (4. Mose 11,4).

Mose hatte genug davon und fing an, mit Gott zu streiten: »Warum tust du mir, deinem Diener, dies alles an? Womit habe ich es verdient, dass du mir eine so undankbare Aufgabe übertragen hast? Dieses Volk liegt auf mir wie eine drückende Last. Schließlich bin ich doch nicht seine Mutter, die es geboren hat!« (4. Mose 11,11–12a). Soll heißen: »Es ist *dein* Problem, Gott, warum also kümmerst du dich nicht darum?« Und weiter: »Wie kannst du von mir verlangen, dass ich das Volk auf den Schoß nehme wie die Amme den Säugling und es auf meinen Armen in das Land trage, das du ihren Vätern zugesagt hast?« (4. Mose 11,12b). Zunächst erinnerte Mose Gott an dessen eigenes Versprechen, und dann bat er ihn, sich zu erinnern und dieses Versprechen auch zu erfüllen. »Fleisch wollen sie; sie liegen mir in den Ohren mit ihrem Geschrei. Woher soll ich Fleisch nehmen für ein so großes Volk? Ich allein kann dieses ganze Volk nicht tragen, die Last ist mir zu schwer. Wenn du sie mir nicht erleichtern willst, dann hab wenigstens Erbarmen mit mir und töte mich, damit ich nicht länger diese Qual ausstehen muss« (4. Mose 11,13–15). Womit er Gott unterstellte: »Du hältst dich nicht an deinen Teil der Abmachung, Gott. Ich kann damit nicht umgehen. Ich bin überfordert, und ich gehe unter.«

Es begeistert mich immer noch, dass Gott Mose tatsächlich zuhört – ohne ihm zu befehlen, den Mund zu halten – und ihm dann auch noch antwortet. In den Versen 16 und 17 reagiert Gott wie ein Unternehmensberater, indem er Mose Vorschläge macht, die ihm helfen sollen, einige seiner drückenden Verwaltungsaufgaben zu delegieren. Mose wendet sich an Gott und legt Beschwerde bei ihm ein – weil er beides ist: Richter und Angeklagter. Mose reicht seine Bitte bei Gott ein, und der hört ihm zu und greift dann in Moses Interesse ein.

In einem solchen Prozess des Streitens kommen wir Gott – und er uns – näher. Der christliche Seelsorger William Gaultiere hat beobachtet, wie dieses Szenario in seinen Beratungsstunden abläuft: »Ich habe erlebt«, erklärt er, »dass unter den Christen, mit denen ich therapeutisch arbeite, diejenigen die tiefste Vertrautheit mit Gott entwickeln, die bereit sind, ehrlich mit Gott zu kämpfen, indem sie ihn zur Rede stellen, ihn fragen oder sich bei ihm über den Schmerz und die Ungerechtigkeit, die sie erfahren, beklagen.«[4]

Die Psalmisten. In Psalm 10 fand ich ein weiteres Beispiel für ein solches Gebet, das Gott zur Rede stellt. Der Autor beginnt mit einer dringlichen Ansprache an Gott: »Warum bist du so weit weg, Herr? Warum verbirgst du dich vor uns? Wir sind vor Elend am Ende!« (Psalm 10,1). Dann nimmt er die Beweisführung auf, indem er sich auf Gottes Gerechtigkeit beruft und sie ihm vorhält – im doppelten Sinn des Wortes. Die folgenden Verse beinhalten Bruchstücke dieser Auseinandersetzung: »Schamlose Schurken stellen den Armen nach und fangen sie in heimtückischen Fallen. … Sie tun, was sie wollen, und alles gelingt. Ob du sie verurteilst, berührt sie nicht; du bist ja so fern dort oben! Sie lachen spöttisch über jeden Gegner. … Sie ducken sich, werfen sich auf die Armen und stoßen sie nieder mit roher Gewalt« (Psalm 10,2,5 und 10). Und nun achten Sie darauf, wie der Psalmist seine Bitte vorbringt: »Steh auf, Herr! Greif doch ein, Gott! Vergiss nicht die Schwachen, nimm sie in Schutz! Lass nicht zu, dass die Schurken dich missachten! … Aber du bist nicht blind! Du siehst all das Leiden und Unheil, und du kannst helfen. Darum kommen die Schwachen und Waisen zu dir und vertrauen dir ihre Sache an« (Psalm 10,12–14). Der Psalmist vertraut darauf, dass Gott antworten wird, denn er kennt Gottes Charakter. Gott hilft den Waisen, und darum wird er dieses Gebet nicht überhören.

Doch dieses Gebetsmuster der Auseinandersetzung mit Gott ist nicht allein für mich und meine Nöte gedacht. Gott möchte, dass ich ihn auch um anderer willen bedränge, besonders um der Verletzlichen und Unterdrückten willen. Aufgrund unseres schnelllebigen, wettbewerbsorientierten Lebensstils sind wir manchmal versucht, jeglichen Ausdruck von Schmerz als einen weiteren Beweis ungerechter Behandlung zu betrachten. Doch weil ich weiß, dass Gott meinen Widerspruch annimmt, ja dass er mich regelrecht fordert, ihm entgegenzutreten, macht er mir Mut, um der Opfer willen vor ihn zu treten. Seitdem ist mir als Nachfolger Jesu, als jemandem, der behauptet, mit dem lebendigen Gott zu sprechen, klar, dass ich die Tageszeitung nie wieder so lesen kann wie zuvor. Jede Geschichte über Ungerechtigkeit drängt mich dahin, Gott um der Schwachen willen zu bemühen.

Der jüdische Schriftsteller Elie Wiesel behauptet, dass diese Art des Betens tief in einer biblischen Weltsicht verwurzelt ist : »Jude zu sein bedeutet, Gott zu dienen, indem man sich der Streitsache eines Menschen annimmt und für ihn bittet, während man um seine Gottbedürftigkeit weiß. Es bedeutet, sich für den Schöpfer und für seine Schöpfung zu entscheiden, ohne den einen gegen das andere auszuspielen. Natürlich muss ein Mensch Gott befragen, so wie Abraham es tat; seinen Ärger zum Ausdruck bringen, so wie Mose; seinen Schmerz herausschreien, so wie Hiob. Doch nur der Jude [und der Christ, würde ich ergänzen] entscheidet sich für Abraham, der Gott hinterfragt, und für Gott, der sich hinterfragen lässt.«[5]

In unseren Streit-Gebeten stellen wir uns auf beide Seiten – auf die Gottes und auf die derjenigen, die Gott hinterfragen. Vor ein paar Monaten las ich Psalm 10 parallel zu einer Buchbesprechung, die die Misere von Millionen von Frauen beschrieb – viele von ihnen die reinsten Kinder –, die zunächst angelockt worden und dann im Rachen des globalen Sexhandels hängen geblieben waren. Ganz auf die Weise, wie sie Psalm 10 vorgibt, betete ich etwa Folgendes: »Gott, dieser weltweite Sexhandel ist falsch. Es ist eine Tragödie. Mein Gott, sieh die Kinder! Du bist der Gott der Gerechtigkeit, und das hier sieht nicht nach Gerechtigkeit aus! Du bist ein Gott der gradlinigen Moral, aber das sieht so krumm aus. Reiche Zuhälter werden durch den Profit, den sie aus diesem schmuddeligen Geschäft ziehen, nur noch reicher. Es ist ekelhaft! Darum, guter Gott im Himmel, tu etwas dagegen! Ich kann diese Situation nicht länger so akzeptieren. Und das kann ich nicht, weil ich weiß, wer du bist: Ein Gott der Gerechtigkeit für alle Unterdrückten und ein Vater der Waisen!«

Wenn ich so bete, dann wird mir klar, dass Beten nicht bloß eine Übung in privater Frömmigkeit oder persönlicher Heiligkeit ist. Es verbindet uns mit Gott, der den Vaterlosen ein Vater ist und den Unterdrückten ein Befreier.

Das Gebet als Schmetterball

Sich Gott entgegenstellen? Mit Gott streiten? Ihn vor Gericht schleppen? Ich habe mit den Schlussfolgerungen, die dieses Gebetsmodell mich ziehen lässt, so meine Probleme. Denn ich wurde erzogen, nett zu sein – auf dem Spielplatz und in meinen Gebeten. Die geltenden Regeln für »zivilisierte Beter« lauten etwa wie folgt: Schließe deine Augen, falte deine Hände, sei respektvoll, denke Gutes, und benutze gegenüber Gott gefällige Worte. Streit ist böse, weil er die Vertrautheit mit dem Allmächtigen zerstört. Doch mit Gott im Gebet zu streiten macht mein Gebetsleben aufrichtiger und aufregender. Es stellt manche (nicht alle, aber sicher einige) meiner zivilisierten Gebetsregeln auf den Kopf. Wohin wird dieser Weg mich führen?

Nach der Bibel bedeutet auf diese Art zu beten vor allem, dass ich das Gebet absolut ernst nehme. Die Bibel ermutigt uns, uns an Gott zu klammern; mit ihm zu streiten; wild um uns zu schlagen; Gott mit Fragen wie »Warum?«, »Für wie lange?« und »Wann wachst du endlich auf und unternimmst etwas?« zu bestürmen; zu toben, weil wir unaussprechlich sauer sind. Mit dem Psalmisten können wir beten: »Steh auf, Herr, lass sie deinen Zorn fühlen! Geh vor gegen das Wüten meiner Feinde! Greif ein, hilf mir, stell das Recht wieder her!« (Psalm 7,7). Klammern Sie sich mit aller Kraft an Gott, in Wut oder Zweifel, aber kommen Sie nicht mit frommen, aber kalten Gebeten zu ihm, die weder Ihr Herz noch den Schmerz dieser gebrochenen Welt im Blick haben. Gott ist Gebete, die abgehoben und leidenschaftslos daherkommen, satt.

Beim Volleyball gibt es einen Unterschied zwischen einem »Dink-Shot« und einem Schmetterball. Dink-Shots heben den Ball mit einer kurzen und schnellen Bewegung gerade so über das Netz und lassen ihn weich, aber präzise im gegnerischen Feld aufschlagen. Hin und wieder lassen sich damit Punkte holen, aber beim Volleyball ist der Dink-Shot nicht die Waffe erster Wahl. Für gewöhnlich punktet man mit einem Schmetterball. Man muss den Ball ins gegnerische Feld schmettern. Genauso sagt Gott manchmal zu meinen Gebeten: »Los, schmettere es herüber! Ich will keine endlose Folge Dink-Shots, bolze dein Gebet auf meine Seite. Ich werde damit fertig. Und wenn du dich dabei unwohl fühlst, dann wärme ich dich mit ein paar ausgewählten Worten auf. Versuch's mal mit Psalm 7 oder Psalm 10 oder Psalm 44. Oder lass dich von einigen meiner Lieblingscharaktere schulen: von Mose und Abraham oder auch Jeremia. Vielleicht bringst du mich ja dazu, meine Meinung zu ändern. Leg los und zeig mir deinen besten Schlag!«

Ich stoße mich immer noch an diesem Gebetsmodell, aber aufgrund der genannten biblischen Textabschnitte – und vieler weiterer – weiß ich nicht, wie ich es sonst ausdrücken sollte. Ja, ich muss anerkennen, dass Gott souverän ist und ich nicht. Dass Gott weise ist und ich nicht. Dass sein Zeitplan völlig anders aussehen kann als meiner. Es kann sein, dass Gott Leid zulässt, weil er eine höhere Absicht verfolgt oder in uns oder durch uns mehr Schönheit wachsen lassen will. Doch dieses Gebetsmodell des Streitens mit Gott erinnert mich daran, Gott zur Rede zu stellen, mit ihm zu ringen und ihm leidenschaftlich nachzujagen.

Der Gott, der mir auf den Fersen ist

Zu beten bedeutet, Gott in alles einzubeziehen und ihm leidenschaftlich nachzujagen. Doch darüber hinaus begreife ich mehr und mehr, dass das Gebet mich zu Gottes leidenschaftlicher Jagd nach mir hinführt. Die biblische Gepflogenheit des Streitens mit Gott sagt mir nämlich etwas ganz Fundamentales und Wunderbares bezüglich des Evangeliums, bezüglich der guten Nachricht darüber, was Christus in und für uns getan hat. Oft habe ich den Eindruck, dass der Kern der christlichen Spiritualität daraus besteht, was ich für Gott tue oder wie gut ich mich benehme. Also versuche ich mit aller Kraft, mich ordentlich zu benehmen, netter, freundlicher und weniger wütend zu sein. Vielleicht bringe ich mich in einen Gemeindeausschuss ein, werfe mich für den Gottesdienst in Schale oder tue das genaue Gegenteil und kleide mich besonders schlicht. Und wenn ich dann noch ein paar fromme Gebete sprechen kann und dabei die richtigen Worte benutze, hoffe ich, dass es reicht, um Gott zu gefallen.

Doch das Evangelium stellt all das auf den Kopf! Unermüdlich erklärt es mir: »Schau, wie sehr der Vater dich liebt! Er ist ein eifernder Gott, der dein Herz besitzen möchte. Er ist ein leidenschaftlicher Gott, der um dich gekämpft hat. Und jetzt, wo er dich befreit hat und für dich gestorben ist, weil du dich von ihm entfernt hattest, liebe und gehorche du ihm von ganzem Herzen.« Gott will mich. Gott will mein Herz, ein Herz, das sich ganz einbringt, selbst dann, wenn aus ihm ein Gemisch aus Wut, Zweifel und Schmerz quillt.

Wie sehr liebt mich Gott, und wie sehr ist er hinter mir her? Ich komme noch einmal zu dem zurück, was Jesus für uns am Kreuz getan hat. Jesus, der Sohn Gottes, schreit zu Gott, dem Vater: »Elo, elo, lema sabachtani?«, oder: »Mein Gott, mein Gott, warum hast du mich verlassen?« (Markus 15,34). Es ist ein Gebet, in dem Jesus, der Sohn, Gott, dem Vater, entgegentritt und schreit: »Vater, wo bist du?« Und wenn ich dieser Geschichte Glauben schenke, kann ich folgenden Schluss ziehen: Jesus war Gott in einem menschlichen Körper, was bedeutet, dass Gott selbst an meine Stelle getreten ist, meinen Platz eingenommen hat und sich mit meinem Schmerz, meiner Verwirrung, meiner Wut und meinen Verlassenheitsgefühlen solidarisch erklärt hat. Gott kennt all die Gefühle und den Schmerz, der hinter unseren Streit-Gebeten steht. Und nicht nur das: Gott nimmt diese Gebete nicht nur an; sie sind seine Erfindung.

Sich dieses Bild vor Augen zu halten, finde ich überwältigend. Gott erlaubt uns nicht nur, mit ihm zu streiten, sondern er weiß aus eigener Erfahrung, wie es ist, mit Gott zu streiten. Am Kreuz trat Gott Gott gegenüber, und doch vertraute Gott, der Sohn, auf Gott, den Vater, und beugte sich unter dessen Willen. Und so erlaubt Gott auch uns, mit ihm zu streiten.

Wie soll ich das jemals völlig begreifen? Wie könnte ich die Tiefen erfassen, in die Gott für uns hinabgestiegen ist, um uns zu zeigen, wie groß seine Liebe für uns ist, wie sehr er sich mit uns identifiziert und wie groß seine Solidarität mit den Menschen ist? Vor einigen Jahren beschrieb jemand ein imaginäres Szenario, um zum Nachdenken darüber anzuregen, wie sehr Gott mit und für uns gelitten hat. Als ich die Geschichte las, mochte ich sie sehr, aber ich fand, sie müsse ein wenig aktualisiert werden. Meine Version davon liest sich wie folgt:

»Am Ende der Zeiten versammelten sich Milliarden von Menschen auf einer großen Ebene vor Gottes Thron. Die meisten schreckten vor dem gleißenden Licht zurück. Aber einige Gruppen, die vorne standen, redeten hitzig miteinander – nicht aus Scham, sondern voller Wut.

›Kann Gott uns überhaupt richten? Weiß der etwas vom Leid?‹, zischte eine junge Frau aus Pakistan, die am Tag 16 Stunden lang Fußbälle genäht hatte. Eine ältere Frau aus Ohio mit einem Buckel murmelte: ›Ich war so einsam, alle hatten mich verlassen. Und wo warst du, Gott?‹ Ein etwa

15-jähriges Mädchen blickte zu Boden und sagte: ›Warum, Gott? Warum hast du zugelassen, dass er mich missbraucht? Er hat mein Leben ruiniert! Nein, *du* hast mein Leben ruiniert!‹ Ein zerlumptes Straßenkind aus Rio de Janeiro stöhnte: ›Der Hunger! Ich war immer so hungrig. Jeden Tag durchsuchte ich die Müllcontainer der Hotels, während die Touristen wie die Könige speisten. Warum?‹

Auf der ganzen Ebene verteilt standen Hunderte solcher Gruppen. Jede beklagte sich über das Leid, das Gott in dieser Welt zugelassen hatte. Gott hatte es gut: Er lebte im Himmel, wo alles sicher und voller Wonne war. Was wusste er schon von den Schmerzen und Qualen der Menschen? Sie waren sich alle einig: Gott führte ein behütetes Dasein.

Also entschlossen sie sich, Gott damit zu konfrontieren. Dazu stellten sie eine Gruppe aus jenen Menschen zusammen, die am meisten gelitten hatten: Ein kubanischer Schriftsteller, der mehr als 20 Jahre in einer feuchten Gefängniszelle gequält worden war; ein Flüchtling aus Dafur, dem die Hände abgeschlagen worden waren; das hungrige Baby einer drogensüchtigen Mutter aus Chicago; ein Waisenkind aus dem Irak. In der Mitte der Ebene berieten sie miteinander. Dann waren sie bereit, ihre Anklage gegen Gott vorzubringen.

Um sich für das Gericht über andere zu qualifizieren, müsse Gott menschliche Qualen kennen. Also verurteilten sie Gott dazu, als Mensch auf der Erde zu leben. ›Lasst ihn als heimatlosen, armen Flüchtling leben‹, riefen sie. ›Lasst die Legitimität seiner Geburt angezweifelt werden. Gebt ihm eine anstrengende Arbeit. Lasst ihn von seinen engsten Freunden betrogen werden. Lasst ihn einen Prozess erleben, der von voreingenommenen Geschworenen und einem feigen Richter verhandelt wird. Er soll gequält und ausgepeitscht werden. Und dann soll Gott nackt und allein sterben, als Opfer von Missbrauch und Ungerechtigkeit!‹

Während jeder der Gruppensprecher seinen Teil des Strafmaßes verlas, erhob sich lautes Gemurmel der Zustimmung aus dem Pulk der versammelten Menschen. Doch nachdem der Flüchtling aus Dafur die Verlesung der Strafe beendet hatte, blieb es lange still. Niemand sagte mehr ein Wort. Niemand bewegte sich. Denn alle wussten, dass Gott seine Strafe schon längst verbüßt hatte.«[6]

Während ich also meine Reise auf diesem mir neuen Weg fortsetze, scheint Gott mir durch die Worte der Bibel und meiner christlich-jüdischen Freunde Folgendes zu sagen: »Leg los: Schmettere deine Fragen zu mir herüber. Fühlst du dich verlassen und verwirrt? Schmettere es zu mir herüber. Bist du rasend vor Wut wegen der Ungerechtigkeit in dieser Welt? Schmettere es zu mir herüber. Bist du wütend und verletzt? Schmettere es zu mir herüber. Möchtest du, der du ein Haufen Staub und Asche bist, einen Streit mit dem Allmächtigen provozieren? Schmettere es zu mir herüber. Findest du, dass ich meine Aufgabe, die Welt oder dein Leben zu regieren, nicht gut mache? Schmettere es zu mir herüber. Leg los und zeig mir deinen besten Schlag! Wirf mir dein Gebet an den Kopf. Ich kann es aushalten. Denn ich habe es schon ausgehalten, als mein Sohn am Kreuz starb.«

Es werden Tage kommen, an denen ich Gott sage: »Ich liebe dich, Herr, ich liebe dich, aber ich bin sauer und verwirrt.« Denn ich bin sicher, dass Gott einen guten Streit jederzeit einer kalten Schulter vorzieht. Aber ich bin ebenso davon überzeugt, dass jedes Gebet, das ich Gott entgegenschleudere, auf ein Gesicht trifft, das mich voller warmer, väterlicher Liebe anblickt. Und dass dieses Gesicht der Liebe mir weiterhin seine Liebe schenken wird.

7

Im Wartezimmer Gottes

Vergangenen August musste mein damals 17-jähriger Sohn nachmittags um vier einen Flug von Chicago nach Long Island erwischen. Aufgrund von Stürmen an der Ostküste steckte das Flugzeug bis um acht Uhr abends auf dem Midway Airport in der Nähe von Chicago fest. Gegen neun Uhr, hieß es dann auf der Website des Flughafens, habe das Flugzeug abgehoben – ohne meinen Sohn. In meiner Verwirrung rief ich bei der Polizei von Midway an, die mich darüber informierte, dass das Flugzeug immer noch auf dem Flugsteig warte. Um zwei Uhr nachts erreichte ich endlich eine Angestellte der Fluggesellschaft, mit der mein Sohn unterwegs war. Leider (und dazu absolut erbärmlich) verlor ich meine Beherrschung und beschimpfte die junge Frau, forderte Freiflüge, kostenlose Mahlzeiten und Getränke und eine dicke, fette Entschuldigung. Ich benutzte Wörter wie »fürchterlich«, »schwach« und »inkompetent«. Peinlich berührt von dem Ausbruch seines Vaters, übernahm mein Sohn schließlich den Hörer und sagte: »Mann, Papa, sei ein bisschen nachsichtig mit ihr. Hier geben alle ihr Bestes!« Um vier Uhr morgens verließ das Flugzeug endlich den Midway Airport und landete mit zwölfstündiger Verspätung auf Long Island.

Ein paar Tage später erhielt ich eine E-Mail meiner Freundin Diane, die im Sudan eine christliche Arbeit leitet.

Sie bat uns, für die kritische Situation, in der sie sich befanden, zu beten: Ungewöhnlich starke Regenfälle am Oberen Nil hatten Tausende von Familien heimatlos gemacht. Flüge nach und aus dem Sudan heraus waren für Monate gestrichen. Diane schrieb: »Wir haben große Schwierigkeiten, Medizin und andere notwendige Hilfsgüter in den Sudan zu holen. Die Kinder haben Schwierigkeiten, zur Schule zu kommen. Wir können den Menschen, die durch die Flut mittellos geworden sind, keine Hilfslieferungen zukommen lassen.« Hier ging es nicht bloß um eine zwölfstündige Wartezeit auf ein Kind; das hier war für Tausende von Menschen eine quälende Zeit des Wartens, die unter Umständen bis zu 18 Monate andauern konnte.

Diese E-Mail rückte meine Perspektive hinsichtlich meiner »furchtbaren« Verspätungserfahrung wieder zurecht. Und sorgte dafür, dass ich mich ein paar unbequemen Fragen zu meiner Sicht auf das Leben stellte: Warum fällt es mir so schwer zu warten? Warum bin ich so ungeduldig? Warum will ich das, was ich will, immer sofort?

Geduld: Die fehlende Größe

In den mittlerweile 35 Jahren, in denen ich mein Gebetsleben zu vertiefen suche und in denen ich auch anderen dabei geholfen habe, bin ich zu der Überzeugung gelangt, dass ein gesundes Gebetsleben ein hohes Maß an Geduld benötigt. Doch leider untergräbt unsere ungeduldige Haltung dem Leben gegenüber unsere Bemühungen, wenn es ums Beten geht.

Unser Gebet folgt oft ausgetretenen Pfaden: Zunächst brauchen wir etwas Bestimmtes. Jemand leidet, und wir suchen Hilfe. Wir haben das Problem selbst angepackt, aber wir können es nicht lösen, und weil wir es irgendwann nicht mehr aushalten, gehen wir zu Gott und sagen: »Herr, ich kann das nicht mehr ertragen. Verändere bitte diese Situation, bevor sie mich vollkommen fertigmacht.«

Und dann soll Gott antworten und die Sache in Ordnung bringen. Seit Menschengedenken ist Gott »ein Retter und Nothelfer, und er tut Zeichen und Wunder im Himmel und auf Erden« (Daniel 6,28). Also soll er bestimmte Dinge für uns erledigen – denn das ist sein Job!

Natürlich ist unser Problem für gewöhnlich simpel: Wir haben es eilig, Gott nicht. Wir wollen alles sofort, aber Gott hat seine eigene Zeitrechnung, während er »da oben« an wer weiß was herumwerkelt. Er arbeitet langsam (zumindest kommt es uns so vor). Bei allem gehörigen Respekt, aber Gott könnte unsere Anfragen doch etwas zügiger bearbeiten, finden wir. Die Art und Weise, auf die Gott arbeitet, nimmt uns den Mut. Und vielleicht geben wir das Beten sogar ganz auf. »Was hilft's schon?«, sagen wir. »Wenn es derart lange dauert, bis ich eine Antwort kriege, warum bete ich dann überhaupt?«

Leider lässt dieses Szenario eine entscheidende Dimension unseres Gebetslebens außer Acht. Es ist kein großes Geheimnis, denn mit der folgenden Aussage sind so gut wie alle Seiten der Bibel gepflastert: »Warte auf den Herrn.« Die Psalmen erinnern uns oft daran, auf den Herrn zu warten: »Unbeirrt habe ich auf den Herrn gehofft, auf seine Hilfe habe ich gewartet. Er hat mein Schreien gehört und hat mir geholfen« (Psalm 40,2); »Werde ruhig vor dem Herrn, und warte gelassen auf sein Tun!« (Psalm 37,7); »Ich setze meine ganze Hoffnung auf den Herrn, ich warte auf sein helfendes Wort« (Psalm 130,5). Der Prophet Jesaja erklärte: »Wie glücklich sind alle, die auf seine Hilfe warten!« (Jesaja 30,18); Jeremia behauptete: »Darum ist es das Beste, zu schweigen und auf die Hilfe des Herrn zu warten« (Klagelieder 3,26); und Jakobus erinnert uns im Neuen Testament: »Liebe Brüder und Schwestern, haltet geduldig aus … Seht, wie der Bauer voller Geduld auf die kostbare Frucht der Erde wartet« (Jakobus 5,7). Vor dem Hintergrund dieser klaren biblischen Aussagen verwundert es kaum, wenn die Philosophin Simone Weil schreibt, dass »geduldiges Ausharren voller Erwartung die Grundlage des geistlichen Lebens ist«.[1]

Ohne die Dimension der Geduld und des Wartens auf Gott kommen wir bezüglich des Gebets zu einer falschen Annahme. Wir denken dann, dass es dabei in erster Linie darum geht, etwas von Gott zu bekommen – und zwar sofort! –, statt in erster Linie darum, mit Gott Gemeinschaft zu haben. Wir nehmen an, zu beten bedeute, dass Gott auf der Stelle unsere Umstände ändern muss, während es beim Beten in Wahrheit darum geht, dass Gott uns verändern muss. Wir schenken der Wahrheit, dass das Gebet uns in Gottes Zeitrechnung hineingeleitet, uns in ein weites Land führt, in dem die Dinge langsam, aber immer vollkommen laufen, keine Beachtung. Das Gebet, in dem wir auf den Herrn warten, verändert den Rhythmus unserer Seele; es passt uns dem Zeitplan Gottes an, nicht umgekehrt. Das führt dazu, dass wir, wenn wir beten und Zeit in der Gegenwart Gottes verbringen, in Gottes Tempo laufen lernen. Auf praktischer Ebene bedeutet das nichts anderes, als dass wir die Kunst des Liebens einüben – denn ohne Geduld werden wir niemals lernen, richtig zu lieben. Das Gebet des Wartens auf den Herrn formt unsere Seelen dahingehend, dass wir uns auf Gottes Tempo und seine liebevollen Absichten einlassen, die er mit uns, mit den Menschen, die wir lieben, und mit der ganzen Welt verfolgt. Wir können nicht richtig beten, ohne unsere Uhren auf Gottes Zeit umgestellt zu haben.

Der Lebensstil der Ungeduld

Leider wollen wir in aller Regel unser Leben nicht an Gottes Zeitrechnung ausrichten. Wir haben uns völlig der Zeitrechnung unseres kulturellen Umfelds angepasst, mit der Folge, dass die Schönheit und Stärke, die aus Geduld erwachsen, fast vollkommen daraus verschwunden sind. In seinem Buch *Patience: How We Wait upon the World* legt David Baily Harned dar, dass besonders zwei Überzeugungen unserer Zeit dafür sorgen, dass wir kaum noch Geduld haben.

Erstens sind wir fest davon überzeugt, dass Warten und die Notwendigkeit von Geduld lediglich »eine Panne« sind. Oder anders ausgedrückt: Wir sollten nicht warten müssen.

Vor einiger Zeit ging ich zu McDonalds, um für mich und meinen Sohn ein schnelles Mittagessen zu besorgen. Nachdem ich meine Bestellung erhalten hatte, sah ich, wie auf der Computerkasse der Endbetrag aufleuchtete, und dazu auch die Zeit, die benötigt worden war, um meine Bestellung fertig zu machen: 49 Sekunden. Stellen Sie sich das vor: Zwei Burger, zwei Portionen Pommes Frites, Chicken McNuggets und zwei Eisbecher – mit Schokostreuseln! – in weniger als einer Minute! Ganz offensichtlich ist McDonalds davon überzeugt, dass Warten in meinem Leben höchstens als Panne vorkommen sollte. Kein Wunder, dass Gottes Auffassung von Zeit uns nervt. Denn unsere gesamte Gesellschaft hat ein ungeschriebenes Gesetz verinnerlicht: Warten ist ein abnormaler, ja fast abartiger Zustand. Lasst uns diesen »Partykiller« mit 49-Sekunden-Mahlzeiten vertreiben!

Zweitens denken die meisten von uns, das wahre Leben beinhalte, dass wir Dinge erledigt bekommen, Aufgaben auf unseren To-do-Listen abhaken und möglichst effizient arbeiten. Im Gegensatz dazu sehen wir Warten als eine passive, unproduktive Anti-Aktivität an. Zu warten gilt im echten Leben als völlig inakzeptabel. Wer will denn schon ein geduldiger Patient sein? Patienten eines Krankenhauses tun nichts: Sie beanspruchen lediglich ein Bett, sorgen für hohe Kosten und lassen von Ärzten und Schwestern zahlreiche Maßnahmen an sich tätigen. Demzufolge, so schlussfolgert Harned, »nehmen wir an, dass wir vor allem dann so richtig Mensch sind, wenn wir die Kontrolle haben, wenn wir Handelnde sind, nicht Behandelte, wenn wir Subjekte sind, nicht Objekte. Was zählt, ist, was wir leisten, nicht was wir empfangen.«[2]

Ein Ergebnis unseres Widerwillens gegen das Warten ist, dass wir nicht beten, zumindest nicht auf eine gute Art und Weise. Wenn Beten wirklich voraussetzt, unser Leben an Gottes Zeitplan anzupassen, dann sorgen unsere kulturellen Überzeugungen bezüglich des Wartens dafür, dass unser Gebetsleben verkümmert. Es ist offensichtlich, dass Gott und ich in Zeitfragen nicht auf einer Wellenlänge sind. Vielleicht ändert Gott ja seine Meinung und seinen Sinn für das richtige Timing (1. Mose 18,16–33 und 2. Mose 32,9–14). Aber was, wenn er das nicht tut? Wie kann ich mich im Gebet auf Gottes Zeitplan einlassen?

Eine lange, langsame Reise

Wir können damit beginnen, dass wir die Geschichten der Bibel als das lesen, was sie sind: Geschichten einer langen und langsamen Reise, die uns ständig zur Geduld aufrufen. Die Bibel ist voll mit Beispielen geduldigen Wartens. Noah wartete darauf, dass die Flutwasser abnahmen (1. Mose 8,10–12). Abraham und Sara warteten auf das Kind, das ihnen verheißen war (1. Mose 12–21). Ihr Enkel Jakob arbeitete sieben Jahre lang für seinen betrügerischen Onkel Laban, um die schöne Rahel heiraten zu dürfen. Und als Laban ihm in der Hochzeitsnacht Lea gab, musste Jakob weitere sieben Jahre für Rahel arbeiten (1. Mose 29,15–30). Sieben Jahre lang liebte er Rahel, wartete auf sie und schmachtete vor Verlangen nach ihr – und ich bin schon genervt, wenn ich fünf Sekunden zu lang an einer Ampel warten muss!

Gott berief Joseph, der für eine ganz besondere Aufgabe bestimmt war – aber es dauerte Jahre, bis diese Berufung Wirklichkeit wurde. Joseph musste mit Verlassenheit, Betrug, Gefängnis und noch mehr Verlassenheit fertigwerden, bis sich seine Bestimmung erfüllte (1. Mose 37; 39; 43). Die Kinder Israels warteten Hunderte von Jahren geduldig als Sklaven in Ägypten (2. Mose 2,23). Endlich befreite Gott sie auf wundersame Weise, doch dann ging es mit 40 Jahren Wanderung in der Wüste weiter.

Man sollte meinen, diese Wüstenwanderungen hätten die Israeliten dazu gebracht, sich Gottes Zeitplan anzupassen, doch leider wurden sie bloß in einem besser: in ihrem Genörgel.[3] Gewöhnlich ist das ein eindeutiger Hinweis darauf, dass wir uns noch nicht an Gottes Zeitplan angepasst haben. Heutiges Genörgel könnte etwa so klingen: »O Mann, das ist ja lächerlich! Da regelt die Kraftfahrzeugbehörde die Dinge ja besser als du! Natürlich kannst du uns warten lassen, Herr. Aber wir tragen unseren Teil dazu bei, es nicht zu mögen.« Durch die ganze Menschheitsgeschichte hindurch wurden Gottes Nachfolger immer wieder dazu gezwungen, zu warten – und sie nörgeln immer noch.

Auch die Propheten des Alten Testaments mussten häufig warten. Zwischen dem Alten und Neuen Testament kam es über 400 Jahre zur einer von Gott ausgehenden »großen Stille«. Um einen Eindruck von Gottes Zeitperspektive zu bekommen, lassen Sie mich Ihnen folgende Frage stellen: Wo waren Sie im Jahr 1610? Erinnern Sie sich noch? Kennen Sie jemanden, der es tut? Doch endlich, nach dieser

400-jährigen Pause, erfüllt Gott seine Versprechen und kommt im menschlichen Körper von Jesus Christus zu uns, als unser Immanuel, als unser »Gott mit uns«. Doch sogar Jesus, dieser Gott-im-Fleisch, musste warten: Geduldig wartend wuchs er auf, lernte die Heilige Schrift auswendig, gehorchte seinen Eltern, erlernte die Fertigkeiten des Schreinerhandwerks und wartete darauf, dass sein öffentlicher Dienst beginnen würde. Und nach seinem Tod und seiner Auferstehung musste die junge Kirche auf das Kommen des Heiligen Geistes warten.

Die meisten von uns können sich in diesen biblischen Geschichten wiederfinden, denn auch wir sitzen immer wieder im Wartezimmer Gottes. Nach fast 20 Jahren einer leiderfüllten Ehe wartet mein Freund Jack nun darauf, dass die Beziehung zu seiner Frau Heilung erfährt – aber das wird nicht über Nacht geschehen. Die beiden arbeiten sich in ihrer Paartherapie durch schmerzhafte Themen, aber ihre Probleme werden sich nicht im Nu auflösen lassen. Meine Freundin Susie wartet darauf, dass ihre Gesundheit ganz wiederhergestellt wird, nachdem sie den Brustkrebs bekämpft hat. Sie ist heute krebsfrei, aber die Ärzte haben ihr gesagt, dass es Jahre dauern kann, bis ihr Körper wieder vollkommen bei Kräften ist. Mein Freund Scott wartet auf die Heilung seiner Seele. Eine schlimme Sucht hat ihn fest im Griff, und die Wurzeln dieser Sucht liegen tief verborgen in seiner Seele. Um wieder gesund zu werden, hat Scott sich einem langen Kampf verschrieben.

Der geduldigste Wartende der Welt

Die biblische Geschichte verlangt von so gut wie jedem Geduld – aber derjenige, der am längsten voller Geduld warten muss, ist Gott selbst. Wenn Sie glauben, besonders geduldig sein zu müssen, dann denken Sie daran, wie es Gott wohl mit uns geht. Und doch wartet er geduldig und mit großer Freude auf uns! Immer und immer wieder sagt uns die Bibel, wie viel Geduld Gott mit uns hat. »Ich bin der Herr! ›Ich bin‹, das ist mein Name! Ich bin ein Gott voll Liebe und Erbarmen. Ich habe Geduld, meine Güte und Treue sind grenzenlos« (2. Mose 34,6).

Manche Leute sind entsetzt, wenn sie die Bibel lesen und dabei entdecken, dass Gott auf Menschen wütend wird. Scheinbar aus dem Nichts explodiert er und entfesselt Plagen, ein Erdbeben oder eine Sintflut. Doch dabei vergessen wir den Zeitfaktor: In den meisten Fällen erträgt Gott über Jahrzehnte, Jahrhunderte und manchmal sogar Jahrtausende zerstörerisches menschliches Handeln, bevor er einschreitet und sagt: »So, jetzt ist es genug! Jemand muss diesem Treiben ein Ende machen und den Müll wegräumen.«

Im Neuen Testament hatte niemand weniger Geduld verdient als der Apostel Paulus. Er war ein religiöser Fiesling erster Klasse – zornig, selbstgefällig, richtend und gewalttätig. Und doch sagt Paulus: »Denn das steht unumstößlich fest, darauf dürfen wir vertrauen: Jesus Christus ist auf diese Welt gekommen, um uns gottlose Menschen zu retten. Ich selbst bin der Schlimmste von ihnen. Doch gerade deshalb war Gott mir ganz besonders barmherzig. An mir wollte Jesus Christus zeigen, wie groß seine Geduld mit uns Menschen ist. An meinem Beispiel soll jeder erkennen, dass wirklich alle durch den Glauben an Christus ewiges Leben finden können« (1. Timotheus 1,15–16).

Die meisten der »großen Worte« der christlichen Tradition sind mit der Geduld Gottes verknüpft, der in Jesus Christus auf unserer Seite ist. »Schöpfung« bedeutet, dass Gott – anders als die Götter oder Göttinnen anderer Schöpfungsmythen – die Welt nicht wieder und wieder zerstört. Tatsächlich ist es so, dass Jesus Christus selbst diese Welt voller Geduld zusammenhält (Kolosser 1,17). »Menschwerdung« bedeutet, dass Gott mit menschlichen Körpern Geduld hat, weil er selbst Mensch für uns geworden ist. Und »Erlösungswerk« bedeutet, dass Gott Geduld mit uns hat, obwohl er eigentlich seinen Blick von uns hätte abwenden sollen. Am Kreuz starb Jesus für uns, an unserer statt.

Die Pausetaste drücken

Wenn wir uns in diese biblische Sicht von Geduld vertiefen, verändert sie unser Gebetsleben. Während Ungeduld den Samen des Gebets erstickt, bevor er auch nur keimen kann, bereitet das geduldige Warten auf Gott den richtigen Boden, auf dem das Gebet wachsen und sich entfalten kann. Ohne Geduld verkommt alles in unserem Leben zu einem hektischen, lauten, dringlichen »jetzt und sofort«: Besitze es jetzt! Tu es jetzt! Erlebe die vollkommene Erfüllung – und zwar jetzt! Versteh es jetzt! Krieg es hin – und zwar sofort! Werde den Schmerz los – jetzt! Keine Zeit zu warten. Keine Zeit, krank zu werden und wieder zu genesen. Keine Zeit, zerbrochene Dinge wiederherzustellen. Keine Zeit für die Spannung des »Noch-nicht«. Alles verwischt in dem Streben nach geistlichen, emotionalen und beziehungstechnischen 49-Sekunden-»Happy Meals«.

Wir schaffen es einfach nicht, die Pausetaste zu drücken und Gott Raum zum Handeln zu lassen. Und so füllen wir die Pausen mit endlosen Aktivitäten und Ansprüchen, die uns bedrängen. Denn wenn ohnehin alles von uns abhängt, wenn wir nicht glauben, dass wir einen himmlischen Vater haben, der uns liebt und der das perfekte Timing für uns und unsere Lieben hat, warum sollten wir dann überhaupt beten?

Es ist unnötig. Stattdessen leben wir ein gieriges, forderndes und ungeduldiges Leben, das Warten für einen Partykiller hält, auf den man sauer ist.

Warten auf Gott erlaubt zwischen den Bitten, die wir an ihn richten, und seiner Antwort darauf eine Pause. Und Pausenzeiten sind wertvolle Zeiten. Eine Pause ist keine leere Zeit, in der nichts passiert; sie ist sinn- und wirkungsvoll, weil Gott in ihr an uns handelt, uns verändert und uns veredelt. In Bezug auf die 40 Jahre Wartezeit, die die Kinder Israels durchlebten, schrieb der japanische Theologe Kosuke Koyama: »40 Jahre für eine einzige Lektion! Wie langsam und wie geduldig! Keine Universität kann auf diese Weise arbeiten … Ich stelle fest, dass Gott in seinem Lernprozess mit den Menschen sehr ›langsam‹ vorgeht. … Ist das nicht eine ziemlich langwierige und kostspielige Art, mit der Gott sein Volk den Bund zwischen Gott und Mensch verstehen lässt?«[4] Nun ja, es ist in der Tat langwierig und kostspielig, von der Effizienz ganz zu schweigen. Aber Gottes beste Lektionen sind die langsamen Lektionen.

Wirkliches Beten heißt, dass ich die Pausetaste drücken und Dinge loslassen kann, weil ich darauf vertraue, dass Gott die Pause füllt. Ich kann die Wartezeiten sogar genießen. In ihrem wunderbaren Artikel »In Ungnade gefallen: Wie das moderne Leben das Warten zu einer verzweifelten Handlung macht« erzählt die Autorin Noelle Oxenhandler die Geschichte von Jacques Lusseyran, einem blinden Franzosen, der sich der Widerstandsbewegung gegen die Nazis anschloss. Oxenhandler schreibt: »Was mich in gleichem Maße wie seine heldenhafte Handlung selbst beeindruckte, war die Wartezeit, die ihr voranging. Wochenlang nahm er nur die Atmosphäre von Paris unter der Besatzung in sich auf – diese befremdliche Leere in den Straßen, ausgenommen in bestimmten Gegenden, in denen es vor Nazi-Soldaten wimmelte.« Nach einer lang anhaltenden Krankheit beschloss Lusseyran, sich dem Widerstand anzuschließen. Doch trotz der empfundenen Dringlichkeit musste er noch eine Sache tun, bevor er sich den Nazis widmete: Er nahm Tanzstunden. Auf diese Weise drückte er die Pausetaste. Er lernte die Grundschritte für Walzer und Swing: »Wenn du einen Haufen Mädchen für fünf oder sechs Stunden auf Armeslänge herumgewirbelt hast … dann warst du total erledigt. Aber du hattest auch die Teufel vertrieben.«[5]

Tanzen – und das, während die Nazis sich in den Straßen herumtrieben? Mädchen herumwirbeln – und das in Kriegszeiten? Was für eine Zeitverschwendung! Wirklich? Vielleicht bereitete diese Pause Lusseyran auf den Kampf vor, der vor ihm lag. Vielleicht konnte er warten, weil er tief drinnen an den letztendlichen Sieg des Guten über das Böse glaubte und nicht an seine krampfhaften Aktivitäten. Ich kenne seine Geschichte nicht, aber ich sehe in ihm ein Vorbild für mein Gebetsleben. Wir vertrauen dem auferstandenen Christus, der »alles neu« macht (Offenbarung 21,5). Natürlich hat Gott mich dazu berufen, den Durstigen kühles Wasser zu bringen, die Nackten zu bekleiden und den verhungernden Seelen Christus anzubieten. Gott ruft mich dazu auf, mitten in meinen eigenen Krisen und Nöten zu handeln. Aber hängt alles bloß von meinem Tun ab? Was mache ich dann, wenn Gott mich in seinen Zeitplan hineinnimmt? Schimpfe ich darüber? Kann ich noch weiter beten und tanzen, auch wenn ich auf den Herrn warte? Glaube ich daran, dass Gott »alles im Himmel und auf der Erde zur Einheit zusammenführen« wird »unter Christus als dem Haupt« (Epheser 1,10)?

Das Warten auf Gott befähigt mich, auf Gottes gute Pläne für mein Leben zu vertrauen, auch dann, wenn ich sein

Timing nicht verstehe (oder nicht damit einverstanden bin). Demnach ist Geduld der Ackerboden echten Gebets. Und in gewisser Weise ist geduldiges Warten ein Gebet an sich. Durch das Warten auf Gott, dadurch, dass ich die Zeiten der Unterbrechung in meinem Leben annehme, ja mich sogar an ihnen erfreue, sage ich: »Gott, du bist groß genug, weise genug und gut genug, mein Leben zu leiten und mich zu führen.«

Wie verändert Beten uns? Wie gelangen wir in dieses weitläufige Land der Geduld Gottes? Wie kann ich lernen, mit Gott im Tempo der Liebe zu laufen? Wenn ich das Gebet als lange, langsame Reise begreife, wird es mich dahin bringen, dass ich im Leid bete, für »langsame Menschen« bete und mit Selbstannahme bete.

Durch das Leid hindurch beten

Wenn ich in Gottes Zeitplan lebe und bete, befähigt mich das, auf eine »gute Art« zu leiden. Warten ist schwierig, manchmal sogar quälend. Wir warten darauf, dass Heilung eintritt. Wir warten darauf, dass ein trotziges Kind wieder auf den rechten Weg zurückfindet. Wir warten darauf, dass jemand unsere Liebe erwidert. Wir warten darauf, dass zerbrochene Leben und Gemeinschaften und Institutionen wiederhergestellt werden. Wir warten darauf, dass unsere Einsamkeit ein Ende hat. Und wir schreien: »Herr, wie lange muss ich noch warten?«

Nicht alles davon ist Nörgelei. Es gibt einen Ort, an dem es legitim ist, unseren Seelenschmerz in Worte zu fassen, denn Nachfolger Christi sind keine Stoiker. Der Stoizismus war eine Strömung in der westlichen Philosophie, die die Geduld über alle anderen Tugenden stellte. Bezüglich des inneren Tumults, den ungeduldiger Zorn in uns auslöst, schrieb der stoische Philosoph Seneca: »Sollten wir uns nicht selbst zur Geduld aufrufen, wenn sie eine so große Belohnung verheißt, nämlich die Gelassenheit eines fröhlichen Gemüts?« Die frühen Kirchenväter teilten die stoische Wertschätzung der Geduld, aber sie lehnten die stoische Gleichgültigkeit gegenüber Gottes Schöpfung ab. Der Stoizismus schätzte die Selbstgenügsamkeit; der christliche Glaube schätzte die gegenseitig abhängige, erlösende Liebe. Der Stoizismus hielt die Menschen dazu an, echte Liebe zu vermeiden, weil sie zu weh tue; das Christentum strebte nach einer Liebe, die sogar angesichts des Leides Bestand hat. Die Stoiker teilten die Welt säuberlich in Würdige und Weise sowie Unwürdige und Narren auf. Die Christen nahmen jeden an, weil auch Gott, der Vater, seine Liebe auf die Gerechten und die Ungerechten herabregnen lässt.[6]

Wir sind keine Stoiker. Wir weinen; wir seufzen; wir schimpfen; wir werden verletzt; wir lieben. Aber wir leben auch im Schatten des Kreuzes und der Auferstehung Jesu. Darum schimmert durch unser geduldiges Warten Hoffnung und sogar Freude hindurch. Die gute Nachricht, derer wir in und durch Jesus teilhaftig werden, ist, dass Warten uns nicht schwächer macht, sondern Raum in uns schafft; es weitet uns.

Im 4. Jahrhundert merkte der kluge Theologe Augustinus Folgendes zu der Art und Weise, auf die Warten unsere Seelen dehnt (und nicht schrumpfen lässt), an: »Das ganze christliche Leben ist eine Übung in heiligem Sehnen. Du siehst nicht, nach was genau du dich sehnst, doch das bloße Ersehnen bereitet dich vor, dass wenn er kommt, du ihn erkennst und gänzlich zufrieden bist.« Und dann benutzt er folgenden Vergleich: Stellen Sie sich vor, Sie hätten einen großen Eimer Wasser, den Sie in einen Weinschlauch füllen müssten. Zunächst müssten Sie den Weinschlauch dehnen, damit er all das Wasser halten kann. Das Dehnen erhöht das Fassungsvermögen des Weinschlauchs, sodass er mehr Wasser aufnehmen kann. In diesem Sinne behauptet Augustinus, dass Gott Warten dazu benutzt, unser Fassungsvermögen zu vergrößern, damit wir ihn aufnehmen können: »Indem er uns warten lässt, steigert er unser Verlangen, was wiederum das Fassungsvermögen unserer Seele erhöht und sie fähig macht, das zu empfangen, was uns gegeben wird.«[7]

Im Warten tut Gott sein gutes Werk in uns. Warten ist erfüllt von Schöpferkraft. Als ich eines Tages eine Predigt zum Thema »Warten« hielt, kam am Ende eine Studentin auf mich zu und stellte mir eine einfache Frage: »All das ist eine tolle Theorie, aber können Sie mir von einer Begebenheit erzählen, wo Sie auf etwas warten mussten?« Und so erzählte ich ihr von meinem Wunsch, ein Buch herauszubringen. Vor rund 15 Jahren hatte ich den Eindruck (zumindest dachte ich, ich hätte ihn), dass Gott mich dazu berief, ein Buch zu schreiben. Also arbeitete ich an dem Buch, das zahlreiche Überarbeitungen erfuhr, bevor ein Verleger es publizieren wollte. Dummerweise wurde dieser Verlag von einem größeren Verlag aufgekauft, und so gingen meine Buchpläne den Bach runter. Wieder ein paar Jahre später kaufte ein anderer großer Verlag das Buch, doch obwohl wir schon den Vertrag unterzeichnet hatten, hielten sie unsere Vereinbarungen nicht ein. Ich war wütend und am Boden zerstört. Ich fühlte mich wie ein Versager und wollte nie wieder schreiben.

Die Buchidee hielt für ein weiteres Jahr in meinem Computer ihren Winterschlaf, bis mein Freund David meinte: »Matt, du musst dieses Buch rausbringen.« Schon beim Gedanken daran kam mir alles hoch. Ich erwiderte: »Danke, David, aber die ganze Sache mit dem Buch ist endgültig erledigt; ich habe sie beerdigt und will jetzt nach vorne sehen.« Ein weiteres Jahr später sprach David mich wieder an: »Okay«, sagte ich, »dann schicke es eben ein; aber ich erhoffe mir nichts mehr.« Und schließlich wurde das Buch eineinhalb Jahre später doch noch herausgebracht.

Das war kein richtiger Auf-Leben-und-Tod-Kampf, aber ich lernte etwas Entscheidendes. Zu der Zeit, als der erste Verleger das Buch beinahe gekauft hätte, war ich noch nicht bereit, es zu veröffentlichen. Als der zweite Verleger den Vertrag platzen ließ, war ich es immer noch nicht. Mein Leben passte nicht zu dem Inhalt des Buches. Um es direkter auszudrücken: Ich lebte wie ein Heuchler. Darum vereitelte Gott in seiner unendlichen Geduld und Weisheit und in seinem Erbarmen immer wieder meinen Plan, das Buch zu veröffentlichen. Er musste meiner Seele mehr Tiefgang geben. Und durch das Warten, durch diese Verzögerung, passierte genau das. Gott bereitete mein Herz dadurch vor, dass er mich demütigte und mich so meiner Arroganz und Heuchelei entledigte. Er machte mich wahrhaftig.

Für die Langsamen beten

Im Warten auf Gott erlernen wir die Kunst des Liebens. Und im Besonderen lernen wir, für »langsame Leute« zu beten. David Baily Harned vertritt die Ansicht: »Wo immer die Geduld fehlt, wird die Liebe ›sauer‹ und hinterlässt nicht mehr als eine grausige Parodie ihrer selbst.«[8] Das Warten auf Gott lehrt und trainiert mich darin, mich im Tempo der Liebe zu bewegen. Koyama erinnert uns daran, dass »Gott ›langsam‹ geht, weil er die Liebe ist … Liebe hat ihr eigenes Tempo. Es ist ein inneres Tempo, ein geistliches Tempo. Es ist eine andere Art von Geschwindigkeit als die technologische Geschwindigkeit, die wir gewöhnt sind. Sie ist ›langsam‹ und doch Herrin über alle anderen Geschwindigkeiten, weil sie das Tempo der Liebe ist.«[9]

Ist Ihnen je aufgefallen, dass Menschen uns ungeduldig werden lassen? Sie – sprich: die Leute – gehen uns so auf die Nerven, weil sie notorisch langsam sind. Ich habe zwei Kategorien langsamer Leute entdeckt:

1. Normal langsame Leute.
2. Wirklich langsame Leute.

Die normal langsamen Leute schließen alle mit ein – außer mir natürlich. Normal langsame Leute sind lediglich nicht so schnell, wie wir es uns wünschen. Sie verändern sich nicht so schnell wie wir. Sie kommen unseren Erwartungen bezüglich einer blitzartigen Verwandlung nicht nach. Wenn Sie verheiratet sind, ist Ihr Ehepartner wahrscheinlich zu langsam für Sie. Freunde können langsam sein. Eltern oder Kinder sind für ihre Langsamkeit bekannt. Kirchen und Gemeinden können sich sehr langsam bewegen. Und wenn ich es mir so recht überlege, bin auch ich ganz schön langsam. Du meine Güte, aus Gottes Sicht bin ich schier unglaublich langsam!

Wirklich langsame Leute lassen normal langsame Leute wie Geparden wirken. Ihre Langsamkeit erstreckt sich über ihre ganze Lebensspanne, vom Ungeborenen (die sich fast gar nicht bewegen, es sei denn, sie treten dich) bis zum ganz Alten. Sie bewegen sich langsam. Einige von ihnen denken langsam. Manche von ihnen genesen nur langsam. Wieder andere von ihnen leiden unter lebenslangen körperlichen oder geistigen Gebrechen. Mit ihnen zusammen zu sein bedeutet, eine Extraportion Geduld und Zeit mitbringen zu müssen. Wir sind versucht, wieder unser Tempo aufzunehmen und ohne sie weiterzugehen. Denn sie sind einfach so was von zu langsam für so einen »schnellen Haufen« wie uns!

Doch wenn wir erst einmal in Gottes Zeit leben, wenn wir beginnen, auf Gott zu warten, wenn wir sehen und spüren, mit welch langsamem Schritt Gott in dieser Welt unterwegs ist, und sobald uns klar wird, wie langsam wir uns selbst bewegen – erst dann können wir endlich damit beginnen, diese wirklich langsamen Menschen zu lieben. Wir ertragen sie nicht bloß; wir begreifen, was für ein Geschenk sie für uns und unsere Gemeinschaft sind. Sie sind die »schwächeren Glieder«, die in Wahrheit unsere Gemeinschaft zusammenhalten. Auf eine gewisse Weise brauchen wir sie sogar mehr als sie uns (1. Korinther 12,22–25). Wirklich langsame Leute sind unsere Mentoren, wenn es darum geht, uns Gottes Zeit anzupassen. Sie evangelisieren uns, indem sie uns an die gute Nachricht erinnern, wie viel unglaubliche Geduld Jesus mit uns hat. Allein sie zu beobachten, sie zu lieben und anzunehmen, kann uns beibringen, wie man richtig betet.

Durch das gesamte Neue Testament hindurch werden die Nachfolger Jesu dazu angehalten, miteinander »geduldig zu sein«, zum Beispiel im 1. Thessalonicherbrief, Kapitel 5,14. Das griechische Wort, das hier für Geduld gebraucht wird, lautet »makrothumia«, das aus »makros« (»lang«) und »thumos« (»Zorn«) besteht. Demzufolge bedeutet »Geduld zu haben«, dass eine lange Zeit vergehen muss, bis wir zornig werden, beziehungsweise, dass wir »langmütig« sind und auch unschöne Umstände lange Zeit ertragen können. Das bedeutet nicht, dass wir nie wütend werden; es bedeutet einfach, dass wir, so wie Gott, eher eine längere als eine zu kurze Zündschnur haben.[10]

Geduld ist der Knorpel einer christlichen Gemeinschaft: Ohne Geduld würden wir uns knirschend aneinander aufreiben, so wie wenn Knochen auf Knochen trifft. Geduld macht uns weich; sie hilft uns, einander zu ertragen. Wenn wir für Menschen beten und uns an Gottes Zeitplan für unser Leben anpassen, können wir auf die anderen warten, ganz egal, wie langsam sie uns vorkommen mögen. Wir schenken anderen den nötigen Raum und die nötige Zeit.

Im Geist der Selbstannahme beten

Ich finde es schwierig, Geduld mit mir selbst zu haben. Ich kann mich wie ein total verkorkster Typ benehmen. Andererseits bin ich auch ein herrliches Geschöpf, das nach dem Bilde Gottes geschaffen wurde. Und dieses Bild wird, obwohl es von der Sünde eingetrübt ist, wieder zum herrlichen Abbild Jesu Christi erneuert werden. Doch dieser Prozess der Erneuerung braucht Zeit. Stets besteht Spannung zwischen demjenigen, der ich bin, und demjenigen, der ich einmal sein werde. Die Spannung, die Kluft (okay, manchmal ist es ein Abgrund) zwischen dem, der ich bin, und dem, der ich sein soll, sorgt dafür, dass ich mich in meiner Ungeduld selbst ablehne – und mich manchmal sogar selbst hasse.

Wie kann ich mit mir selbst auskommen, während ich darauf warte, dass der Prozess der Erlösung in meinem Leben zu seinem Ende kommt? Wie vermeide ich es, meinem geistlichen Wachstum mit Ungeduld oder gar Selbsthass zu begegnen? Indem ich in einem Geist der Selbstannahme bete. Um es mit den weisen Worten von Romano Guardini zu sagen: »Mit sich selbst Geduld haben – das ist die Grundlage für jedes Vorankommen.«[11] Natürlich gehen wir, während wir uns nach unserer vollkommenen Erlösung sehnen, ehrlich mit der Sünde in unserem Leben um, tun regelmäßig Buße vor Gott und bekennen unsere Sünden vor unseren Brüdern und Schwestern in Christus (Jakobus 5,16). Aber mit einer ungeduldigen und drängenden Haltung, die Druck ausübt und sagt: »Du hörst besser auf zu sündigen und siehst zu, dass du endlich in Christus erwachsen wirst, und zwar sofort!«, funktioniert das geistliche Wachstum einfach nicht.

Glauben Sie mir, ich habe es jahrelang auf diese Weise versucht, aber es hat nie geklappt. Ich dachte, wenn ich mein Leben nur mit ein wenig mehr Scham und Selbsthass impfen könnte, würde ich endlich erwachsen werden und damit beginnen, mehr wie Jesus zu handeln. Doch diese Form der Ungeduld fütterte in Wahrheit lediglich das tiefer liegende Problem: meine Selbstfixiertheit. Wachstum setzt ein, wenn wir aufhören, von uns selbst abhängig zu sein, und beginnen, uns auf Gott zu verlassen. Das ist das Evangelium, das ist die gute Nachricht. Gott untergräbt all unsere kleinen Selbsterlösungs-Projekte und lässt uns mit nur einer – der einzigen – Hoffnung zurück: Jesus. Und dann hüllt er uns in die Gerechtigkeit Christi und erfüllt uns mit der Kraft seines Geistes.

Während der letzten Jahre war dies eine der tiefgreifendsten Lektionen für mich. Es ist so leicht, mit Bedauern zurückzuschauen (»Warum habe ich so viele dumme Fehler gemacht? Warum habe ich das nicht schneller gelernt? Wie konnte ich nur so blöd sein?«). Und es ist genauso leicht, voller Schrecken in die Zukunft zu blicken (»Ich habe noch so einen weiten Weg vor mir. Ich bin immer noch nicht der Mensch, der ich gerne wäre. Was, wenn ich die gleichen Fehler wieder mache?«). Beide, Bedauern und Furcht, feuern nur den Selbsthass an und sind, so wie jede andere Form der Ungeduld, in der Nachfolge unbrauchbar. Doch Geduld gegenüber uns selbst wird uns auf unserer Reise mit Christus voranbringen.

Die Stärke der Geduld

Inmitten der Zeiten, in denen wir auf Gott warten, sind wir versucht, das Handtuch zu werfen und zu schreien: »Vergiss es, Gott! Ich kann nicht mehr. Ich kann nicht länger warten.«

Doch das Gebet verändert uns. Es verändert unsere geistliche Landkarte und führt uns hinein in die breite, weitläufige und barmherzige Geografie Gottes. Das ist der Ort, an dem die Dinge zwar langsam, aber vollkommen in Einklang mit Gottes gutem Timing für unser Leben geschehen.

Geduld ist keine schwache, passive, teilnahmslose Tugend. Das Gebet der langen, langsamen Reise erfordert große Kraft, und es bringt große Liebe hervor. Wie Romano Guardini schrieb: »Nur ein starker Mann kann sich darin üben, geduldig zu leben, kann wieder und wieder die Dinge auf sich nehmen, wie sie sind; nur er kann immer wieder von Neuem beginnen. Geduld ohne Stärke ist reine Passivität, stumpfe Akzeptanz, und wir gewöhnen uns daran, dass es sich dabei lediglich um eine Sache ohne Auswirkung handelt. Auch Liebe gehört zur Geduld – die Liebe zum Leben. Denn lebendige Dinge wachsen langsam, brauchen ihre Zeit und durchlaufen viele Drehungen und Wendungen … Wer das Leben nicht liebt, hat keine Geduld mit ihm.«[12]

8

Achtung, Gefahr!

In dem Film »Jumanji« ziehen zwei Waisenkinder gemeinsam mit ihrer Tante in ein geheimnisvolles altes Haus. Einige Tage später erkunden sie den Dachboden, wo sie einen Haufen verstaubter Brettspiele finden. Sie ziehen »Jumanji« aus dem Stapel, und als sie damit beginnen, die Spielfiguren auf dem Brett hin und her zu bewegen, geschehen merkwürdige Dinge: Riesige Moskitos gehen im Sturzflug auf sie los, eine Horde Affen übernimmt die Küche, und ein großer Löwe versucht, sie zu fressen. Ganz offensichtlich ist Jumanji kein unschuldiges Kinderspiel. Durch das Öffnen der Kiste befreien sie etwas Kraftvolles und Gefährliches, das sie auf das Abenteuer ihres Lebens mitnimmt.

In gewisser Weise verhält es sich mit dem Gebet so, als spielte man Jumanji. Natürlich ist das Gebet im Namen Jesu nichts Magisches und auch kein Kinderspiel. Wir werden keine wilden Affen oder Löwen sehen. Doch wenn wir beten, machen wir die Bekanntschaft mit etwas viel Wilderem – nämlich dem lebendigen, freien, auferstandenen und erhöhten Jesus selbst. Wenn wir also im Namen Jesu beten, bekommen wir immer weitaus mehr als das, worum wir gebeten haben.

Mit anderen Worten: Wenn das Gebet in einer Kiste geliefert würde, müssten wir es mit einem großen, leuchtenden und fettgedruckten Aufkleber versehen:

Achtung, Gefahr!
Die Inhalte dieser Kiste sind unvorhersagbar und explosiv.
Sie könnten die Kontrolle über Ihr Leben,
wie Sie es bisher kennen, verlieren.
Nur mit äußerster Vorsicht öffnen!

Die meisten von uns denken beim Beten nicht an ein gefährliches Unternehmen. Ich wuchs mit wunderbaren Kirchenliedern wie »O Andachtszeit, o Andachtszeit« auf, die mich daran erinnerten, dass das Gebet mich »aus dieses Lebens Müh und Streit sanft zu Gott hinanführt«. Beten ist sanft. Beten schützt uns vor Gefahren. Wenn Beten ein Brettspiel wäre, wäre es ein nettes Spiel mit klaren Regeln, entworfen von einem vorhersagbaren Gott, der dazu da ist, mir zu helfen, meine kleinen Spielfiguren sicher über das Brett zu schieben.

Ja, Gott ist freundlich und sanft, und Beten kann wunderbar sein. Und doch öffnen wir unser Leben durch das Gebet auch für die Gegenwart der mächtigsten Person des ganzen Universums. Gott ist gut, aber nicht zahm. Gott ist richtiggehend »wild« und zuweilen unbegreiflich. Wenn wir die »Gott-Kiste« öffnen, bekommen wir stets mehr, als wir erwartet hatten – mehr Freude, mehr Liebe, mehr Gefahr, mehr Abenteuer, mehr Leiden und mehr Heiligkeit. Gebet führt uns nicht »aus dieses Lebens Müh und Streit« sanft zu Gott. Da, wo wir uns mit Jesus zusammentun, ruft er uns (und manchmal zerrt er uns auch) mitten in eine gebrochene Welt hinein, die voller Sorgen und Gefahren ist.

Das Öffnen der Gott-Kiste

Die ersten Christen benutzten ein besonderes Wort, um das Öffnen der »Gott-Kiste« zu beschreiben: Sie nannten es

»Bittgebet« oder auch »die Anrufung Gottes«. Wenn wir jemanden anrufen, erbitten wir die Gegenwart von jemandem, der mächtiger ist als wir. Christen erbitten die Gegenwart Jesu. Eines der ältesten aufgezeichneten liturgischen Gebete (ein Gebet, das in öffentlichen Gottesdiensten gesprochen wurde) ist der schlichte Ausruf: »Komm, Herr Jesus.« Dieses Gebet wurzelt im Neuen Testament (1. Korinther 16,22 und Offenbarung 22,20) sowie in dem frühchristlichen Dokument der »Didache«.

Auch daran war nichts Magisches, doch wenn sie beteten: »Komm, Herr Jesus«, erwarteten diese ersten Jesus-Nachfolger, dass Jesus erscheinen würde. Und wenn sich der wahre Jesus zeigte, dann passierten gewisse Dinge. Heute würden wir wahrscheinlich sagen: »Da war die Hölle los!«

Doch es handelte sich natürlich nicht um die Hölle – es war das Reich Gottes, das über unsere Welt hereinbrach. Wenn Jesus irgendwo auftauchte, dann vertrieb er Dämonen, machte einfache Fischer zu Menschenfischern, befreite die Unterdrückten, brachte die religiösen Führer auf die Palme, heilte hoffnungslos Kranke und stellte überhaupt die ganze Welt auf den Kopf. Später bevollmächtigte er seine Nachfolger und sandte sie aus, das Gleiche zu tun. Mit anderen Worten: Sobald Sie Jesus einmal angerufen haben, können Sie das Ergebnis nicht mehr kontrollieren. Er ist absolut frei – weshalb Sie ihn nicht in einer Kiste wegsperren können!

Im letzten Jahr taten ein paar Leute Fürbitte für mich und baten Gott, die Kraft Jesu in meinem Leben freizusetzen. Ich befand mich an einer Weggabelung, also bat ich Jesus um »ein bisschen Hilfe«. Zur gleichen Zeit tauchten zwei einander nicht bekannte Personen wie aus dem Nichts in meinem Leben auf und sprachen von »Visionen«, die Gott ihnen bezüglich meines Lebens gegeben habe. Eine erhielt ich während des Abendmahls in der anglikanischen Kirchengemeinde, zu der meine Tochter gehört. Der Pastor trat aus der Reihe, legte mir die Hände auf und sagte: »Der Herr hat mir gesagt, dass dein Leben nun bereit ist, in einen üppigen und wundervollen Garten verwandelt zu werden. Andere werden durch diesen Garten in deinem Herzen gesegnet werden.« Ein paar Tage später schickte mir ein Freund, von dem ich jahrelang nichts gehört hatte, eine E-Mail, die nur aus einem Satz bestand: »Der Herr hat mir gesagt, dass er große Dinge in deinem und durch dein Leben tun will.«

Endlich schien alles in meinem Leben zusammenzukommen. Jesus kam mit Kraft und Hoffnung und neuem Leben. Ich würde gesegnet sein und für andere ein Segen sein. Ich fühlte mich so besonders … bis »die Hölle losbrach«! In den folgenden sechs Monaten wurde mein Leben, wie ich es bisher gekannt hatte, zutiefst erschüttert. Gott brachte ein paar tief sitzende Wurzeln der Sünde und der Zerbrochenheit in meinem Herzen ans Licht. Ich blieb dabei, die Gegenwart Jesu für mein Leben zu erflehen; vor allem bat ich ihn darum, mein Leben besser zu machen. »Jesus, würdest du erscheinen und den Schmerz wegnehmen?« Und als ich schon dachte, Gott hätte endlich die letzte Wurzel ausgegraben, machte er in Wirklichkeit bloß eine Pause. Er wischte sich wie ein schwitzender Landarbeiter den Schweiß von der Stirn, bereit, seinen Spaten wieder in die Erde zu stoßen, um noch mehr kranke Wurzeln auszuheben.

Schließlich sagte ich zu Gott: »Das ist also der üppige Garten, den du versprochen hast? Das ist aber *nicht* das, was mir versprochen wurde. Ich hatte einen netten Gott erwartet, der einen wunderbaren Plan für mein Leben hat!« Doch genau hier liegt das Problem: Sobald man Jesus einmal angerufen hat, sobald man ihm sein Leben öffnet, sobald man ihm sagt, dass man von ihm verändert werden will und er sein Leben durch einen hindurchfließen lassen soll, ist es offensichtlich schwierig, die Kiste wieder zu schließen und ihn wieder »auszuladen«. Er hält seine Versprechen stets voller Treue, aber er wird sie zu seinen Bedingungen und zu seiner Zeit erfüllen, nicht zu unserer. Er wird immer zu uns kommen und uns dann dahin bringen, wo wir hingehören. Aber die Reiseroute ist selten vorhersagbar, und sie ist weder gemütlich noch sicher. In der Tat ist Beten ein gefährliches Unterfangen.

C. S. Lewis sagte einmal, dass unser Leben Christus zu öffnen einem Besuch beim Zahnarzt gleicht. Er erzählt, dass er als Kind den Gang zum Zahnarzt möglichst vermeiden wollte, selbst wenn er Schmerzen hatte. Denn Zahnärzte beheben zwar den Schmerz, aber sie hören an diesem Punkt nicht auf: Sie »fummeln« auch an all den anderen Zähnen herum und bestehen darauf, alles zu reparieren, nicht bloß den einen kaputten Zahn. Und Lewis glaubte, dass Jesus auf die gleiche Weise arbeitet. Wir erbitten die Gegenwart Jesu für unser Leben, um uns bei einem bestimmten Problem, einer bestimmten Sünde oder in einer bestimmten Angelegenheit zu helfen, aber er hört an dieser Stelle nicht auf. »Das mag alles sein, wonach du gefragt hast; aber wenn du ihn einmal gerufen hast, bekommst du die komplette Behandlung.«[1] Jedes Mal, wenn wir im Namen Jesu beten, öffnen wir unser Leben dem »stürmischen Liebhaber unserer Seele«, der uns »die komplette Behandlung« angedeihen lassen will.

Diese komplette Behandlung will Gott uns aber nicht nur geben, um uns zu segnen – er will auch die Welt durch uns segnen. Als meine Freunde mir sagten, Gott wolle mein Leben in einen üppigen Garten verwandeln, und Gott anfing, die kranken Wurzeln auszugraben, dachte ich, Gottes

»Rundum-Behandlung« sei viel zu radikal. Aber nun, wo ich durch diese Wachstumszeit hindurch bin, fange ich an, die Frucht zu sehen. Gott verwandelt mein Herz in einen üppigen Garten. Er hat mein Herz gereinigt – doch nicht nur um meinetwillen, sondern um mein Leben zu einem Segen für die Menschen um mich herum zu machen.

Die biblische Geschichte von der Gefährlichkeit des Betens

Natürlich bin ich nicht der erste Mensch, der die Bekanntschaft mit der gefährlichen Seite des Gebets gemacht hat. Die Bibel wimmelt nur so von Männern und Frauen, die Gott angerufen haben, die seine Gegenwart in seinem Namen erfleht haben, nur um dann herauszufinden, dass Gott weitaus wilder ist, als sie es sich je vorgestellt hatten. Wie wir mussten sie häufig die Kontrolle über ihr Leben abgeben und sich von diesem vollkommen freien und wilden Gott leiten lassen.

Zum Beispiel lernte Abraham ohne Zweifel, welche Kraft im Anrufen des Namens des lebendigen Gottes liegt. Dabei ist es in gewisser Hinsicht immer Gott, der zuerst nach uns ruft, und dann müssen wir entscheiden, ob wir seinen Ruf erwidern. Gott rief Abraham, obwohl dieser keinerlei Qualifikationen aufweisen konnte, und machte ihm schier unglaubliche Versprechen: »Ich will dich zum großen Volk machen und will dich segnen und dir einen großen Namen machen, und du sollst ein Segen sein. Ich will segnen, die dich segnen, und verfluchen, die dich verfluchen; und in dir sollen gesegnet werden alle Geschlechter auf Erden« (1. Mose 12,2–3).

Der Umfang und die Fülle dieser Verheißungen sind schlicht atemberaubend. Dazu waren es zweifache Verheißungen. Gott wollte Abraham segnen – und darüber hinaus versprach er, dass er die ganze Welt durch Abrahams Leben segnen würde. Würde Abraham auf Gottes Ruf antworten? Würde Abraham sich dafür entscheiden, den lebendigen Gott anzurufen, die Verheißungen zu empfangen und im Glauben an Gott durchs Leben zu gehen? Oder würde er sich dafür entscheiden, die Kiste geschlossen zu halten, sich von Gott fernzuhalten und seine eigenen Wege zu gehen? Später heißt es in der Geschichte, dass Abraham »den Namen des Herrn« anrief (1. Mose 13,4). Und indem er das tat, begann für Abraham eine wilde, unvorhersagbare Reise an der Seite eines völlig unzähmbaren Gottes. Abraham hatte keine Kontrolle mehr; dieser freie, wilde Gott führte ihn durch die Wüste, durch Gefahren und Versuchungen, durch Lachen und Weinen und über verborgene Pfade, bis sein Volk schließlich im Land der Verheißung eintraf. Aber nichts davon geschah so, wie Abraham es sich vorgestellt hatte.

In seinem hervorragenden Kapitel über Abraham, das passenderweise den Titel »Die Reise in der Dunkelheit« trägt, beschreibt Thomas Cahill auf eindrückliche Art und Weise Abrahams wilden Ritt, nachdem dieser in 1. Mose 12 die Gegenwart des Herrn erfleht hatte:

»›Wayyelekh Avram‹ (›Avram ging‹) – das sind zwei der stärksten Ausdrücke der gesamten Literatur. Sie signalisieren die vollkommene Abkehr von allem, was zuvor durch lange Entwicklungen an Kultur und Empfindsamkeit entstanden war. Aus dem Land Sumer, dem zivilisierten Hort alles Berechenbaren, kommt ein Mann, der nicht weiß, wohin er geht, der aber auf die Stimme seines Gottes hin in die unbekannte Wildnis aufbricht. Aus Mesopotamien, der Heimat kluger und auf ihren Eigennutz bedachter Händler, die ihre Götter dazu brauchten, ihnen Wohlstand und Gunst zu sichern, kommt eine reiche Karawane, die keine materiellen Ziele verfolgt. Aus der frühzeitlichen Menschheit, die seit den dunklen Anfängen ihres Bewusstseins ihre ewigen Wahrheiten aus den Sternen gelesen hat, kommt eine Gruppe Reisender, die einem ihr unbekannten Kurs folgt. In den meisten Teilen Afrikas und Europas … hätten die Leute über Abrahams Verrücktheit gelacht.«[2]

Als Abraham die Gegenwart des Herrn erflehte, zog er mit Gott in eine unbekannte Wildnis aus. Doch sein Leben und sein Vermächtnis würden die Welt auf eine Weise segnen, wie er sich es nie hätte träumen lassen. Durch Abraham schenkte Gott uns den Exodus, das Gesetz, die Propheten, die Verheißungen des Königreiches Gottes, die Gegenwart Jesu und die Hoffnung der Auferstehung. Selbst heute noch werden die Nachfolger Jesu auch »Kinder Abrahams« genannt (Galater 3,7). Abraham würde daher die alte Hymne folgendermaßen umdichten: »O Andachtszeit, o Andachtszeit! Aus dieses Lebens Müh und Streit führst du mich sanft zu Gott hinan … und schickst mich dann wieder in dieses Lebens Müh zurück, damit Gott die Welt durch mich segnen kann.«

Gefährlich beten mit Jesus

In vollkommener Harmonie mit seinem Vater segnet der Sohn Gottes auch uns, damit wir für andere zum Segen werden. Und ebenso wie Abraham entdecken all jene, die den Namen Jesu anrufen, dass Beten eine gefährliche Angelegenheit ist. Für Christen besteht der Kern des Gebets darin, mit Jesus Gemeinschaft zu haben. Manchmal fühlt es sich schön und sicher an, bei Jesus zu sein. Aber zu anderen Zeiten fühlt sich Beten so an, als seien wir in einem Taxi festgeschnallt, das zwar von einem äußerst erfahrenen, aber völlig verrückten Taxifahrer durch eine chaotische Großstadt navigiert wird. Der Fahrer wird uns am versprochenen Ziel absetzen, aber er biegt so rasant ab, dass uns die Haare zu Berge stehen, und fährt so flott durch die Kurven, dass wir verzweifelt nach Luft ringen. Und manchmal besteht unsere einzige Aufgabe lediglich darin, uns gut festzuhalten. Dieser Vergleich hinkt ganz sicher, aber wenn wir Jesus anrufen, beginnt der »Ritt unseres Lebens«.

Wann immer ich die Evangelien lese, habe ich Mitleid mit den Jüngern. Sie hatten so ein nettes, normales, vorhersagbares und kontrollierbares Leben – bis Jesus die Bildfläche betrat. Nachdem Jesus sie berufen hatte und nachdem sie ihn angerufen hatten, war die Hölle los – und zwar wortwörtlich: Ihr erster Auftrag bestand im Austreiben von Dämonen (Markus 3,14–15). Bei einer anderen Gelegenheit heißt es, dass Jesus seine Jünger *drängte,* »ins Boot zu steigen und nach Betsaida ans andere Seeufer vorauszufahren« (Markus 6,45, Hervorhebung durch den Autor). Offensichtlich wollten sie nicht gehen, denn das griechische Wort »anagkadzo« bedeutet »zwingen« oder »nötigen«. Wie Belden Lane bemerkt: »Wiederholt lädt Jesus seine Jünger ein, in die verwirrende Wirklichkeit seiner Gnade einzutreten, indem er sie an unerwartete Orte stellt … Jesus führt Menschen immer wieder mitten in feindliche Umgebungen hinein, weit weg von der Gesellschaft und ihren Konventionen, und lädt sie zu etwas vollkommen Neuem ein.«[3] Jesus drängte sie immer über ihre sicheren Grenzen hinaus, sodass sie Gottes Liebe an gottverlassene Orte bringen konnten.

Mein Lieblingsbeispiel dafür, wie Jesus seine Jünger einlädt, an diese unerwarteten Orte zu gehen, ist die Geschichte des Besessenen von Gerasa. In Markus 5,1 lesen wir, dass Jesus sie, kurz nachdem sie seinem Ruf gefolgt waren, dazu aufforderte (oder sie schleifte, da kann man sich nie sicher sein), ihn »in das Gebiet von Gerasa« zu begleiten. An diesem Ort, an dem vollkommenes Chaos, Zerbrochenheit und dämonische Unterdrückung herrschten, trafen sie auf einen wahnsinnigen, wilden und äußerst Furcht einflößenden Mann. Das war nicht gerade das, was die Jünger sich vorgestellt hatten, als Jesus sagte: »Ich mache euch zu Menschenfischern« (Markus 1,17).

Doch Jesus nahm sich des Mannes an und ließ eine ganze Fuhre Dämonen in eine Schweineherde fahren. Erstaunlicherweise entschuldigte sich Jesus nie dafür, dass er eine komplette Herde von zweitausend Schweinen in den Tod stürzte. Alle anderen regten sich darüber auf (besonders über den Verlust der Einnahmen); doch Jesus hatte nur diesen blutenden, aus der Gesellschaft ausgeschlossenen, schmutzigen Irren im Blick, der wieder völlig gesund gemacht worden war. An dieser Stelle angekommen, würde ich nun eigentlich erwarten, dass die Geschichte folgendermaßen schließt: »Und alle priesen die Macht Jesu«, oder »Sie schlossen sich Jesus an, um auch andere kaputte Leben wieder aufzurichten«. Stattdessen lesen wir, dass sie Angst hatten und Jesus aufforderten, »ihr Gebiet zu verlassen« (Markus 5,17). In Wirklichkeit sagten sie damit: »Klar hatten wir alle Angst vor diesem Verrückten, der sich mit Steinen schlug und in der Nacht herumheulte. Aber wir hatten auch gelernt, damit umzugehen. Der verrückte, selbstzerstörerische Typ hauste in den Grabhöhlen, und wir hatten unsere Schweine und den Schinken und die Koteletts. Natürlich war das alles irgendwie furchtbar falsch, aber es war auch sicher und berechenbar. Doch dann taucht Jesus auf, heilt den Typen, und wir verlieren unser Geld! Das ist uns alles ein bisschen zu unheimlich!« Klingt ein bisschen so wie Misfit, einer der Charaktere in Flannery O'Connors Kurzgeschichte »A Good Man is Hard to Find«, der stets murmelte: »Jesus war der Einzige, der Tote wiederauferwecken konnte, aber das hätte er besser gelassen. Er hat alles aus dem Gleichgewicht gebracht.«[4] Auch in dieser Geschichte des besessenen und später erlösten Mannes hatte Jesus in der Tat alles aus dem Gleichgewicht gebracht. Und so baten die Leute ihn, zu gehen.

Bei dieser Geschichte geht es auch um uns und unser Gebetsleben. Wir behaupten fröhlich, dass Gebet die Dinge verändert, und sprechen nette, anständige Gebete. Wir öffnen unser Leben der Gegenwart Jesu. Doch dann taucht er tatsächlich auf, schleift uns an unschöne Orte voller unheimlicher, kaputter und vom Leben gezeichneter Leute, die nicht zu unserem sozialen Umfeld gehören, und wir sind versucht, zu sagen: »Hey, Jesus, würde es dir was ausmachen, wenn du zurück in deine Kiste kriechst? Denn mit so viel Jesus kann ich im Moment nicht umgehen!«

Ich zum Beispiel bete jeden Tag für unsere vier Kinder. Weshalb vollkommen klar war, dass ich Gott darum bat, unseren 20-jährigen Sohn zu bewahren, als er ein Semester in Nairobi in Kenia verbrachte. Als Mathew mir erzählte, dass er einen der gefährlichen Slums in einer der schlimmsten Gegenden der Stadt besuchen würde, bat ich ihn, vorsichtig zu sein. Ich fragte ihn, ob er ein paar Fotos machen würde, worauf er antwortete: »Oh, gerne. Aber man hat mir empfohlen, die Kamera besser nicht mitzunehmen, weil ich sonst verprügelt und ausgeraubt werden würde.« Daraufhin betete ich noch inständiger für seine Sicherheit – rief ihn an und drängte ihn, den Slums aus dem Weg zu gehen. Doch dann, nach all meinem inbrünstigen Beten und Ermahnen, sagte Mathew: »Papa, ich respektiere dich, aber ich glaube, dass

Gott mich nach Afrika gerufen hat, um ihm hier zu dienen; und wenn ich hier bin, dann muss ich alles sehen – auch die Slums. Hier leben Menschen, Papa. Ja, sie sind arm und verzweifelt, und manche von ihnen sind auch gewalttätig. Aber ich muss das hier tun, Papa!« Stellen Sie sich das vor: Ich hatte Jesus angerufen, und er »beantwortete« mein Gebet damit, dass er meinen Sohn in einen gefährlichen Slum berief. Und mich berief er dazu, meinen Sohn gehen zu lassen. Jesus hatte meinen Sohn gebeten, an einem gottverlassenen Ort ein Segen für andere zu sein, und ich musste den »Ritt« antreten.

Wenn Güte und Wildheit zusammentreffen

Eins ist klar: Über das Gebet als ein gefährliches Unternehmen nachzudenken kann damit enden, dass wir vor Gott weglaufen – wenn wir nicht gleichzeitig davon überzeugt sind, dass Gott gut ist. Die Bibel sagt uns klar und deutlich, dass Gott sich an uns und seiner gesamten Schöpfung freut (1. Mose 1,31). »Denn mein Plan mit euch steht fest: Ich will euer Glück und nicht euer Unglück. Ich habe im Sinn, euch eine Zukunft zu schenken, wie ihr sie erhofft. Das sage ich, der Herr« (Jeremia 29,11). Jesus wies uns immer auf den vollkommenen und guten Vater hin, einen Vater, der es liebt, seine Kinder mit guten Gaben zu überschütten (Matthäus 7,11). Und am deutlichsten zeigt sich das gütige Herz des Vaters am Kreuz, als Gott trotz unserer Sünde immer noch für uns war (Römer 8,31–32). Die Güte Gottes ist die Grundlage für all unsere Bittgebete. Im Gebet leben wir die Beziehung zu unserem himmlischen Vater, zu der Gespräch, Geben und Nehmen und auch Bitten und Empfangen gehört.

Aber das besagt nicht, dass Jesus unser »Gott in der Flasche« ist, eine zahme und gefällige Macht, die sich stets unseren Wünschen beugt. Laut der Bibel strahlt Gott das vollkommene Gute und vollkommene Wildheit aus. Jesus bezähmte die Besessenen, aber niemand konnte Jesus bezähmen. Sie töteten Jesus, aber sie konnten ihn nicht zähmen. Diese unbezähmbare Wildheit Gottes wird auch die »Freiheit Gottes« genannt. Gott ist vollkommen frei zu handeln, wie es ihm gefällt (Psalm 135,6), ohne dabei seine vollkommene Güte preiszugeben. Mit anderen Worten: In Jesus prallen das vollkommene Gute und vollkommene Wildheit aufeinander.

Letzten Sommer verbrachte ich einen Woche an einem Ort in der Wildnis. Ich fuhr nach Libby in Montana, einer kleinen Stadt in den Rocky Mountains, nur ein wenig südlich von Kanada und östlich von Idaho. Ich bin ein Stadtjunge – nein, in Wahrheit ist es noch schlimmer: Ich bin ein Vorstadtjunge. Und Vorstädte sind der Inbegriff von Sicherheit und Kontrolle. In der Vorstadt wird alles – von Ahornbäumen über Hunde und Büsche bis hin zu den Hausaufgaben – sorgfältig geplant, überwacht und kontrolliert. Selten erspäht man hier etwas Wildes. Aber wenn man am Yaak River entlang in die Rocky Mountains hineinfährt, kann man urplötzlich auf einen Weißkopf-Seeadler, einen Grizzlybären oder einen Elch treffen. Sie kommen nicht auf deine Aufforderung hin – sie kommen, wann sie wollen! Man kann sie nicht kontrollieren. Man kann eine Grizzlybärin erschießen, aber man schlendert nicht zu ihr herüber und zähmt sie.

Unser Problem mit dem Gebet ist folgendes: Wir wollen, dass Gott sich wie ein Haushund benimmt, aber er ist eher wie ein Weißkopf-Seeadler. Gott besitzt die Freiheit, in Liebe eine Bundesbeziehung einzugehen und auch die Rahmenbedingungen dafür zu definieren: »Nicht ihr habt mich erwählt, sondern ich habe euch erwählt« (Johannes 15,16);

»Wem ich gnädig bin, dem bin ich gnädig« (Römer 9,16a). »Denn in ihm hat er uns erwählt vor der Erschaffung der Welt« (Epheser 1,4). Dieser unkontrollierbare, unzähmbare und absolut wilde Gott ist weitaus interessanter als der »Gott in der Flasche«. Wie es der Naturalist Doug Peacock einmal formulierte: »Mein Leben lang waren meine Lieblingstiere jene, die mich hätten töten und fressen können.«[5] Ich liebe meinen alten, faulen Hund Dwight, aber er fasziniert mich nicht so sehr wie ein menschenfressender Löwe. Wilde Tiere, gefährliche Tiere sind – so wie unser Gott – frei, stark und faszinierend.

Die Farben mischen

Was also passiert, wenn man diese beiden Primärfarben – Gottes Güte und Gottes Wildheit – auf einer theologischen Palette mischt? Dann erhalten wir die Farbe der eifernden Liebe, mit der Gott um uns wirbt. Wir könnten es auch mit folgender einfacher, theologischer Formel ausdrücken:

> *Gottes vollkommene Güte + Gottes vollkommene Wildheit = Die eifernde Liebe Gottes zu uns, die in Christus sichtbar wird*

Gott möchte unser Leben mit Schönheit und Liebe segnen (das ist seine vollkommene Güte). Und er will unser Leben zu einem Segen für die Welt machen, die uns umgibt (das ist seine Wildheit). Gott segnet uns und macht uns in einer Weise zum Segen, die im Einklang mit seinen Plänen für unser Leben ist. Wie John Webster schrieb: »Gottes Eifersucht ist seine Weigerung, den Wert seines Geschöpfes verhandeln zu lassen, indem er das Geschöpf selbst die Bedingungen festlegen lässt, unter denen es leben will. Natürlich ist Gottes Eifer sein glühender Widerstand gegen alles, was seinen Willen vereiteln will. ... Aber es ist seine eifersüchtige Heiligkeit, die unserer Boshaftigkeit und ihrer Zerstörungskraft genau entgegensteht, die sicherstellt, dass es uns gut geht.«[6]

Das heißt: Gottes eifersüchtige Liebe besteht in seiner leidenschaftlichen Entschlossenheit, uns *zu seinen Bedingungen zu segnen, nicht zu unseren.* Wir erkennen die Bedingungen nicht, weil Gott wild und frei ist. Um es mit den Worten von C. S. Lewis zu sagen: Gott will uns in seiner eifersüchtigen Liebe die »komplette Behandlung« geben. Gottes »Rundum-Behandlung« stellt stets sicher, dass es uns gut geht, und sie schließt auch ein, dass er andere durch uns segnen wird.

Warum aber ist das Gebet manchmal ein gefährliches Unterfangen? Wenn Gott so gut ist, warum schleift er uns dann in diese »Gerasener-Situationen«, in denen wir geistig verwirrte Besessene nicht nur treffen, sondern sogar heilen sollen? Warum lockt er uns auf Boote mit unbekanntem Reiseziel? Warum benimmt Gott sich manchmal so wie ein unausgeglichener New Yorker Taxifahrer? Die knappe Antwort lautet so: Gott möchte uns segnen, aber er möchte auch die Welt durch uns segnen. Wir wollen, dass das Gebet uns »aus dieses Lebens Müh und Streit« herausführt; Gott aber will uns in seine gebrochene Welt hineinführen, in der wir geistlich wachsen und der wir dienen sollen.

Vor einigen Monaten lud mich eine Freundin (die nach eigenen Angaben keine Nachfolgerin Jesu ist) dazu ein, sie zu einem Auftritt in einer Kneipe in unserer Nachbarschaft zu begleiten, in der an diesem Abend jeder auftreten durfte, der wollte. Und so kam ich an einem Donnerstagabend gegen halb elf in der »Velvet Lounge« an, um mir ein paar Lieder meiner Freundin anzuhören. Ich war ziemlich müde, aber ich musste es ihr zuliebe einfach tun, und sie freute sich tatsächlich riesig, dass ich gekommen war. Als ich in der Bar mein Wasser trank, lauschte ich dem ersten Künstler – einem einsamen Mann, der ein qualvolles (und sehr langes) Gedicht über seine unerwiderte Liebe vorlas. Der Mann neben mir auf dem Barhocker griff nach seinem Bier und sagte: »Sch… noch mal! Ich dachte fast, er redet über mein Liebesleben.«

Während ich einem weiteren Typen zuhörte, der sich durch zwölf Led-Zeppelin-Lieder krächzte, lehnte sich meine Freundin beiläufig zu mir herüber und sagte: »Habe ich dir jemals erzählt, dass ich Angst vor dem Sterben habe? Also werde ich einfach nicht sterben.« Ich antwortete: »Weißt du, du wirst eines Tages sterben. Das ist ziemlich sicher – so ziemlich zu 100 Prozent.« Worauf sie sagte: »Nun ja, vielleicht haben Wissenschaftler zu der Zeit, wenn ich so um die 103 Jahre alt bin, die Möglichkeit, meinen Kopf auf einen jungen Körper zu setzen.« Dann fuhr meine Freundin damit fort, mich allen möglichen Leuten als den Pastor »von um die Ecke« vorzustellen, und die Bedienung witzelte: »Nur damit Sie's wissen, Pastor, ich traue Gott nicht mehr.« Als ich sie bat, mir ihre Geschichte mit Gott zu erzählen, winkte sie achselzuckend ab und sagte mir nur, es sei eine lange, hässliche Geschichte.

Gegen Mitternacht war endlich meine Freundin mit ihrem Auftritt dran. Ich war erschöpft, aber ich war froh, dabei zu sein. Denn ich hatte den Verdacht, dass auch Jesus bis Mitternacht in der Velvet Lounge abgehangen hätte, um einer Freundin dabei zuzuhören, wie sie ein paar Songs von U2 singt. Hier schrie niemand herum wie der Besessene von Gerasa, aber dies war in der Tat ein trauriger Ort, und er hatte jemanden nötig, der die Liebe Gottes auf ihn ausgoss.

Wenn wir Jesus anrufen, wird er uns in seiner eifernden Liebe zu uns an kaputte Orte führen. Doch das passiert nicht immer auf eine laute und dramatische Weise. Wenn wir unser

Leben für Jesus öffnen, führt er uns vielleicht so, dass wir einen einsamen Studenten oder eine einsame Familie zum gemeinsamen Essen einladen, jemandem, der entmutigt ist, einen Brief schreiben, jemandem vergeben, der uns verletzt hat, unsere kulturellen Prägungen hinter uns lassen und das Leben mit den Augen eines anderen betrachten, ehrenamtlich in einem Obdachlosenheim arbeiten, die Armen begleiten oder für ein kleines – vielleicht sogar behindertes – Kind sorgen. Jesus lädt uns ein, mit diesen kleinen und oft verborgenen Taten in eine Welt voller Not hineinzuwirken und ein Segen für andere zu sein. Wenn wir seinen Namen anrufen, wird er uns die »komplette Behandlung« zuteil werden lassen, uns segnen und uns aussenden, die Welt zu segnen.

Die Glaubensreise

Wenn wir sagen, dass Beten eine gefährliche Handlung ist, was bedeutet das dann für unsere Nachfolge, für unsere Reise mit Christus? Wie wirkt sich das auf die Art und Weise aus, auf die wir unser Leben vor einem heiligen, eifersüchtig liebenden Gott leben?

Ich bin gerade dabei, ein paar lebensverändernde Dinge zu lernen. Ich lerne, mich an Gottes Herrlichkeit zu erfreuen – ohne Gott zu kontrollieren und manchmal sogar ohne ihn zu verstehen. Dass in Gott das vollkommene Gute und die absolute Wildheit aufeinandertreffen, verwirrt mein Denken und meine Seele manchmal so lange, bis ich nur noch staunend, glücklich und still vor ihm stehe. Gregor von Nyssa, ein Theologe des 4. Jahrhunderts, schrieb: »Wenn wir einer Sache einen Namen geben, glauben wir, wir hätten sie im Griff … Vielleicht sollten wir es uns nicht allzu schnell schönreden, Gott beim Namen nennen zu können.«[7] Soll heißen: Bloß dass ich mir Gedanken über Gott machen und eine Aussage über ihn treffen kann, heißt noch nicht, dass ich ihn im Griff hätte. Gott ist größer, besser, wilder und viel geheimnisvoller, als ich es mir je vorstellen könnte. Selbst mit all meinen Erklärungen und Analysen stoße ich weiterhin an die absolute Unerklärlichkeit und Unkontrollierbarkeit unseres guten, aber freien Gottes.

Es gibt eine Strömung innerhalb der christlichen Spiritualität, die sich diesem Ansatz, Gott zu erkennen, verschrieben hat. Demnach lernen wir beim Beten manchmal mehr über Gott durch das, was wir nicht über ihn wissen. Durch die gesamte Kirchengeschichte hindurch behaupteten Vertreter dieser »via negativa« (»Weg der Verneinung«), dass wir zwar über Gott reden müssen, aber dennoch all die Begriffe, die wir für ihn verwenden, stets unzureichend bleiben. Gott kann von unserer begrenzten Sprache nicht eingesperrt oder erfasst werden. Die »negative Theologie« erinnert uns daran, dass wenn wir auf Gottes Ehrfurcht gebietende Gegenwart treffen, »uns nicht bloß die Wörter ausgehen, sondern wir uns in der Tat sprachlos und unwissend finden«.[8] Darum besteht unsere beste Antwort manchmal darin, uns von Gott mit seiner Schönheit, Güte und Herrlichkeit blenden zu lassen.

Vergangenes Jahr predigte ich ein paar Mal zum Thema »Das Wesen der Dreieinigkeit«. Ich gab den Leuten ein paar Definitionen, Analysen, Abbildungen, Analogien und theologische Überlegungen mit. Das alles war wichtig. Wir brauchen klar umrissene und prägnante biblische Lehrinhalte. Doch irgendwann im Verlauf dieser Predigtreihe stellte ich mir plötzlich vor, ich wäre einer dieser kleinen Vögel, die auf dem Rücken der Nashörner sitzen. Es wäre lächerlich, wenn dieser kleine Vogel glaubte, er habe die Kontrolle über die Bewegungen des Nashorns. Das Gebet als gefährliches Unternehmen zu begreifen hat mich daran erinnert, dass ich auch Gott nicht steuern kann.

Mehr und mehr will ich auf diese Weise mein Gebetsleben gestalten. Und wie der Vogel begreife ich, dass ich das Nashorn niemals werde einsperren können; also steige ich auf und genieße den Ritt.

Wenn wir »gefährlich beten«, können wir das Abenteuer genießen, Jesus an unerwarteten Orten zu dienen. Ich liebe die Szene in *Der Hobbit*, wenn Gandalf an Bilbos Haustür auftaucht und sagt: »Ich bin auf der Suche nach jemandem, der das Abenteuer mit mir teilt, zu dem ich gerade unterwegs bin. Aber es ist sehr schwer, jemanden zu finden.« Worauf Bilbo antwortet: »Das kann ich mir in dieser Gegend denken! Wir sind ein ziemlich stilles Völkchen und haben keine Verwendung für Abenteuer. Scheußlich störende und unbequeme Sache! Sorgt dafür, dass man zu spät zum Abendessen kommt! Ich kann mir nicht vorstellen, was irgendjemand an Abenteuern findet.« Und dann wartet Bilbo darauf, dass Gandalf verschwindet, aber der alte Mann rührt sich nicht. Schließlich sagt Bilbo: »Danke, aber wir wollen keine Abenteuer hier! Du kannst es bei denen über den Bergen oder jenseits des Wassers versuchen.« Aber wir wissen: Schließlich geht Bilbo doch auf Abenteuerreise, so wie schon Abraham und die Jünger Jesu. Sein ganzes Leben wurde zu einem Abenteuer.

Häufig behandeln wir Jesus so, wie Bilbo Gandalf behandelte. Nachdem Jesus den Besessenen in Markus 5 geheilt hatte, baten ihn alle, fortzugehen. Gleich im nächsten Kapitel kehrt Jesus in seine Heimatstadt zurück, und auch dort »ärgerten sie [seine Nachbarn] sich über ihn« (Markus 6,3). Das griechische Wort, das hier für »ärgern« steht, ist das Wort »skandalon«, von dem wir das deutsche Wort »Skandal« ableiten. Sie empfanden Jesus und sein Auftreten als einen »Skandal« – er schreckte und stieß sie ab und machte es ihnen unbequem. Und so endet die Geschichte mit den Worten: »Deshalb konnte er dort auch keine Wunder tun; nur einigen Kranken legte er die Hände auf und heilte sie« (Markus 6,5).

Offenbar haben wir nur zwei Möglichkeiten, wenn es um unser Gebetsleben geht:

Wir können uns an Jesus stoßen, ihm seine Gegenwart und die ständigen Unterbrechungen verübeln, darauf bestehen, dass er damit aufhört, uns an kaputte und leiderfüllte Orte zu schicken, und verlangen, dass unsere Gebete »schön« sind.

Oder wir erbitten seine Gegenwart und passen unser Leben voller Freude seinen »Unterbrechungen« an.

Wenn wir uns für die zweite Möglichkeit entscheiden, wird Jesus uns an merkwürdige Orte, zu merkwürdigen Menschen und hinein in ein ungemein aufregendes (und manchmal unbequemes) Leben führen. Wir können uns über diese Einmischung ärgern – oder in den Genuss kommen, das Abenteuer unseres Lebens zu erleben. Ich für meinen Teil beginne gerade, das Abenteuer zu genießen.

9

Das geistliche Aufmerksamkeits-Defizit-Syndrom

Schon mein ganzes Leben lang kämpfe ich darum, aufmerksamer sein zu können. Meine Grundschullehrerin, Miss Drill (ja, sie hieß wirklich so), war die Erste, der mein Aufmerksamkeitsdefizit auffiel. In der neunten Klasse war es mein Basketballtrainer, Mr. Hammerstein (ja, auch er hieß wirklich so), der meinen Mangel an Konzentration bemerkte. Mr. Hammerstein (oder auch »der Hammer«, wie wir ihn hinter seinem Rücken nannten), war ein riesiger Mann mit Händen so groß wie Bärenpranken. Er war ein freundlicher Mann mit einer sanften Stimme, doch bei einer Gelegenheit explodierte er – ein Ereignis, das ich bis heute »die Hammer-Ansprache« nenne. An einem Tag, an dem ich das uninspirierteste und lahmste Spiel meiner kurzen Karriere hingelegt hatte und »Mr. Hammer« in der Halbzeit leidenschaftlich über die Grundlagen des Basketballs referierte, hatte ich einen meiner eindrücklichsten ADHS-Momente: Ich starrte gedankenversunken in Richtung Tür des Umkleideraums und gähnte ausladend. Da packte mich »der Hammer« am Trikot, zog mich von der Bank und schrie mir ins Gesicht: »Woodley, wenn ich in der zweiten Halbzeit nicht sehe, dass du dich besser konzentrierst, schütte ich dir Benzin in die Hose und zünde sie an! Und dann schauen wir alle dabei zu, wie du brennend herumrennst! Verstanden, Bursche?«

Nicht nötig zu erwähnen, dass ich in der zweiten Halbzeit vollen Einsatz brachte.

Es verwundert kaum, dass bei mir Jahre später das »Aufmerksamkeitsdefizit-Hyperaktivitätssyndrom« (ADHS) diagnostiziert wurde. Offenbar hat ADHS nichts mit dem Intelligenzquotienten zu tun (zumindest sagte man mir das). Aber Menschen, die an ADHS leiden, müssen lebenslang neue Strategien und Techniken erlernen, um sich besser konzentrieren und aufmerksamer sein zu können. Auf eine seltsame Weise hat die Beschäftigung mit ADHS mir eine neue Sicht auf mein Gebetsleben geschenkt. Ich bin davon überzeugt, dass einer der Hauptgründe, warum wir nicht beten, schlicht folgender ist: Wir sind gegenüber Gott unaufmerksam. Unsere Seele leidet an einer Unterfunktion, und wir verlieren unseren Fokus.

Jesus wusste zweifelsohne um unseren Kampf um geistliche Aufmerksamkeit. Während seines ganzen Lebens sagte er immer wieder Dinge wie: »Gebt Acht«, »Seid wachsam« und auch »Schlaft nicht ein«. Und je näher sein Tod rückte, desto häufiger und eindringlicher erinnerte er seine Jünger daran (Markus 13,5 und 34; 35; 37; Markus 14,11 und 34; 37; 38). An einer Stelle vergleicht Jesus die Zeit seines Wiederkommens mit den Tagen Noahs, als die Menschen »aßen und tranken, heirateten und sich heiraten ließen« (Matthäus 24,38). Jesus hatte ganz sicher nichts gegen gutes Essen oder gar gegen die Ehe. Das Problem lag viel tiefer: Als schließlich die Flut über die Menschen hereinbrach, hatten sie sie nicht kommen sehen, weil sie ihren Blick nicht darauf ausgerichtet hatten. Darum sagte Jesus mit Nachdruck: »Seid wachsam!« (Matthäus 24,42).

Und dann fuhr er damit fort, sich mit einem Dieb zu vergleichen, der »zu einer Stunde kommen wird, wenn ihr es nicht erwartet« (Matthäus 24,44). Wie ein Einbrecher wird Jesus in unser Leben kommen, schleichend und leise. Doch im Gegensatz zu einem Dieb werden Sie diesen »Einbruchs-Künstler« gerne treffen wollen. Darum: Passen Sie auf, und seien Sie voll da, wenn er anfängt, sich in Ihr Leben zu schleichen.

Für Jesus fängt Gebet damit an, dass wir aufmerksam sind: »Bleibt wach!«, »Passt auf!«, »Schlaft nicht ein!« Und aus diesem Grund haben selbstverständlich auch christliche Autoren die Verbindung zwischen unserer Aufmerksamkeit und unserem Gebetsleben bemerkt. Emilie Griffin definiert schlicht, dass »das Wesen des Gebets daraus besteht, Gott unsere volle Aufmerksamkeit zu schenken«.[1] Und Thomas Merton behauptet, dass wir alle Kapitänen auf im Nebel gefangenen Dampfschiffen ähneln, die »in die Dunkelheit spähen und den Klängen anderer Schiffe lauschen und den sicheren Hafen nur erreichen, wenn sie wachsam bleiben. Aus diesem Grund ist das geistliche Leben in erster Linie eine Sache des Wachbleibens.«[2]

Ein paar schlechte Nachrichten

An dieser Stelle zunächst die schlechte Nachricht bezüglich unserer Aufmerksamkeit Gott gegenüber: Es ist schwer, sie aufrechtzuerhalten! Nun könnte ich anfangen, äußeren Faktoren die Schuld dafür zu geben. Denn schon gegen Ende des 19. Jahrhunderts behauptete Friedrich Nietzsche, dass »der massive Zustrom von Eindrücken übergroß ist; seltsame, primitive und gewalttätige Dinge drängen so übermächtig – ›zu scheußlichen Klumpen geballt‹ – auf die jugendliche Seele ein, dass diese sich nur retten kann, indem sie in vorsätzlicher Dummheit Zuflucht sucht«. Mit anderen Worten: Täglich werden wir von so vielen Eindrücken bombardiert

(Werbung, Lärm, technische Spielereien), die derart übermächtig auf uns einströmen, dass wir nur entkommen können, wenn wir dumm werden. Für Nietzsche hatte »Dummheit« weniger mit einem geringen IQ als vielmehr mit Abgestumpftheit und Unaufmerksamkeit zu tun. Oder, wie ein zeitgenössischer Kritiker anmerkt: »Die Menschen des ausgehenden 19. Jahrhunderts erstickten in einem ungeheuer riesigen Brei von sinnlosen Stimulationen.«[3]

Das war vor mehr als hundert Jahren. Ich behaupte, dass der »ungeheuer riesige Brei sinnloser Stimulation« inzwischen noch größer geworden ist. In einem Artikel der *New York Times* merkt die Autorin an, dass heutige Werbefachleute darum wetteifern, uns trotz unserer immer stärker schrumpfenden Aufmerksamkeitsspannen zu packen zu kriegen. In den letzten hundert Jahren hat Pepsi das Aussehen seiner Flaschen nur zehn Mal verändert. Heute wechseln sie alle paar Wochen ihr Design. Kleenex blieb 40 Jahre lang bei seinen rechteckigen und quadratischen Schachteln, bevor sie damit anfingen, auch ovale anzubieten. Noch in der 1990er-Jahren behielten Firmen ihr Verpackungsdesign sieben Jahre oder länger bei. Heute verändern sie ihre Verpackungen in einem durchschnittlichen Rhythmus von zwei Jahren. Dazu ein Marketing-Experte: »Wir schaffen es nicht, dass unsere Kunden sich einfach mal hinsetzen und unseren Argumenten zuhören.«[4] Also werden Marketing-Leute wohl weiterhin um unsere ewig schrumpfenden Aufmerksamkeitsspannen konkurrieren müssen.

Leider aber wohnt ein Mangel an Aufmerksamkeit auch in meinem Herzen. Und da die meisten von uns das gleiche Problem haben, machen Sie doch einmal folgendes Experiment: Schalten Sie für einen ganzen Tag alles aus – den Fernseher, Ihren iPod, das Radio, Ihr Handy, Ihren Computer samt E-Mail-Zugang und Ihren Mund. Wenn Sie mir nur ein wenig ähnlich sind, wird Sie das ganz kribbelig machen. Als die Dichterin Denise Levertov zu beten versuchte, klagte sie: »Ich höre auf, an dich zu denken, und mit einem Mal schießen meine Gedanken wie ein Fisch hinein ins Dunkle … Nicht eine einzige Sekunde kann mein Selbst stillhalten, sondern wandert irgendwohin, wohin es sich auch wenden kann.«[5] Es beleidigt mich zwar, aber es stimmt: Ich habe die geistliche Aufmerksamkeit eines Fisches.

Und jetzt die gute Nachricht

Zum Glück schenkt die Bibel Menschen mit »geistlichem Aufmerksamkeits-Defizit-Syndrom« Hoffnung: Gott ist wegen meines Problems besorgt und möchte mir helfen. Der Bibel zufolge *muss* Gott mir sogar helfen – denn ansonsten bleibe ich wie Levertovs Fisch, der hierhin und dorthin schießt, ein rasendes, glitschiges Geschöpf, das niemals in Gott zur Ruhe kommt. Das könnten wir auch als die *wirklich schlechte* Nachricht verstehen. An einer Stelle griff Jesus auf die Geschichte seines Volkes zurück und zitierte den Propheten Jesaja: »Hören sollt ihr, hören, aber nicht verstehen; sehen sollt ihr, sehen, aber nicht erkennen. Denn das Herz dieses Volkes ist hart geworden, und mit ihren Ohren hören sie nur schwer und ihre Augen halten sie geschlossen« (Matthäus 13,14–15; siehe auch Jesaja 6,9–10). Durch das gesamte Alte Testament hindurch ruft Gott unaufhörlich nach seinem Volk und sagt: »Hört mir zu, hört zu, hört zu!« Aber genau wie wir hatten auch sie ein »eingebautes« Problem: »Aber schon eure Vorfahren haben mir nicht gehorcht, ja sie haben mir nicht einmal zugehört. Sie taten das, wozu ihr eigensinniges, böses Herz sie trieb« (Jeremia 11,8).

Das ist eine überraschend gute Nachricht. Denn wir alle

haben ein grundlegendes Problem: Erstens, in geistlicher Hinsicht sind wir alle ungefähr so aufmerksam wie eine Leiche. Es gibt keine zwei Sorten von Menschen – die geistlich erleuchteten Typen und die geistlichen Schussel, die dauernd das Ziel aus dem Blick verlieren. Und zweitens, diese *wirklich schlechte* Nachricht bezüglich unserer geistlichen Aufmerksamkeit lädt uns dazu ein, unser geistliches Leben im Evangelium zu verwurzeln. In unserem Gebetsleben aufmerksamer zu sein fängt nicht damit an, dass wir ein paar geistliche Übungen absolvieren oder unser Gesicht (oder unsere Seele) mit einer Extraportion Konzentration zusammenkneifen. Es beginnt mit einem übernatürlichen »Eingriff«. Darum verwendet die Bibel bezüglich der Nachfolge Jesu solch tiefgreifende Begriffe wie »von Neuem geboren werden«. Wir können es selbst nicht bewirken; Gott tut es in und für uns, wenn wir Jesus Christus vertrauen. Glaube ist niemals unser Geschenk an Gott; Glaube ist Gottes Geschenk an uns.

Wenn wir einmal dieses Geschenk des Glaubens erhalten haben, beten wir nicht mehr, damit Gott uns annimmt; wir beten, weil Gott uns schon angenommen hat. Die ganze Dreieinigkeit ist an diesem umwälzenden Eingriff beteiligt. Gott, der Vater, erweckt uns aus dem geistlichen Tod. Unsere Aufgabe ist es, ihm zu vertrauen, jederzeit für die Kraft des Heiligen Geistes offen zu sein und von ihm abhängig zu bleiben. Jesus, der Eine, der uns befiehlt: »Bleibt wach!«, ist derselbe, der in uns lebt und uns die Kraft gibt, aufmerksam zu sein.

Das große Erwachen

Gott erweckt und gebiert uns von Neuem in seiner Kraft und auf seine Initiative hin, hinein in ein neues Leben. Dieser Prozess und diese Tatsache sind von Anfang bis Ende das, was man »Gnade« nennt. Gott tut all das für uns, obwohl wir es nicht verdient, ja obwohl wir nicht einmal danach gesucht haben. Lassen Sie mich es so sagen: Der Bibel zufolge befinden wir uns alle auf einer aufregenden Reise – weg von Gott! Diese Behauptung mag den einen oder anderen überraschen, aber ich weiß, dass ich aus eigenem Antrieb niemals aufrichtig nach Gott gesucht habe. Was mich betrifft, habe ich Gott nie gemocht, und ganz sicher wollte ich nicht, dass er mich »findet«. Ich habe mich weder mit Spiritualität noch den Weltreligionen, nicht mit dem Übernatürlichen und auch nicht mit dem Okkulten beschäftigt. Mir grauste bloß davor, Jesus irgendwo in einer dunklen Gasse zu begegnen. Dabei dachte ich nicht, dass er mich zusammenschlagen würde – ich dachte lediglich, er würde mich in einen blöden Spinner verwandeln.

Die meiste Zeit während meines Erwachsenwerdens war Jesus für mich wie mein jüngerer Bruder. Der hängte sich nämlich immer an uns dran, doch wir ließen ihn nie mitspielen. Und trotzdem fragte er immer wieder: »Darf ich mitspielen?« Es schien, als würde Jesus mich dasselbe fragen, weshalb er von mir auch dieselbe Antwort bekam, die ich meinem Bruder immer gab: »Hau ab! Lass uns in Ruhe!« Aber Jesus ging nicht. Er rührte sich nicht vom Fleck. Er stand bloß da wie ein großer, wilder Löwe mit traurigen Augen.

Und dann drang er irgendwie zu mir durch. Ich sage oft, dass ich »Jesus als meinen Herrn und Retter annahm«, aber das ist bloß das Ende der Geschichte. Die ganze Geschichte ist, dass er einfach weiterhin bei mir herumhing, mich wie ein geduldiger, aber sehr hungriger Löwe verfolgte und schließlich auf mich sprang und mich mit seiner Liebe für mich überwältigte. Wenn ich davon erzähle, klingt es immer so, als hätte ich ihn erwählt (und in einem gewissen Sinne tat ich das ja auch), aber mehr als alles andere erwählte er mich – selbst als ich vor ihm weglief. Ich war schmutzig, verloren, verwirrt, hungrig und trotzig; aber er jagte mich, bis er mich fand, mich umarmen und nach Hause tragen konnte. Das ist das Evangelium. Das ist Gnade.

Gnade ist das große Erwachen für schläfrige und unaufmerksame Seelen. Und ich brauche jeden Tag – oder wenigstens einmal die Woche – etwas oder jemanden, der mich daran erinnert. Vor einigen Wochen schenkte mir mein Freund Jim einen solchen Moment. Er lud mich ein, gemeinsam mit ihm auf einem verlassenen Parkplatz am Rande unserer schicken Wohngegend auf Long Island Lebensmittel auszuteilen. Nachdem sie sich eine kurze Andacht angehört hatten, stellten sich etwa 30 hungrige und zerlumpte Männer und Frauen in einer Reihe auf, um verbeulte Lebensmitteldosen, einen Tag altes Brot, Zucchini, Auberginen und Sojamilchtüten in Empfang zu nehmen. Das war natürlich kein Festessen, aber alle waren eifrig und offen. Und so kamen sie – Weiße, Schwarze und Latinos; Kleinkinder und Senioren; Verheiratete und Singles; Abhängige und Arbeitslose.

Als sie sich für ihr Essen anstellten, schenkte Gott mir ein Bild: Ich war in einer Kirche, meiner Kirche, und wir reihten uns gerade für das Abendmahl auf. Die meisten von uns kamen in schönen, sauberen Kleidern. Niemand von uns roch nach Schweiß oder billigem Wein. Wir alle fuhren teure Autos, wir kamen aus schönen Häusern und intakten Familien. Unsere Kinder spielten Tisch-Fußball und planten, auf die Hochschule zu gehen, möglichst auf eine der Elite-Universitäten. Aber in meinem Bild sah ich, dass die Schlange auf diesem Parkplatz und die Schlange in meiner Kirche genau dieselbe war. Gott sieht keine zwei Schlangen. In beiden stehen Männer und Frauen – hungrig nach Essen, nach Liebe und nach Gottes Gnade.

Gnade hat die Kraft, unserem geistlichen Leben Erweckung zu schenken. Furcht, Schuld, Schmerz, Leid und Versagen – all das hat seinen Platz in Gottes Plan, uns wach zu halten. Aber nichts hat eine solche Wirkung wie Gnade. Gnade ist Gottes erstes und bestes Mittel, um unsere schläfrigen Seelen aufzuwecken. Mit anderen Worten: Wann immer wir in geistliche Unaufmerksamkeit abrutschen, lautet Gottes erste Ansprache an uns in etwa so: »Seht doch, wie sehr uns der Vater geliebt hat! Seine Liebe ist so groß, dass er uns seine Kinder nennt« (1. Johannes 3,1). Es ist, als sage Gott: »Schau hin, erinnere dich und wache auf – weil du einmal mehr erkennst und fühlst und begreifst, wie sehr ich dich liebe!«

Lektionen von einem unerwarteten Freund

Ich wünschte zutiefst, dass es reichen würde, mir Gottes Gnade ins Gedächtnis zu rufen, um mich wach zu halten. Wenn Gott mich meine Nachfolge selbst gestalten ließe, würde ich folgenden einfachen Weg wählen, um geistlich aufmerksam zu bleiben: »Komm jede Woche für eine Predigt, ein paar Anbetungslieder und das Abendmahl zum Gottesdienst, bis die Gnade ihren Weg zu deinem Gehirn gefunden hat, und dann geh nach Hause!« Aber bis heute hat Gott mich nicht um Rat gefragt. Gegen meinen Willen und entgegen meinen Vorstellungen bezieht er ein weiteres entscheidendes Element mit ein, um meine geistliche Wachsamkeit zu entfachen: Schmerz. In den meisten Fällen ist Schmerz der Freund geistlicher Aufmerksamkeit.

Leider hatte ich früher eine sehr oberflächliche und schwammige Vorstellung von Leid. Gegenüber Leidenden zitierte ich oft C. S. Lewis' berühmten Satz: »Gott flüstert in unseren Freuden, er spricht in unserem Gewissen, doch in unseren Schmerzen ruft er laut: Sie sind sein Megafon, eine taube Welt aufzuwecken.«[6] Ich warf damit um mich, als würde ich jemandem einen weichen, samtigen Pfirsich hinwerfen und sagen: »Bitte schön, mein Freund, nimm einen Bissen dieses saftigen Pfirsichs.« In meiner Unsensibilität war mir nicht bewusst, dass ich den Leuten in Wahrheit eine Handgranate zuwarf.

Doch in den vergangenen Jahren lernte ich meine erste Lektion bezüglich des Schmerzes: Er tut weh! Ich war ganz offensichtlich ein Neuling, was Leid anging. Denn bis dahin hatte ich die meiste Zeit meines Lebens damit verbracht, die Leiter meines recht schmerzfreien Daseins hinaufzusteigen. Doch in den vergangenen Jahren habe ich Bekanntschaft mit erheblichen Schmerzen gemacht. Ich will hier nicht ins Detail gehen, denn Sie haben sicher Ihre ganz eigene Leidensgeschichte. Sie wissen, wie weh das Leben tun kann. Und ebenfalls aus eigener Erfahrung weiß ich, dass wenn ich den Schmerz zu umgehen oder zu betäuben versuche, es am Ende nur noch schlimmer wird.

Die zweite Lektion bezüglich des Schmerzes lautet: Er wirkt! Gott benutzt ihn, um meine Aufmerksamkeit zu bekommen. Ich mag diese Vorstellung nicht. Ich bevorzuge einen netten Gott, der mir meinen Schmerz nimmt und ihn im tiefsten Meer versenkt (dankenswerterweise tut er das mit meiner Sünde, siehe Micha 7,19, aber er tut es nicht mit meinem Schmerz). Ich möchte, dass Gott mir Erfolg schenkt und es mir schön bequem macht. Doch auf die eine oder andere Art hat Jesus uns bereits gesagt, dass ein gesegnetes Leben kein Leben ohne Schmerzen bedeutet. »Selig sind, die da geistlich arm sind … Selig sind, die da Leid tragen …

Selig sind, die da hungert und dürstet … Selig sind, die verfolgt werden« (Matthäus 5,3–11). Und immer wieder verweist er auch auf seinen eigenen Leidensweg: »… der Menschensohn wird ausgeliefert werden. Sie werden ihn zum Tod verurteilen … und den Fremden übergeben, … damit sie ihren Spott mit ihm treiben, ihn auspeitschen und ans Kreuz nageln« (Matthäus 20,18–19).

Aus der Sicht Jesu trägt uns der sanfte Strom des Segens direkt in das Land des Leidens. Warum richtet er das geistliche Leben so ein? Warum führt er uns einen Weg, der Leid beinhaltet? Ehrlich gesagt, ich weiß es nicht immer, und hinzu kommt, dass Schmerz aus vielen Quellen herrühren kann. Doch eines weiß ich: Gott hat ihn benutzt, um meine Aufmerksamkeit zu bekommen. Schmerz kann ich nicht ignorieren.

Darüber hinaus weiß ich, dass mein Herz nicht immer bloß abgelenkt ist; es kann arrogant, gleichgültig und oberflächlich oder von sonstigen nichtigen Götzen abhängig sein. Und so ist das Beste – und vielleicht das Einzige –, was Gott manchmal für mich tun kann, mir das Geschenk des Schmerzes zu machen.

Der Franziskaner-Pater Richard Rohr sprach über männliche Spiritualität, als er sagte: »Sobald wir die Dreißiger erreicht haben, kann uns der Erfolg nichts mehr beibringen. Erfolg macht Spaß und ist einträglich, aber wir lernen durch ihn nichts Neues. Er ist kein schlechter Freund, aber ein miserabler Lehrer. Das Einzige, was uns wirklich etwas lehren kann, was zu uns durchdringt und uns grundlegend verändern kann, sind Leid, Versagen, Verlust und Wunden.«[7] Dasselbe sagt er in seinem Buch *Adam's Return*: »Jede großartige Spiritualität dreht sich darum, was wir mit unserem Leid anfangen … Es scheint, dass nichts Geringeres als irgendeine

Art von Schmerz uns dazu zwingen kann, den Griff um unsere kleinen Erwartungen und unsere ichbezogenen Illusionen zu lösen.«[8]

Also noch einmal – und es ärgert mich, aber Jesus und der Rest der Bibel stimmen darin überein: Schmerz tut weh, aber wenn es um unsere Aufmerksamkeit geht, tut er auch seinen Dienst. Schmerz fungiert häufig als Gottes »Hammer-Ansprache«. Wozu der Psalmist kurz und bündig sagt: »Bevor ich leiden musste, ging ich irre; jetzt aber tue ich, was du befiehlst« (Psalm 119,67). Mit dem Schmerz schenkt Gott seinen ständig abgelenkten und lustlosen Geschöpfen, die zufrieden damit sind, armselig ihren geistlichen Weg entlangzutrudeln, einen harten, aber gnadenreichen Weckruf.

Aufwachen!

Vielleicht hat es bisher so geklungen, als würde Gott alles allein tun. Ich schlafe immer wieder ein, doch Gott tippt mir auf die Schulter und flüstert: »Hey, es ist Zeit aufzuwachen!« Aber ohne Frage muss auch ich meinen Teil dazu beitragen, um Gott gegenüber wach zu bleiben. Ich muss mir Mühe geben, aufmerksam und konzentriert zu sein. Mein Freund Ray aus meiner ersten Kirchengemeinde in Minnesota sagte immer zu mir: »Zeig mir bitte die geistliche Schnellstraße – denn ich bin faul, sehr beschäftigt und in Eile.« Sind wir das nicht alle? Und genau aus diesem Grund ist es erforderlich, dass wir auf unsere Forderungen nach schnellem und leichtem geistlichen Erfolg verzichten, wenn wir wach bleiben wollen.

Simone Weil, eine bemerkenswerte französische Denkerin des 20. Jahrhunderts, definierte Aufmerksamkeit als »die berechtigte und liebevolle Konzentration auf ein Individuum oder eine Situation«.[9] In diesem Sinne muss ich mir bezüglich des Gebets dieselbe Mühe geben, die ich mir auch in anderen Lebensbereichen gebe. Simone Weil benutzte das Bild von der Unterrichtslektion, um die Bedeutung von Aufmerksamkeit zu illustrieren: Es spielt keine Rolle, ob man sich mit Geometrie, Spanisch oder Statistik beschäftigt; wichtig ist, dass man lernt, aufmerksam zu sein, das Wesentliche im Blick zu behalten und sich auf ein bestimmtes Thema zu konzentrieren, »bereit, die nackte Wahrheit über eine Sache zu erfahren, das heißt, sie zu durchdringen«.

In einem gewissen Sinne üben wir uns andauernd in Aufmerksamkeit. Als ich in der sechsten Klasse war, kauften meine Eltern mir ein Mikroskop, das im Weihnachtsprospekt einer Kaufhauskette beworben worden war. Ich lief sofort zum örtlichen Teich, schlug ein Loch ins Eis und begann, die Lebewesen unter der Oberfläche aufmerksam zu betrachten. Wenn Sie neben mir säßen, während ich meinem 14-jährigen Sohn beim Fußballspielen zuschaue, würde ich wahrscheinlich nicht mit Ihnen reden. Ich bin während eines Fußballspiels nicht zum Multitasking in der Lage, weil ich ganz bei meinem Sohn bin. Wenn Sie sich einen guten Film ansehen, ein gutes Buch lesen, eine Suppe kochen oder die Reifen am Auto wechseln, sind Sie aufmerksam. Dazu schreibt Simone Weil: »Ohne dass wir es wissen oder spüren, haben diese scheinbar fruchtlosen Bemühungen mehr Licht in unsere Seele gebracht. Das Ergebnis werden wir eines Tages im Gebet entdecken.«

Wie aber können wir hinsichtlich unserer überbeschäftigten, abgelenkten und rasend schnellen Kultur das Gebot Jesu, nämlich »Wache zu halten«, befolgen? Wie sieht unsere Rolle aus, wenn es darum geht, uns nicht bloß auf willkürlich ausgewählte Dinge zu konzentrieren, sondern auf Gott, der das eigentliche Ziel und das wichtigste Thema ist?

Meditieren: Den Kuchen genießen

Die geistliche Übung, die uns hilft, unsere Aufmerksamkeit Gott gegenüber zu erhöhen, ist die Übung der Meditation. Nach dem biblischen Verständnis hat Meditation nichts damit zu tun, unseren Verstand zu leeren. Sie beginnt mit klarem Denken und mit Vernunft. Meditation kann auf unser Bibelstudium aufbauen, aber sie beinhaltet weitaus mehr als rein logisches Denken. Im Studium müssen wir lesen und denken, um die Wahrheit bezüglich eines Gegenstands oder eines Themas zu erfahren. Wenn wir jedoch über etwas meditieren, dann versuchen wir, das, was wir bereits wissen, in uns aufzunehmen und uns damit zu identifizieren. Wenn also die frühen Christen über den Psalmen meditierten, dann analysierten sie sie nicht bloß; sie verinnerlichten sie, indem sie die Worte langsam und aufmerksam wiederholten und ihnen erlaubten, aus ihrem Verstand in ihr Herz zu sinken.

Studium kontra Meditation: Es besteht ein Unterschied zwischen dem Analysieren eines Rezepts für Schokoladenkuchen und dem Essen des Kuchens, bei dem ich der intensiven, dunklen Schokolade erlaube, in meinem Mund zu schmelzen, und jeden köstlichen Bissen genieße. Natürlich müssen wir das Rezept studieren und dann alle nötigen Zutaten besorgen. Aber letztendlich wollen wir den Kuchen backen und essen, damit wir ihn schmecken und genießen können. Meditation bringt uns zu dem Eigentlichen, dem Kosten und Genießen des Wortes Gottes.

Mit anderen Worten: Meditation führt uns immer zu Liebe, Vertrautheit und Freude.[10] Der dänische Philosoph Sören Kierkegaard sagte, dass derjenige, der meditiert, einem Mann gleichen sollte, der soeben einen langen Brief von seiner Geliebten bekommen hat. Wenn er den Brief öffnet, greift er nicht zum Wörterbuch, zerlegt den Text und definiert jedes Wort. Nein, er liest ihn wie ein Liebender. Uns Gottes Wort mit einem distanzierten, lieblosen Herzen zu widmen, kann uns von Gottes Wahrheit entfernen. Darum war Kierkegaard voller Missbilligung, wenn Menschen Gottes Wort lediglich analysierten:

»Mit Gottes Wort allein zu sein ist eine gefährliche Angelegenheit. Natürlich kann man immer Wege finden, sich vor ihm zu schützen: Du nimmst die Bibel und schließt deine Tür – doch dann nimmst du zehn Wörterbücher und 25 Kommentare zur Hand. Jetzt kannst du sie so ruhig und kühl lesen, wie man Zeitungsanzeigen liest … Können wir nicht einmal ehrlich sein! Wir sind solche Experten darin geworden, listig eine Schicht nach der anderen und eine Auslegung nach der anderen zwischen das Wort und unser Leben zu schieben (ziemlich genau auf die Art und Weise, auf die ein Junge eine Serviette mehr in seine Hose steckt, wenn eine Tracht Prügel auf ihn wartet) und dann dieser Beschäftigung zu erlauben, sich derart aufzublähen, dass wir niemals dazu kommen, uns selbst im Spiegel zu betrachten. Ja, es sieht so aus, als ob all dieses Forschen und Nachdenken und Prüfen uns Gottes Wort sehr nahe brächte. Und doch ist dieses Auslegen und erneute Auslegen und dieses wissenschaftliche Forschen und neue wissenschaftliche Forschen bloß eine Verteidigung gegen es.«[11]

Stattdessen wird ein Liebender, so Kierkegaard, einen Liebesbrief langsam, sorgfältig und aufmerksam lesen. Seine Augen werden vor Freude funkeln. Er wird die Worte laut aussprechen. Der Liebende wird die Worte seiner Geliebten auswendig lernen. Er wird den Brief hinlegen und dann erneut zur Hand nehmen, um ihn noch einmal zu lesen. Er wird ihn genießen.

Wie sieht eine solche auf Liebe basierende Meditation

aus? Nehmen wir einen einfachen Abschnitt aus Psalm 42,2–3: »Wie ein Hirsch nach frischem Wasser lechzt, so sehne ich mich nach dir, mein Gott! Ich dürste nach Gott, nach dem wahren, lebendigen Gott.« Ich kann den Text studieren, indem ich den historischen Hintergrund des Psalms untersuche und ihn der Kategorie »Exilpoesie« zuordne. Ich kann unter Hinweis auf die Parallelität der hebräischen Poesie scharfsinnig beobachten, dass die Worte »lechzen« und »Durst« einander ergänzen. Ja, das ist in der Tat höchst interessant! Das Bibelstudium hat seinen Platz, aber es kann mich, wenn es lediglich dem Selbstzweck dient, weiter von Gottes Gegenwart entfernen.

Wenn ich hingegen meditiere, dann lese ich die Worte langsam und sorgfältig. Ich wiederhole sie wieder und wieder, vielleicht lerne ich sie auswendig und rufe sie mir während des Tages immer wieder ins Gedächtnis. Und während sich die Worte von meinen Lippen und aus meinem Verstand heraus in die Tiefen meines Herzens bewegen, beginne ich, mich mit ihnen zu identifizieren. Dann *lechze* ich tatsächlich nach Gott. Ich spüre den Durst in mir. Und ganz nach Psalm 42,8 (»Am Tag wird er mir seine Güte erweisen«) beginne ich, inmitten meines Durstes Gottes Liebe zu mir zu kosten. Das ist Meditation.

Nachsinnen: Die Fragen lieben

Während wir über Gottes Wort meditieren, beginnen wir auch, den Themen unseres Lebens zu lauschen. Ich bevorzuge das Wort »Nachsinnen« für dieses Stadium unserer geistlichen Aufmerksamkeit. Nachsinnen ist wie Zuhören in Stereo: Es ist der Weg, auf dem ich sowohl Gottes Wort als auch meinem Leben zuhöre. Auf welche Weise überschneidet sich Gottes Wort mit meinem Leben?

Maria, die Mutter Jesu, ist meine beste Mentorin, wenn es um das Beten als Nachsinnen geht. Nach der Geburt Jesu lesen wir: »Maria behielt alle diese Worte und bewegte sie in ihrem Herzen« (Lukas 2,19). Mit anderen Worten: Sie schenkte Gottes Wort und ihrem eigenen Leben Gehör. An diesem Punkt in der Geschichte Gottes mit uns Menschen gestalten sich die Ereignisse überwältigend und verwirrend. Maria ist die Mutter des Herrn der Welt. Engelchöre und Hirten waren gekommen, um das Kind anzubeten. Und bald darauf wird ein alter Mann namens Simeon Jesus segnen und zu Maria sagen: »Und auch durch deine Seele wird ein Schwert dringen« (Lukas 2,35).

An Marias Beispiel erkannte ich das grundlegende Wesen dieser Art zu beten. Beten als Nachsinnen beginnt damit, über Gottes Wort und sein Handeln nachzudenken. Was sagt Gott? Was sind die Leitmotive des guten Handelns Gottes in dieser Welt? Ich bleibe in Gottes Wort und achte auf seine Offenbarungen. Doch wenn ich darüber nachsinne, beginne ich auch zu fragen: »Wo überschneidet sich das Wort Gottes mit meinem Leben?« Während ich also Gottes Wort meine Aufmerksamkeit schenke, achte ich auch auf Gottes Handeln in meinem Leben. Ich höre mit den beiden Ohren meines Herzens.

Als Maria den Worten in ihrem Herzen Raum schenkte und über sie nachdachte, bekam sie von Gott keine schnelle Antwort und auch keine einfache Lösung. Stattdessen lernte sie, mit den Fragen zu leben, in Gottes Gegenwart zu bleiben, eine Verbindung zwischen ihrem Leben und Gottes großem Plan zu erkennen und offen, wachsam und aufmerksam gegenüber ihm zu sein.

Wer auf diese Art über Dinge nachsinnt, heißt Fragen und auch Anspannung willkommen. Als Maria all die Geschehnisse bedachte, löste Gott nicht sofort ihre Anspannung. Vielmehr weist die Geschichte uns darauf hin, dass ihre Fragen scheinbar noch größer und nagender wurden. Verstand sie Jesu gefährlichen und umstrittenen Dienst und die schockierenden Behauptungen, die er bezüglich seiner Person aufstellte? Löste sie das Dilemma und den Schmerz des Kreuzes, als sie ihren Sohn nackt und einsam sterben sah? Sicher dachte Maria wieder und wieder nach – und bekam doch keine schnelle Antwort auf all ihre Fragen.

Wenn wir im Gebet über Dinge nachsinnen, lernen wir jenen Umstand lieben, den der Dichter Franz Wright als »die langen Pausen« bezeichnete.[12] Die Antworten auf unsere Fragen, das Lösen unserer Anspannung – eines Tages wird all das geschehen. Aber wir vertrauen Gott, dass er die Antworten zu seiner Zeit entfaltet.

Wer betend nachsinnt, vertraut auch auf die unsichtbaren, alles umfassenden und vollkommen guten Absichten Gottes. Gott schreibt etwas Wunderbares in unser Leben und in diese Welt hinein, aber wir sind nicht im Besitz des ganzen Drehbuchs. Wenn wir nachsinnen, wagen wir es, Fragen zu stellen und diese sogar zu lieben – weil Gott gut ist, auch wenn wir die Antworten nicht kennen. Im Gesangbuch der evangelisch-methodistischen Kirche ist ein Abendgebet aufgeführt, das Gott lobt, weil er »uns den ganzen Tag lang zum Guten in dieser Welt aufrüttelt«. Nachsinnen geht davon aus, dass Gott handelt. Gott rüttelt uns zum Besten dieser Welt auf. Darauf kann ich bauen, auch wenn ich das Ende dessen, was da vor sich geht, noch nicht sehen kann.

Nachsinnen folgt keinen bestimmten äußeren Regeln. Aber ich möchte Ihnen mein persönliches Bild vorstellen, das ich davon habe. Vor etwas mehr als zwei Jahren baten mich meine Söhne, die gesamte Bibel durchzulesen und meinen persönlichen Kommentar dazu aufzuschreiben. Während dieses Drei-Jahres-Projekts (und manchmal war es ein Projekt) fiel mir immer wieder die klare Botschaft der Bibel hinsichtlich unserer Fürsorge für die Armen auf. Dieser Gedanke traf mich schon im 3. Buch Mose, aber vor allem fiel er mir in den langen Abschnitten der Propheten wieder und wieder auf. Ich begann, über Texte wie Jesaja 58 zu meditieren, in dem es heißt: »Wenn ihr aufhört, andere zu unterdrücken, mit dem Finger spöttisch auf sie zu zeigen und schlecht über sie zu reden, wenn ihr den Hungernden zu essen gebt und euch den Notleidenden zuwendet, dann wird eure Dunkelheit hell werden, rings um euch her wird das Licht strahlen wie am Mittag« (Jesaja 58,9–10). Jede Woche las ich etwas Ähnliches. Offensichtlich wollte Gott mir etwas beibringen, und so begann ich, seinem Wort meine Aufmerksamkeit zu schenken.

In der Zwischenzeit konnte ich beobachten, wie die Umstände meines Lebens sich mit meinen biblischen Betrachtungen überschnitten. »Zufällig« nahm ich eine seltsame Zeitschrift in die Hand, während ich auf einen verspäteten Flug auf dem Midway Airport wartete. Ich fand in ihr einen Artikel über die Armut in der Welt. Der Beitrag rührte mich zu Tränen und wühlte einen ganzen Tank voll tiefsten Mitleids in mir auf, der in mir begraben lag. »Zufällig« holte ich ein altes Fotoalbum hervor, in das wir die Bilder von unserer Reise zu einem Waisenhaus in den Blue Mountains von Jamaika eingeklebt hatten. All die Eindrücke, Klänge, Gerüche und sogar die Geschmackserlebnisse von vor mehr als 20 Jahren strömten in mein Bewusstsein zurück. Dann ging unser 20-jähriger Sohn »zufällig« nach Afrika und erzählte mir von seinen wöchentlichen Ausflügen in die Slums von Nairobi. Und als er mir sagte, er müsse das tun (trotz meiner Einwände), erschütterte es mich bis ins Innerste.

Gott erweckte mein Herz durch Fragen, die mich beunruhigten. Das Wort Gottes und mein Leben überschnitten sich. Und so begann ich, nachzudenken: Warum lebe ich in einem der reichsten Länder der Erde? Welche Verantwortung habe ich als Nachfolger Jesu gegenüber den Armen? Nachdem ich einige Jahre lang über Texten der Bibel meditiert und die Umstände meines Lebens überdacht hatte, führte Gott es schließlich so, dass ich Kontakt zu Saul Cruz und seinem Missionsdienst »Armonia« in Mexico City bekam. Doch beachten Sie, welchem Muster all das folgte: Die Fragen führen zu Spannungen in uns, die Spannungen zwingen uns, betend vor Gott nachzudenken, und schließlich werden wir zum Handeln geführt.

Dass wir betend Dinge durchdenken – das geschieht die ganze Zeit. Wir sinnen über unser Leben nach, indem wir auf jeden Tag zurückblicken und uns folgende Fragen stellen:

Welche Abschnitte in Gottes Wort haben mich betroffen gemacht? Vielleicht lese ich etwas über Vergebung, und mein Herz ist aufgewühlt. Weiß ich, warum? Was sagt das über mein Leben? Existiert irgendwo noch ungelöste Schuld, die in meinem Herzen gefangen ist? Wenn wir nachsinnen, dann sind wir aufmerksam gegenüber Gottes Wort und gegenüber den Fragen, die wir an sein Wort haben.

Welche guten Auswirkungen der Arbeit des Heiligen Geistes an mir konnte ich heute beobachten?

Was habe ich gestern gegenüber Gott und/oder gegenüber anderen versäumt? Was kann ich daraus lernen? (Denken Sie daran: Nur ein gnädiger und geduldiger Gott würde Ihnen Ihre Sünde zeigen, ohne Sie auf der Stelle zu verurteilen.)

Wie lauten die Leitthemen, die Gott durch sein gnädiges Wirken an mir in meinem Leben auslöst? Diese Fragen erwachsen aus dem regelmäßigen Nachdenken über mein

Leben in der Gegenwart Gottes. Während ich höre, während ich vor Gott nachsinne, beginnen sich die Themen abzuzeichnen.[14]

Ich lerne, mich diesen Fragen zu widmen. Nur selten lassen sie sich auf die Schnelle lösen. Oft bringen sie Spannungen mit sich. Sie benötigen Raum und Zeit, um leise in mir zu wachsen, aber wie Maria lerne ich, sie auf eine gute Weise zu überdenken.

Die Frucht der Aufmerksamkeit

Was passiert, wenn wir aufmerksamer werden? Wie formt Gott unsere Seele, während wir lernen, wachsam zu bleiben? Wie sieht die Frucht geistlicher Aufmerksamkeit aus?

Während wir darin wachsen, beginnen wir, Gottes gutes Handeln in den ganz alltäglichen Bereichen unseres Lebens wahrzunehmen. Uns wird klar, dass Gott häufig zu uns spricht – und wir bloß nicht zuhören. Doch jetzt, wo wir mit einem aufmerksamen Geist und Herzen beten, begegnen uns die Gegenwart, die Kraft und die Liebe Gottes an überraschenden Orten und zu überraschenden Zeiten.

Als ich zum Beispiel vor Kurzem eine sehr dunkle Zeit durchlebte, empfand ich ein überwältigendes Gefühl der Unsicherheit und Verwirrung. Ich bat Gott (und bat meine Freunde, ebenfalls bei Gott für mich zu bitten) um eine Lösung. Meinem Freund Ron, einem weisen christlichen Seelsorger, sagte ich: »Ich brauche einfach mehr Sicherheit in meinem Leben.« Ron unterbrach mich unsanft mit nur drei Worten: »Sicherheit wird überschätzt.« Zuerst wehrte ich Rons Kommentar ab. »Das ist alles?«, dachte ich. »Das ist dein bester Versuch, mir zu helfen – zu sagen ›Sicherheit wird überschätzt‹?« Aber aus irgendeinem Grund setzten sich die Worte in mir fest.

Ron zitierte nicht die Bibel, aber seine Worte waren im Einklang mit biblischen Aussagen. Darum waren sie lebendig und wirksam und schärfer als irgendein zweischneidiges Schwert (Hebräer 4,12). Oh Mann, sie drangen tief in mich hinein. Ron hatte Recht: Ich hatte den Wert von Sicherheit in diesem Leben und meinen Wunsch danach total aufgeblasen. Denn was sagt Gott: »Lebe aus deinen eigenen Sicherheiten heraus« oder: »Lebe aus dem Glauben heraus«? Ich kannte die Antwort. Und so lerne ich, der Gegenwart eines liebenden, mächtigen Gottes meine Aufmerksamkeit zu schenken – sogar inmitten von Umständen, die unglaublich unsicher aussehen. Wenn wir achtsam sind, entdecken wir Gottes Handeln überall und jederzeit.

Mein Herz und mein Verstand schweifen immer noch von Gott ab. Ich bin abgelenkt und unaufmerksam. Ich bin immer noch wie dieser herumflitzende, glitschige Fisch. Aber mir ist stärker als je zuvor bewusst, wie sehr Gott sich danach sehnt, zu mir zu reden, meine Aufmerksamkeit zu erhaschen und mir zu helfen, auch auf ihn zu achten. Er wünscht es sich mehr als ich. Manchmal begegnet er mir in liebevollen Sätzen wie: »Sieh, wie sehr ich dich liebe.« Und ein anderes Mal spricht er durch den Schmerz einer »Hammer-Ansprache«. Manchmal muss ich mich in der geistlichen Übung des Meditierens über seinem Wort üben, und darüber nachdenken, wie und wo es sich mit meinem Leben überschneidet. Doch immer wieder führt er mich zurück zu seiner großen Gnade.

10

Gottes Herzschlag spüren

Eine jüdische Geschichte erzählt Folgendes: Es war einmal ein 14-jähriger Junge mit Namen Mortakai, der nicht zur Schule gehen und kein Hebräisch lernen wollte. Wann immer seine Eltern versuchten, ihn dazu zu bringen, sich in die Tora zu vertiefen, stahl er sich davon und ging schaukeln. Jeder Versuch, ihn zu überreden, schlug fehl. Mortakai blieb dickköpfig und gab nicht nach. Seine entnervten Eltern brachten ihn sogar zu einem bekannten Psychiater – vergeblich. Nichts konnte das Herz des Jungen verändern, und es sah so aus, als würde er mit jeder Woche distanzierter, einsamer und härter.

Schließlich brachten seine Eltern ihn völlig verzweifelt zu einem Rabbi, der als sehr warmherziger und weiser geistlicher Mentor bekannt war. Der Rabbi hörte aufmerksam zu, als sie ihm ihre Notlage schilderten und ihre ganze Frustration und Verzweiflung vor ihm ausschütteten. Ohne ein Wort zu sagen, nahm er den Jungen in den Arm und drückte ihn fest an seine Brust. Er drückte ihn so fest und nah an sich, dass Mortakai den ruhigen und rhythmischen Herzschlag des Rabbis fühlen konnte. Dann gab der Rabbi ihn sanft und immer noch schweigend seinen Eltern zurück. Von diesem Moment an war Mortakai ihnen gehorsam, studierte die Tora und schlich sich nur noch gelegentlich zum Schaukeln davon.[1]

Manchmal bedeutet Beten, Gottes Herzschlag zu spüren. Wenn wir traurig und einsam sind oder einfach immer wieder von Gott weglaufen, dann brauchen wir es, dass unser himmlischer Vater uns hochhebt und an seine Brust drückt, damit wir seinen Herzschlag fühlen können. Mit anderen Worten: Wir brauchen es, zu Gott zu kommen und in seiner Gegenwart zu sein, um bloß eins zu tun: mit ihm zusammen zu sein, uns in seiner Liebe auszuruhen, in ihr zu verweilen und uns an ihr zu erfreuen. In der Geschichte des christlichen Gebets kennt man diese Art und Weise zu beten unter dem Begriff »kontemplatives Gebet«. Ich habe es so kurz vor dem Ende dieses Buches platziert, weil es in unserer Kultur weithin missverstanden und sicher nur wenig praktiziert wird, obwohl es eine alte, tiefe und bereichernde Form des Gebets ist.

Die Frau, die Gottes Herzschlag spürte (und die, die es nicht tat)

Über die Jahrhunderte hinweg haben christliche Denker und geistliche Leiter für das kontemplative Gebet die unterschiedlichsten Definitionen angeboten. Es sei »ein vertrauter Austausch zwischen Freunden … ein Sich-Zeit-Nehmen, um mit Gott, von dem wir wissen, dass er uns liebt, allein zu sein«.[2] Es ist nicht »so sehr ein Weg, Gott zu finden, als vielmehr ein Weg, in Gott auszuruhen … der uns liebt«.[3] Es ist so, als verliebte man sich in einer sternenklaren syrischen Nacht.[4] Es ist »das Wissen darum, dass Gott von Liebe durchtränkt ist«.[5] Es fängt da an, wo wir uns aus unserer Besessenheit lösen, etwas für Gott oder andere tun zu können, sodass wir sagen können: »Ich bin in der Gegenwart Gottes, welch eine Freude! Lasst uns stille sein!«[6]

All diese Definitionen fließen aus einem biblischen

Schlüsselthema: nämlich dass die, die auf Jesus vertrauen, sich Gott, dem Vater, nahen dürfen (Hebräer 7,17–19). Durch Jesus, unseren Hohepriester, der unsere Sünde aufgehoben hat (Kolosser 2,13–15), können wir nun sogar in kindlichem Glauben »Abba, Vater!« rufen (Römer 8,15). Dies ist ein Bild der Vertrautheit mit einem Vater, der uns liebt, einem Sohn, der uns umarmt, und einem Geist, der seine Liebe in uns ausgießt. Der dreieinige Gott lädt uns dazu ein, mit kindlichem Vertrauen in seine Gegenwart zu kommen. In dieser neuen Beziehung gibt es Zeiten, in denen wir um nichts bitten. Wir seufzen nicht, wir streiten nicht, und wir gehen auch nicht auf eine gefährliche Reise; wir sitzen nur bei Gott und lauschen dem ruhigen, rhythmischen Schlag seines Herzens. Und wie bei Mortakai wird dieses Hören und Spüren des Herzschlags Gottes unser zerbrochenes Leben heilen.

Zudem wurzeln diese klassischen Definitionen, die ich oben angeführt habe, in einer kleinen, wunderbaren Begebenheit, die wir im Lukasevangelium finden und die uns etwas über das Leben einer kontemplativen und einer nicht kontemplativen Frau erzählt (Lukas 10,38–42). Achten Sie darauf, dass diese kleine Begebenheit direkt nach Jesu Gleichnis vom barmherzigen Samariter berichtet wird (Lukas 10,25–37). In dieser Geschichte wird ein Reisender von einer Meute von Räubern zusammengeschlagen und blutend am Wegesrand zurückgelassen. Jeder, der an ihm vorbeiging, vermied es tunlichst, sich mit dem blutenden Körper abzugeben, bis ein vollkommen verachteter Samariter dem verwundeten Mann gegenüber Barmherzigkeit zeigte, die ihn sowohl Zeit als auch Geld kostete. Und darauf sagte Jesus, wir sollten hingehen und es »ihm gleichtun« (Lukas 10,37). Ganz offensichtlich möchte Jesus, dass wir auf menschliche Nöte reagieren, indem wir Menschen Gottes Barmherzigkeit erweisen. Aber wie wir in der nachfolgenden Geschichte sehen werden, beabsichtigt Jesus, dass dieser Dienst für andere aus unserer Gemeinschaft mit ihm fließen soll.

Und so beginnt Lukas 10,38 mit der Beschreibung der nächsten Szene wie folgt: »Als Jesus mit seinen Jüngern weiterzog, kam er in ein Dorf. Dort nahm ihn eine Frau namens Marta gastlich auf.« Als Marta ihm sein Haus öffnete, bekam sie Jesus – und dazu seine kunterbunte Truppe stinkender, schwitzender, hungriger und schlecht gelaunter Jünger. Weshalb Marta – diese effiziente Gastgeberin, diese Meisterin der Gastfreundlichkeit, diese hervorragende »Pack-an-und-schaff-es-weg«-Frau – gleich damit anfing, ein Festmahl für die Meute zuzubereiten. Während sie tatsächlich etwas tat und damit als barmherzige Samariterin ihres Hauses auftrat, finden wir eine Maria, die sich – träge und unproduktiv – weigert, auf die menschlichen Bedürfnisse um sie herum einzugehen. Praktisch gesehen verschwendete Maria ihre Zeit lediglich damit, sich zu den Füßen Jesu niederzusetzen und ihm zuzuhören (Lukas 10,39).

Während Maria den Herzschlag Jesu spürte, wurde Marta von innerem Unmut aufgewühlt. In Lukas 10,40 lesen wir, dass sie »voll damit beschäftigt war, das Essen vorzubereiten« (wörtlich steht hier: »machte sich viel zu schaffen, ihm zu dienen«). Die dringend zu erledigenden Punkte auf ihrer To-do-Liste zerrten sie in siebzehn unterschiedliche Richtungen gleichzeitig. Als ihr Frust darüber immer größer wurde, schnauzte sie Jesus an: »Herr, kümmert es dich nicht, dass mich meine Schwester die ganze Arbeit allein tun lässt?« Und befahl ihm keifend: »Sag ihr doch, dass sie mir helfen soll!«

Obwohl sie frustriert, wütend, fordernd und kontrollierend auftritt, tendiere ich dahin, mich auf Martas Seite zu schlagen. Sie erledigt all die Arbeit. Sie ist produktiv und tüchtig, und Maria tut überhaupt nichts. Und darum sollte Jesus sagen: »Hey, alle mal zuhören! Marta hat Recht. Maria, heb deinen Hintern und hilf deiner Schwester endlich! Wir haben viel zu tun – essen, predigen, beten, die Kranken heilen, die Verlorenen retten, die Unterdrückten befreien, die Welt verändern – also, lasst uns wie Marta etwas tun und ein bisschen echte Dienstbereitschaft an den Tag legen!« Stattdessen tadelt er Marta, indem er ihr antwortet: »Marta, Marta, du bist um so vieles besorgt und machst dir so viel Mühe. Nur eines aber ist wirklich wichtig und gut! Maria hat sich für dieses eine entschieden, und das kann ihr niemand mehr nehmen« (Lukas 10,41–42).

Was ist dieses »eine«, für das Maria sich entschieden hat, dieses »eine«, das »wirklich wichtig und gut« ist und das ihr niemand nehmen kann? Wörtlich bezieht sich dieses »eine« auf Marias Haltung und ihr Handeln, nämlich dass sie bei Jesus ist und aufmerksam auf den Rhythmus seines Herzens hört. Um den traditionellen Begriff zu verwenden: Maria betet und lebt kontemplativ.

Ich habe es ausprobiert ... und es gefiel mir nicht

Vor rund 15 Jahren versuchte ich mich über einen längeren Zeitraum mit dem kontemplativen Gebet. Alles begann mit einem Artikel in einer Ausgabe der Zeitung *Minneapolis Star & Tribune.* Zu diesem Zeitpunkt wohnten wir in einer »Kleinstadt« (mit 460 Einwohnern, um genau zu sein) im Nordosten von Minnesota. Ich kam frisch vom theologischen Seminar und sprudelte vor Ideen und großen Plänen über, wie ich die Welt für Jesus verändern und »meine« kleine Gemeinde zum »Willow Creek des Nordens« machen könnte – und so schlitterte ich schließlich in Richtung Burn-out. Meine Seele stand kurz vor dem Hungertod, und ich hatte keine Ahnung, wie ich sie füttern könnte. Ungefähr zu dieser Zeit entdeckte ich den erwähnten Leitartikel über das kontemplative Gebet. Offensichtlich hatte der Autor überwiegend aus journalistischer Neugier das Einkehr-Zentrum »Pacem in Terris« (»Friede auf Erden«) besucht. Es gefiel ihm so gut, dass er eine ganze Woche in einer der kleinen Mönchsbehausungen wohnte, kleine Hütten, die verstreut über 55 Hektar inmitten der Prärie, umgeben von Birkenbäumen und Moorgebieten, liegen.

Ich weiß nicht, ob Gott durch den Artikel »zu mir sprach«. Ich weiß nur, dass er einen tiefen Hunger in mir wachrief, ihn besser kennenzulernen. Also probierte ich mich im kontemplativen Gebet. Als ich bei »Pacem in Terris« ankam, überreichte man mir einen Korb mit selbst gebackenem Brot, ein großes Stück Cheddarkäse, einen riesigen Muffin aus Kleie, der mit Nüssen und Datteln gefüllt war, und einen großen Krug voll Quellwasser. Dann marschierte ich tief in die Prärie hinein, um meine kleine Hütte zu finden, während die Belegschaft von »Pacem in Terris« mir versprach, für meine Reise zu beten und dafür, dass ich zur »Stille vor Gott« finden würde. Toll, die nächsten 24 Stunden würde ich in echter Einkehr verbringen!

Es war furchtbar. Ich fühlte mich faul, nutzlos und unproduktiv. Ich verschwendete nur meine Zeit – und was noch schlimmer war: Ich verschwendete auch Gottes kostbare Zeit. Ich tat nichts, um die Welt um Jesu willen zu verbessern. Ich schlief bloß über Gott ein. Ganz ehrlich: Ich konnte nichts dagegen tun. Und so verbrachte ich sicher 75 Prozent meiner Zeit damit, auf dem Bett zu liegen und in einen nahezu komatösen Zustand zu gleiten. Obwohl ich mich sehr über den Essenskorb freute (und mich zum Hauptgebäude von »Pacem in Terris« zurückschlich, um einen weiteren Muffin zu ergattern), gefiel mir dieses »Stillsein vor Gott« überhaupt nicht. Stattdessen dachte ich die ganze Zeit: »Was soll das Ganze hier überhaupt? Was soll ich daraus für mich mitnehmen? Wie soll das dazu beitragen, mich geistlich zu versorgen und mir helfen, diese Welt um Jesu willen zu verändern? Tue ich Gott wirklich einen Gefallen, wenn ich hier im Wald herumdöse?«

In den vergangenen 15 Jahren habe ich viele getroffen, die bezüglich des kontemplativen Gebets das Gleiche empfinden. Sie haben nichts gegen die Herangehensweise. Im Gegenteil, nach Jahren »tief gehender« Bibelstunden, wortlastiger Anbetungsgottesdienste und stressiger Gemeindetermine hungern sie danach, Gottes Herzschlag zu spüren. Traurigerweise kommen sie so gut wie nie an den Punkt, an dem sie sagen können: »Hier stehe ich in Gottes Gegenwart. Welch eine Freude! Lasst uns stille sein!« Zu den Füßen Jesu zu sitzen klingt verlockend, aber es scheint sich gleichzeitig genauso wenig umsetzen zu lassen, wie ein paar Wochen am Strand von Tahiti herumzufaulenzen. Wenn so viele wichtige Sachen zu erledigen sind, wer hat da schon die Zeit, auf Gottes Schoß zu sitzen oder sich am Pazifischen Ozean im weißen Sand zu wälzen?

Nach meiner eigenen Bauchlandung bezüglich des kontemplativen Gebets kann ich diese Gefühle immer noch gut nachvollziehen. Aber ich kann ebenso wenig Jesu einfache Behauptung ignorieren, dass Marias Handeln das »eine« bleibt, das wir unbedingt für unser geistliches Leben benötigen. Mit anderen Worten: Jesus betonte, dass unser aktives Leben *für* Gott fortwährend aus unserem inneren Leben *mit* Gott fließen muss. Für Jesus war das keine Frage der Wahl. Er schlägt nicht zwei Wege vor – den Marta-Weg und den Maria-Weg – und erlaubt uns dann, uns einen davon auszusuchen. In unserer

Kultur würden 98 Prozent der Leute Martas Weg wählen. Doch für Jesus gibt es nur einen Weg: den Weg Marias.

Das bedeutet nicht, dass wir uns komplett aus der Welt zurückziehen, alle Aktivitäten einstellen und uns nur noch beschaulich nach innen richten sollen. Aber es bedeutet, dass wir Jesus nicht nachfolgen und ihm auch nicht in der Welt dienen können, wenn wir nicht regelmäßig Gottes Nähe suchen und den Herzschlag des Vaters spüren. Der Apostel Paulus hält die beste Definition bereit, wenn er sagt: »Weil ich aber mit Christus am Kreuz gestorben bin, lebe in Wirklichkeit nicht mehr ich, sondern Christus lebt in mir. Das Leben, das ich jetzt noch in diesem vergänglichen Körper lebe, lebe ich im Vertrauen auf den Sohn Gottes, der mir seine Liebe erwiesen und sein Leben für mich gegeben hat« (Galater 2,20). Kontemplativ zu beten bedeutet, dass wir die Realität dieses »einen« in das Zentrum unseres Lebens stellen, nämlich »Christus lebt in mir«. Wir beten, ruhen in und erfreuen uns an Gott, bis diese vier Worte – Christus lebt in mir – größer, schöner, wohlklingender, reicher und tiefer als alles andere in unserem Leben werden.

Traubensaft schlürfen mit Clyde

Kontemplativ zu leben und zu beten blieb in meinen Augen abstrakt, unnötig und sogar Zeitverschwendung, bis ich damit anfing, mit Clyde Traubensaft zu schlürfen. Clyde zu besuchen bot mir eine gute Gelegenheit, das kontemplative Gebet zu verstehen. Clyde war ein 90-jähriger verwitweter Norweger aus meiner Gemeinde im Nordosten Minnesotas. Bevor ich in die Stadt kam, hatte Clyde zehn Jahre lang seine Frau gepflegt, die Stück für Stück im Dunkel der Alzheimer-Krankheit verschwunden war. An jedem Tag in diesen zehn Jahren besuchte er seine Frau und flößte ihr das Frühstück und das Mittagessen mit einem Löffel ein. Nach ihrem Tod zog Clyde in eines der Altersheime vor Ort. Zu der Zeit, als ich ihm das erste Mal begegnete, war er bereits halb taub. Und so schrie ich mich Woche für Woche durch unsere Unterhaltung:

»WIE GEHT ES DIR, CLYDE?«

»Och, nicht schlecht.« (»Nicht schlecht« bedeutet auf Minnesotaisch »Verdammt gut!«)

Kurze Stille.

»SCHÖNES WETTER HIER DRAUSSEN, WAS?«

»Was hast du gesagt?«

»SCHÖNES WETTER HIER DRAUSSEN!«

»O, ja sicher, darauf kannst du wetten. Wir könnten ein bisschen Regen gebrauchen, aber nicht schlecht.«

»UND GEHST DU MORGEN AUF DIE LANDWIRTSCHAFTS-AUSSTELLUNG?«

»Darauf kannst du wetten.«

Es folgte eine quälend lange Stille.

Nach ein paar Minuten stand Clyde auf und sagte: »Na, wie wär's mit einem Glas Saft?« Und dann kramte er in der Küche herum, bis er schließlich mit zwei winzigen Gläsern zurückkam, die bis zum Rand mit Traubensaft gefüllt waren. In den kommenden 30 Minuten saßen wir in unseren Schaukelstühlen und nippten an unserem Traubensaft, als wäre er ein seltener Wein. Das Schreien hatte mich heiser gemacht, und Clyde musste nirgendwo mehr hin und hatte auch sonst nichts zu tun – also saßen wir in absoluter Stille da. Die nächste halbe Stunde würde ich einfach bei Clyde sein.

Am Anfang machte es mich fast verrückt. Ich wollte verzweifelt etwas sagen oder tun – die Zeitung lesen, im Zimmer herumgehen oder die Bilder an seinen Wänden gerade rücken. Aber nach ein paar Besuchen begann ich unsere

»Traubensaft-schlürf-Gespräche« zu schätzen. In diesem stillen »Bloß-da-Sein« des Moments begann ich, Clyde zu verstehen. Ich bemerkte die Schlichtheit seiner Kleidung und die tiefe Gelassenheit, die in seinen Gesichtszügen lag. Ich betrachtete die Fotos an der Wand. Ich hörte aufmerksam seinem Atemrhythmus zu. Ich betrachtete seine riesigen Hände, die Tausende Ballen Heu gestemmt hatten und die zärtlich das Essen an den Mund seiner Frau geführt hatten. Ich saugte »Clyde-heit« in mich auf. Und auf eine seltsame Weise sorgte dieses Zusammensein mit Clyde dafür, dass ich ihn kennenlernte.

Das ist das Bild kontemplativen Betens. Das ist der einzige »Tagesordnungspunkt«, das ist die eine Sache, um die es beim kontemplativen Gebet geht: bei Jesus zu sein und ihn kennenzulernen.

Leider gibt es, wie Thomas Merton es ausdrückte, »so viele Christen, die praktisch keine Vorstellung von der unermesslichen Liebe haben, die Gott für sie hat, und auch nicht von der Kraft dieser Liebe, ihnen Gutes zu tun … Es gibt Tausende Christen, die über das Angesicht der Erde gehen und den unendlichen Gott in sich tragen, aber praktisch so gut wie nichts über ihn wissen.«[7] Kontemplation lässt uns auf einer täglichen Basis in die unermessliche Liebe Gottes eintauchen. Sie ist eine Form des Gebets, die uns befähigt, nicht bloß etwas über Gott zu wissen, sondern ihn zu erfahren.

So vermittelt zum Beispiel Psalm 36,6 unserem Verstand auf einer intellektuellen Ebene folgende Wahrheit über Gott: »Herr, deine Güte reicht, so weit der Himmel ist, und deine Wahrheit, so weit die Wolken gehen.« Kontemplatives Beten umgeht nicht unseren Verstand; es bleibt lediglich nicht allein bei der intellektuellen Analyse stehen. Und genau das entdecken wir in den folgenden Versen des Psalms: »Wie köstlich ist deine Güte, Gott, dass Menschenkinder unter dem Schatten deiner Flügel Zuflucht haben! Sie werden satt von den reichen Gütern deines Hauses, und du tränkst sie mit Wonne wie mit einem Strom.« (Psalm 36,8–9).

Diese Zeilen vermitteln die Wertschätzung Gottes, die Freude an Gott, das Festhalten an Gott, das Feiern seiner Güte und das Trinken aus seinem »Strom der Wonne«. Gott ist nicht bloß ein intellektuelles Konzept; Gott ist lebendig, und er möchte, dass wir ihn kennenlernen – persönlich und leidenschaftlich.

Stellen Sie sich einen knackigen, glänzenden, grünen Apfel vor. Sie können die korrekte Apfelsorte benennen, das Aussehen des Apfels beurteilen, ihn in acht Stücke zerteilen, die Kerne unter einem Mikroskop betrachten und seine Molekularstruktur begutachten. Oder aber Sie beurteilen den Apfel, indem Sie hineinbeißen und ihn kauen, kosten, herunterschlucken und genießen. Beide Wege der Erkenntnis sind wichtig. Aber ein Apfel ist dazu da, um gekostet und verdaut zu werden. Gott wünscht sich, dass wir ihn auf die gleiche Weise »kosten«, wenn es in Psalm 34 heißt: »Schmecket und sehet, wie freundlich der Herr ist« (Psalm 34,9).

Ruhe, bitte!

Um Gottes Herzschlag vernehmen zu können, brauchen wir Raum für Stille. Interessanterweise erfuhr ich über Clyde mehr durch unsere ausgedehnten Zeitspannen des Schweigens als durch wortreiche Gespräche. Auch mit Gott zusammen zu sein und seine Güte und Freundlichkeit zu schmecken braucht Zeiten der Stille und des Schweigens. Darum kann es sein, dass wir seinen Herzschlag nicht spüren und unser Leben trotz der Schönheit des kontemplativen Gebets unverändert bleibt, obwohl wir es versuchen.

Doch die Lösung ist einfach: Finden Sie zur Stille! Leider erfüllt oft ein regelrecht toxisches Lärmniveau die geistliche Luft um uns herum. Wer kontemplativ beten will, muss um Stille kämpfen, wie ein Asthmatiker mitten im Smog um frische Luft kämpft. Diesbezüglich merkte Johannes Klimakus im siebten Jahrhundert an: »Geschwätzigkeit (übermäßige Redseligkeit) … führt zu Langeweile, macht anfällig für Lethargie, zerstört die Erinnerung, lenkt die Aufmerksamkeit fehl, löscht die Leidenschaft aus und schneidet uns vom Gebet ab. Andererseits ist Stille die Mutter des Gebets. Sie befreit die Gefangenen; sie bewahrt die göttliche Flamme … sie schützt unser Gespür für Buße.«[8]

Als ich eine Woche in der St. Procopius Abbey, einem Benediktiner-Kloster in der Nähe von Chicago, verbrachte, reihte ich mich in den wunderbaren Rhythmus der Brüder von Stille-Arbeit-Gespräche-Ausruhen-Stille-Arbeit-Gespräche-Ausruhen ein. Nach dem Mittagsgebet, bei dem wir Psalmen sangen, aßen wir in völliger Stille gemeinsam zu Mittag. Wir reichten uns das Brot und die Suppe mit Augenkontakt und Gesten, aber wir sprachen nicht. Als wir in aller Stille weiteraßen, fanden die Worte der Bibel, die wir gerade gesungen hatten, den Weg in mein Herz. Die wunderschönen Psalmworte sanken langsam tief in mich hinab. Und ich entdeckte das Geheimnis der benediktinischen Spiritualität: Wir müssen still werden, um Gottes Herzschlag zu spüren.

Ohne Stille bleiben die Worte der Schrift an der Oberfläche. Sie können nicht in mein Innerstes vordringen. Aber durch die Kraft des Heiligen Geistes ermöglicht die Stille dem Wort Gottes, in mich hineinzusinken. Gottes Worte der Wahrheit, der Verheißung und des Trostes bewegen sich von der Buchseite weg und erfüllen zuerst meine Augen, dann meinen Verstand und zuletzt mein Herz.

Wenn in der Stille Gottes Herz gegen unsere Brust schlägt, werden wir feststellen, dass unsere Gebete kürzer und konzentrierter werden. Jene Christen im 4. Jahrhundert, die ihr sicheres kirchliches Umfeld verließen, um Jesus in der Wüste nachzufolgen, die sogenannten »Wüstenväter«, schlagen vor, Gott mit kurzen biblischen Gebeten zu antworten wie: »Gott, sei mir gnädig nach deiner Güte« (Psalm 51,3); oder: »Eile, Gott, mich zu erretten, Herr, mir zu helfen!« (Psalm 70,2); oder auch: »Herr Jesus, Sohn des lebendigen Gottes, hab Erbarmen mit mir Sünder.«[9] Johannes Klimakus behauptete, dass Ein-Wort-Gebete genügen: »Versuche nicht zu viel in deinen Gebeten zu reden, für den Fall, dass dein Geist von der Suche nach Wörtern abgelenkt wird ... Wortreiches Beten lenkt den Geist ab und täuscht ihn, wohingegen die Kürze für Konzentration sorgt.«[10] Kurze Gebete, die in dem stillen Vor-Gott-Sein wurzeln, beginnen schnell zum Kern unserer Person vorzudringen.

Zwei Schwierigkeiten des kontemplativen Gebets

Ich habe erwähnt, dass ich mich vor 15 Jahren an dem kontemplativen Gebet versuchte und es nicht mochte, und bis heute finde ich es schwierig. Während der letzten 15 Jahre, die ich nun auf diesem Weg voranschreite, bin ich zwei grundlegenden Schwierigkeiten begegnet, die das kontemplative Gebet begleiten.

Erstens: Es fühlt sich nicht immer gut an, vor Gott still zu werden. Während wir auf Gottes Herzschlag hören, kann es sein, dass wir uns nicht besser fühlen. Unser Gehirn schüttet vielleicht keine Endorphine aus. Im Gegenteil: Es kann passieren, dass diese Art zu beten uns mit Dunkelheit, Verwirrung und Trockenheit erfüllt. Teresa von Ávila mahnte stets an, dass wir unsere Erwartungen bezüglich dessen, was uns das kontemplative Gebet »bringt«, über Bord werfen sollten: »Es ist äußerst wichtig, dass niemand wegen der lauten und ablenkenden Gedanken oder der Trockenheit bekümmert ist oder darunter leidet.«[11] Es kann sein, dass Gott uns mit langweiligen Gebetserfahrungen »beschenkt«. Ja, gefühlsmäßige Hochs sind wunderbar, aber wir können Jesus nicht befehlen, zu tun, was wir wollen.

Die Wüstenväter benutzten das kontemplative Gebet niemals, um Schwierigkeiten auszuweichen. Wenn sie beteten, stellten sie sich ihren Dämonen des Zorns, des Begehrens und der Gier (und mussten auch einigen echten Dämonen ins Gesicht sehen). Es verschaffte ihnen nicht immer Verzückung und Wonne. Bei einer Begebenheit kam ein jüngerer Bruder zu seinem geistlichen Vater und brüstete sich: »Ich finde mich selbst in Frieden ohne einen einzigen Feind.« Woraufhin sein geistlicher Vater antwortete: »Geh hin und bitte Gott, den Kampf in dir wieder zu schüren, auf dass du die Bedrängnis zurückerhältst, die du einst hattest. Denn es ist der Kampf, durch den die Seele vorankommt.«[12] Manchmal wird das kontemplative Gebet sich so behaglich anfühlen, als säße man neben seinem Freund in einem Schaukelstuhl und nippte an Traubensaft. An anderen Tagen wird es sich so anfühlen, als würde die Seele vom Kampf aufgewühlt. Letztendlich hat Gott das Ergebnis des kontemplativen Gebets in der Hand.

Zweitens: Das kontemplative Gebet steht weiterhin im Gegensatz zu unserer Kultur. Die meisten von uns hetzen mit Marta-hafter Tüchtigkeit und unermüdlicher Produktivität durchs Leben – und sind stolz darauf! Das sollte uns nicht überraschen. Über Hunderte von Jahren wurden wir von einer pragmatischen Herangehensweise an das Leben geprägt und geformt. »Pragmatismus« kommt von dem griechischen Wort »pragma«, was wörtlich »Handlung« bedeutet, aber es schließt ebenso Effizienz, Produktivität und Funktionalität mit ein.[13] Pragmatismus legt gegenüber jedem und allem, das nicht sofort nützlich und/oder anwendbar ist, eine große Ungeduld an den Tag. Wenn wir Pragmatismus im Rahmen von Beziehungen anwenden, dann tendieren wir dahin, zu sagen: »Die Leute sind nur so gut wie die Arbeit, die sie tun.« Leider führt das dazu, dass wir ganze Gruppen von Menschen, die wir als »unproduktiv« bezeichnen, ihres Wertes berauben – jene, die körperlich eingeschränkt oder emotional traumatisiert sind, die Armen, die Ungeborenen, die Alten, die Kranken und die Sterbenden.

Am Pragmatismus hängt ein gesalzenes Preisschild. Sehen Sie sich Marta an: Sie ist produktiv und tüchtig, aber sie beeinträchtigt jeden mit ihrem Frust und ihrer manipulativen Art. Unverdünnter Pragmatismus führt immer zur Manipulation, weil alles – Menschen, Bäume, Flüsse, Äcker, Meere und sogar Gott – zu einem Gegenstand verkommt, den wir manipulieren und dem wir unsere Vorstellung von »nützlich« aufzwingen wollen. Marta manipuliert andere mit ihrem scharfen und richtenden Geist. Sie nimmt an, dass Jesus an ihrem Tun nicht interessiert ist und dass Maria einfach unproduktiv und faul ist. Sie manipuliert (oder versucht es zumindest), indem sie Jesus ihr Programm aufzwingt (»Sag ihr, sie soll mir helfen!«). Sie manipuliert durch ihre Zwanghaftigkeit. So wie jeder andere Süchtige dieser Welt besteht Marta darauf, dass man ihren Wünschen sofort nachkommt. Menschen, die grundsätzlich etwas gegen jede Art von Besinnung haben und sich darum nie wegen etwas Gedanken machen, treten auch nie einen Schritt zurück, um ihr Leben zu reflektieren. Und erfahren darum nie, wie sehr sie andere Menschen und auch die Schöpfung beeinträchtigen (und manchmal sogar zerstören). Die Martas dieser Welt kennen nur ein Tempo: Vollgas nach vorn!

Das Ergebnis davon ist, dass wir in einer Kultur leben, die richtiggehend verliebt darin ist, immer beschäftigt zu sein. Schulen, die Arbeitswelt und christliche Gemeinden (vielleicht besonders Gemeinden) haben sich verschworen, um sicherzustellen, dass Marta Maria aussticht. Nach Meinung des Gesellschaftskritikers David Brooks ist der amerikanische Geist vor allem für eine Qualität bekannt: Energie. »Wohin immer wir uns wenden«, schreibt er, »wir kommen in großer Geschwindigkeit und mit großer Energie dort an. Es ist nicht das Lenkrad, das uns auszeichnet, es ist das Gaspedal … Die ganze Struktur unseres Lebens ist hektisch.«[14] Brooks bemerkt zudem, dass es Amerikaner waren, die den Papp-Kaffeebecher erfunden haben. Wir sind einfach zu beschäftigt, uns hinzusetzen und Kaffee aus einer Porzellantasse zu trinken so wie der Rest der Welt.[15]

Kontemplatives Beten setzt voraus, dass gewöhnliche Menschen eine außergewöhnliche innere Einstellung an den Tag legen. Etwas in uns muss anhalten und sagen: »Es reicht! Das ist verrückt! Warum bin ich so gestresst? Warum ignoriere ich, warum ignorieren wir permanent Jesu eindeutige Aussage bezüglich der ›einen Sache‹, die notwendig für uns ist?«[16]

Und so fangen Anfänger – was die meisten von uns sind – auf dem Weg zum kontemplativen Gebet damit an, dass sie eine große innere Korrektur vornehmen. Sie beginnen, »unbeschäftigte« und »unproduktive« Menschen und Aktivitäten zu schätzen. Größtenteils sind Freundschaften nicht produktiv. Freundschaften gedeihen, wenn wir ohne etwas zu tun in der Gegenwart des anderen verweilen. Einfache, ganz gewöhnliche menschliche Handlungen – Mitleid zu erweisen, verletzte Menschen zu begleiten, sich Zeit zu nehmen, um den Verletzungen oder dem Kummer eines anderen zuzuhören – erfordern eine unproduktive Vergeudung unserer Zeit und Energie. Zuzusehen, wie der Wind durch die Blätter des Eichenbaumes in meinem Garten weht, ist nicht sehr ergiebig. Der Großteil guter Kunst – Malerei und Poesie und Kurzgeschichten – ist nicht effizient. Sabbatzeiten, Zeiten mit nur einem Programmpunkt, zum Beispiel mit Gott und anderen zusammen zu sein, sind nicht ertragreich. Und das Gebet ist notorisch unproduktiv.

Wenn wir Jesus erlauben, uns zu lehren und zu formen, beginnen wir diese ungeschäftigen, unproduktiven Aktivitäten und Dinge wertzuschätzen. Und wenn wir unsere Werte verändern, wird sich auch unser Zeitplan verändern. Wenn Jesus, unser Herr und Lehrer, das kontemplative Gebet zu dem »einen« machen will, das er sich von uns wünscht, dann werden wir uns Zeit dafür nehmen.

Kontemplativ leben – ein Selbstporträt

Natürlich kann all das fürchterlich abstrakt klingen. Darum müssen wir uns an einem bestimmten Punkt eine direkte Frage stellen: Wie? Wie sieht kontemplatives Beten aus? Ich weiß nicht, was es für Sie bedeuten könnte, aber ich kann Ihnen erzählen, was es für mich bedeutet.

Jeden Dienstagmorgen droht um zwanzig vor acht meine erste Deadline abzulaufen, wenn ich meinen 15-jährigen Sohn zur Schule fahre. Dann habe ich gewöhnlich 50 Minuten Zeit bis zum nächsten Termin. Also rausche ich schnell für eine Tasse Kaffee zum nächsten Coffeeshop. Natürlich habe ich es eilig, und darum bitte ich um einen Mitnehm-Becher aus Pappe. Wenn ich den Laden wieder verlasse, bin ich versucht, in einen Marta-mäßigen Pragmatismus zu verfallen: »Ich muss mich beeilen, weil ich total viel zu tun habe«, sage ich mir selbst. »Die Punkte, die auf meiner To-do-Liste stehen, können nicht warten. Und die Person, die diese Aufgabenliste abarbeitet (also ich), ist absolut unentbehrlich. Ich darf in den nächsten Tagen nicht krank werden oder sterben. Ich muss produzieren, ohne nachzulassen!« Stress? Darauf können Sie wetten, aber auf diese Weise muss eine Marta eben durchs Leben wirbeln!

Trotz dieses Drucks widerstehe ich meiner Marta-Mentalität des Produktivseins und der Unabkömmlichkeit, um mehr Zeit allein mit Gott zu finden. Die Wüstenväter rieten ihren Schützlingen für gewöhnlich: »Geh in deine Zelle, und die Zelle wird dich alles lehren.« Mit anderen Worten: Finde einen Ort für deine kontemplativen Übungen, und dann suche ihn auf. Ich wähle für gewöhnlich als wundersam unproduktive »Zelle« das Vogelreservat, das bei mir um die Ecke liegt. Die Bodenpreise auf Long Island sind unerschwinglich hoch. Irgendjemand könnte diesen lukrativen Outdoor-Vogelzoo in einen Baugrund für Eigenheime oder in Büros für Zahntechniker verwandeln, aber bis auf Weiteres ist er nur der stille, »nutzlose« Ort, der allein für Bambussträucher, Kaninchen, Vögel und ein paar Wildtiere reserviert ist.

Also halte ich meinen Kaffee, meine Bibel und mein Gebetstagebuch in der Hand und sitze unter einem Apfelbaum. Und wenn ich dann eine frische Seite meines Tagebuchs aufschlage, ist der Programmpunkt denkbar simpel: Ich will bei Gott sein. Zeit mit Jesus verbringen. Still werden. Hören. Die Worte der Bibel tief in mein Herz sinken lassen. Ja, ich habe heute sehr viel zu tun. Ich werde beschäftigt sein, doch nicht jetzt. Und so bin ich in den nächsten 30 Minuten einfach nur Maria, die zu den Füßen Jesu sitzt, aufmerksam zuhört, ihn besser kennenlernt und einfach bei ihm ist.

Gegen halb neun bin ich im Büro, und in den nächsten

14 Stunden werde ich von einer Besprechung und Aktivität zur nächsten springen. Doch wenn ich kontemplativer lebe, auf Jesus höre und Zeiten des Unbeschäftigtseins schätze, finde ich immer auch ein paar Momente für das Gebet. Der Autor Anthony Bloom nennt sie »Krümel verschwendeter Zeit«. Und drängt uns, dass wir, wenn wir über »diese leeren Minuten eines Tages, in denen wir irgendetwas tun, weil wir Angst vor der Leere haben oder davor, mit uns allein zu sein« nachdenken würden, bemerken würden, »dass es viele kurze Momente gibt, die gleichsam uns und Gott gehören könnten«.[17] Und mir wurde klar, dass Gott mir über den Tag verteilt einige »Krümel verschwendeter Zeit« anbietet:

Ein abgesagtes Treffen um zwei.

Ein paar Minuten vor dem Abendessen um halb sechs.

Ein kurzer Spaziergang über das Fußballfeld, nachdem ich um Viertel vor sieben meinen Sohn zum Training gebracht habe.

Eine halbe Stunde der Stille vor dem Zubettgehen um elf.

All diese »Krümel« sind kurze Momente, die gleichsam mir und Gott gehören könnten.

Das kontemplative Gebet kann auch eine gemeinschaftliche Dimension haben. An den Dienstagabenden, an denen wir unser monatliches gemeinsames Gebetstreffen abhalten, gibt es oft lange »Löcher« zwischen den Gebeten. Bisher haben diese Pausen mich geärgert; ich wünschte mir, dass jemand sie mit einem wortreichen Gebet ausfüllen würde. Was aber, wenn diese »Löcher« in Wirklichkeit »Krümel verschwendeter Zeit« wären, in denen wir mit Gott zusammen sein könnten? Was, wenn Gott unserer ganzen Gemeinde beibringen möchte, uns an diesen Maria-Momenten, die unserem Leben geschenkt werden, zu erfreuen?

Zudem haben wir entschieden, alle anderen Dienstagabende, an denen unsere Leitertreffen stattfinden, um zehn Uhr zu beenden. Eigentlich waren wir es gewohnt, länger »herumzuhängen«, doch irgendwann bemerkten wir, dass unsere Treffen nach zehn Uhr schnell zu einem gemeinschaftlichen, Marta-haften, übellaunigen und kontrollsüchtigen Gerangel verkamen. Und so beschlossen wir: »Es reicht!« Nun versuchen wir, die Treffen um zehn Uhr zu beenden, selbst wenn wir nicht viel zustande gebracht haben. Also gehe ich dienstags gegen halb elf nach Hause, segne meine schlafende Familie, füttere die Hunde, esse meinen geschroteten Weizen mit Banane und Honig, schaue mir »Seinfeld«-Wiederholungen im Fernsehen an und bringe ein paar Momente länger damit zu, die Gegenwart Jesu in mich aufzunehmen. Für gewöhnlich beende ich meine Tage damit, noch eine Runde mit meinem Hund Dwight spazieren zu gehen. Draußen ist es dunkel und still, und so habe ich Zeit, auf Gott zu hören. Ich zwinge mich nicht zum Beten. Mein einziger Programmpunkt ist es, bei Gott zu sein. Normalerweise bin ich zerstreut, und meine Gedanken wandern gleichzeitig in siebzehn Richtungen, aber während ich in dieser Stille spazieren gehe, beginnen die Worte, die Gott zu mir gesprochen hat, in mein Herz zu sinken. Sie werden in mir lebendig.

Wo bleibt die Frucht?

Es fällt uns schwer, uns vorzustellen, dass das kontemplative Gebet tatsächlich etwas bringt. Natürlich besteht ein Gleichgewicht zwischen Kontemplation und aktivem Handeln. Die Worte Jesu fließen in uns hinein, und sie fließen im Dienst für Jesus aus uns heraus. Ich war mehr als 20 Jahre lang Pastor, und leider ist eines der traurigsten Szenarien, die ich beobachtet habe, dies: Es gibt viele aufrichtige Männer und Frauen, die Jesus dienen wollen, aber sie sitzen nicht still vor

Gott, bis sie seinen Herzschlag vernehmen können. Wie Marta besinnen sie sich nicht; sie sind manipulativ und leben nur volle Fahrt voraus. Und so brennen sie zwangsläufig aus – oder sie explodieren.

Gibt es einen besseren Weg? Ja, es ist der Weg Marias. Jesus sagte, er sei das »eine«, das wir unbedingt in unserem geistlichen Leben brauchen. Aber bringt das irgendetwas? Lassen Sie uns zu meinen ursprünglichen Fragen von vor 15 Jahren zurückgehen: »Was soll das Ganze hier überhaupt? Was soll ich daraus für mich mitnehmen? Wie soll das dazu beitragen, mich geistlich zu versorgen, und mir helfen, diese Welt um Jesu willen zu verändern? Tue ich Gott wirklich einen Gefallen, wenn ich hier im Wald herumdöse?«

Immer wieder komme ich auf mein absolutes Lieblingsvorbild in Bezug auf Kontemplation zurück: zu Seraphim von Sarow (1759–1833), dem russischen Franz von Assisi. Er verbrachte fast 30 Jahre als Eremit tief in den russischen Wäldern und lauschte auf Gottes Herzschlag. Doch die letzten 20 Jahre seines Lebens stand er in einem zeitintensiven geistlichen Dienst der Seelsorge, des Gebets, der geistlichen Leitung und des Heilens. Er wurde für Tausende zu ihrem geistlichen Vater, der jeden Einzelnen von ihnen mit »meine Freude« anredete und sie mit dem Satz »Christus ist auferstanden!« segnete.

Die Gegenwart Jesu strömte in ihn und aus ihm heraus hin zu anderen, bis seine Worte und sogar sein Gesicht allein Heilung in zerbrochene Leben brachten. Das geschah nicht nach einem bestimmten Programm oder strategischen Plan; es hatte nichts mit Pragmatismus zu tun. Sein kontemplativer Lebensstil ermöglichte ihm, eine tiefer gehende Ebene des Lebens zu erreichen, als wir es mit unserem hektischen, ängstlichen, manipulierenden und Marta-haften »Dienst« können.

Was war sein Geheimnis? Seraphim sagte: »Erlange einen friedvollen Geist, und Tausende um dich herum werden gerettet werden.« Eine seiner Biografinnen sann darüber nach: »Als er aus dem Wald kam, war jedes seiner Worte, jede seiner Gesten, ja seine schlichte Anwesenheit Heilung für all die Menschen, die ihn umgaben. Gnade wurde zu seiner zweiten Natur.« Und dann fordert uns die Biografin heraus, über Folgendes nachzudenken: »Bei all den Millionen Wörtern, die ich in meinem Leben bisher gesprochen habe, ist es mir da je gelungen, einem anderen Menschen ein – nur ein einziges – wirklich heilendes Wort zu sagen? Nette Worte, ja; freundliche Worte, ja; wahre Worte, ja. … Aber heilende Worte?«[18]

Hierin liegt die Herausforderung und die Einladung des kontemplativen Gebets: Es verändert unsere Sicht der Welt, und dann schickt es uns wieder in diese Welt hinein. All jene, die ein authentisches und christuszentriertes kontemplatives Leben führten, warnen uns: »Sitze nicht bei Gott, wenn du nur Zeit für dich allein haben willst. Ziehe dich nicht in deine kleine ›Zelle‹ zurück, weil du in einer selbstverliebten Fantasie davonfliegen willst. Wenn du wirklich Jesus folgst, wenn du wirklich Zeit mit ihm verbringen willst, dann kannst du die Welt, die dich umgibt, nicht hinter dir lassen. In Wahrheit wird die Zeit, die du damit verbringst, auf Gott zu hören, dir auch dabei helfen, die verachteten, leidenden und gezeichneten Menschen dieser Welt zu hören. Du wirst ein guter Samariter sein, aber wie Seraphim wirst du Gott aus einem tiefen Brunnen der Ganzheit, Güte und Freiheit dienen.«

Folgen Sie also Jesus, indem Sie bei Gott sind und seinem Herzschlag der Liebe für Sie und die Welt lauschen. Und wer weiß? Vielleicht wird ein Mensch gerettet.

11

Ich bete, also liebe ich

Vor einigen Jahren war ich in der Ausübung meines Pastorendienstes (und bezüglich der Zustimmung, die ich dafür bekam) an einem absoluten Tiefpunkt angelangt. Es war eine hässliche Sache. Die Gemeinde wurde von Grüppchenbildung und Klatsch, von Vertrauensfragen und Kämpfen um die Art der Anbetungsmusik zerrissen. Die Besucherzahlen und auch die Spenden gingen auf Talfahrt.

Mitten in diesem »pastoralen Sturzflug« lud mich ein angesehener älterer Herr aus der Gemeinde zum Mittagessen ein. Als er mich danach fragte, wie es der Gemeinde meiner Meinung nach ginge, ließ ich meiner aufgestauten Trauer, meinem Zorn und meiner Verzweiflung freien Lauf. »Ich verstehe die Leute nicht«, protestierte ich. »Sie machen mich verrückt. Sie spenden nicht. Sie kommen nicht zum Gottesdienst. Sie streiten dauernd wegen der Musik in unseren Anbetungsgottesdiensten. Sie vertrauen mir nicht. Ich sage dir: Noch ein bisschen, und ich höre auf!«

Mein Freund hörte sich schweigend meine Klagen an, unterbrach nur kurz, um ein paar gezielte Fragen zu stellen, und hörte mir dann weiter zu. Nachdem ich eine halbe Stunde lang Dampf abgelassen hatte, sah er mich an und sagte: »So, und warum denkst du, handeln die Leute so? Warum vertrauen sie dir nicht?« »Warum sie mir nicht vertrauen?«, dachte ich. »Das lässt es so klingen, als wäre es mein

Problem. Hm, sieht ganz nach einem abgekarteten Spiel aus!« Ich vermied es, ihm zu antworten, und gab stattdessen die Frage an ihn zurück: »Keine Ahnung. Warum glaubst *du*, dass sie mir nicht vertrauen?«

Er hielt inne, räusperte sich und sagte dann ruhig: »Du hast einen Sohn im Teenageralter, stimmt's? Was würde passieren, wenn du ihn andauernd kritisieren und mit ihm schimpfen würdest, ohne ihn jemals zu loben oder zu bestätigen? Würde er das mögen?« »Nein.« »Genau«, antwortete er. »Schau, dein Sohn muss sich erst sicher fühlen. Er muss wissen, dass du ihn, egal, was er tut, immer noch liebst. Matt, die Leute werden dir nicht vertrauen, bis sie wissen, dass du sie liebst. Der entscheidende Punkt bei dieser Sache ist die Liebe. Es geht nicht um deine Predigten oder die Anbetungsmusik. Es geht um Beziehungen. Und Beziehungen laufen auf nur eins hinaus: Liebe.«

Als ich über diese schmerzhafte, aber fruchtbare Unterhaltung nachdachte, wurde mir klar, dass mein Freund mir eine gute Definition für das gesamte christliche Leben gegeben hatte. Es läuft nur auf eins hinaus – Liebe. Gott ist Liebe. Das Gebet verbindet uns mit Gott. Und wenn wir mit ihm verbunden sind, lehrt er uns, andere zu lieben. Liebe bringt uns dazu, für andere zu beten, und für andere zu beten ist der beste Weg, sie zu lieben. Wenn ich nicht für andere bete, versage ich in der Liebe. So wie es Augustinus vor fast 1700 Jahren formulierte: »Das wahre, das ganze Gebet ist nichts als Liebe.«[1] Praktisch bedeutet das, dass die simple Frage »Kann ich für dich beten?« das Liebevollste ist, das ich für jemanden tun kann.

Das Gebet: Nur eine riesige faule Ausrede?

Ehrlich gesagt betrachte ich das Gebet für gewöhnlich nicht aus diesem Blickwinkel. Tatsächlich ist für andere zu beten häufig lediglich meine letzte verzweifelte Alternative. Wenn ich nicht mehr weiß, was ich für Bob tun soll, wenn ich nicht wirklich bei Bob sein will, kann ich ihn immer fragen: »Hey, Bob, kann ich für dich beten?« Dieser Einzeiler befreit mich für gewöhnlich davon, Bob lieben zu müssen. Und wenn ich Bob das nächste Mal sehe, kann ich mich an meine Frage erinnern, während ich schnell bete: »Lieber Gott, segne Bob.« Und dann kann ich Bob winken und ihn anlächeln und sagen: »Hey, Bob, ich habe für dich gebetet.« Leider bedeutet die Frage: »Kann ich für dich beten?« in der Regel gar nichts.[2]

Die meisten von uns sehen zwischen Liebe und Gebet keine direkte Verbindung. Natürlich ist es nett, für andere zu beten, aber *wahre* Liebe bedeutet, dass ich etwas für einen anderen tue oder ihm eine bestimmte Sache gebe, und zu beten ist keine »Sache«. Wenn ein Mensch hungert, soll ich ihm etwas zu essen geben, zum Beispiel ein belegtes Brot. Wenn ich Kinder liebe, sollte ich etwas für sie tun, wie mich im Kindergottesdienst zu engagieren. Diese Dinge reichern mein Blut mit dem Sauerstoff echter Liebe an. Im Vergleich dazu erscheint das Gebet blutarm, weil es nichts Greifbares bietet. Es ist so, als böte ich einem Hungrigen einen leeren Teller an. Vielleicht weiche ich mit meinen Gebeten bloß wirklicher Liebe aus, oder sie sind am Ende gar eine riesige faule Ausrede.

Ich habe mit dem Gedanken, dass das Gebet ein Ausweichmanöver sein könnte, oft gerungen, weil ich es manchmal dazu missbraucht habe, Menschen zu vernachlässigen. Motto: Ich bete für dich, also ignoriere ich dich. Glücklicherweise ist mir beim Lesen der Bibel aufgefallen, dass sie uns immer und immer wieder daran erinnert, dass das Gebet kein schneller und schmerzloser Weg ist, mit dem ich die

Liebe umgehen kann. Im Gegenteil. Zu beten ist ein Liebeserweis, der so real ist wie ein belegtes Brot. Das Gebet führt uns zur Liebe; das Gebet ist eine Beziehung der Liebe.

Wenn ich also jemandem die schlichte Frage: »Wie kann ich für dich beten?« stelle, kann das kraftvoller und bedeutsamer sein, als ich es mir je hätte vorstellen können. Und wenn ich jemandem diese Frage regelmäßig stelle und darauf höre, was man mir antwortet, und dann für diese Person bete, wird das Gebet zu einer umwälzenden Tat der Liebe, die mein Herz verändert.

Beten und liebevolle Beziehungen

Als mein Freund sich mit mir hinsetzte und mir dabei half, die Liebe wieder in mein Leben zurückzubringen, begann Gott damit, die Ausrichtung meines Lebens zu verändern. Mir war es um so viele andere Dinge gegangen – Erfolg, Vergnügen und Behaglichkeit. Liebe gehörte sicher zu dieser Mischung dazu, aber sie stand nicht im Mittelpunkt. Im Verlauf der letzten Jahre hat Gott mir – durch sein gnädiges Wirken an mir und trotz meiner Sünde – beigebracht, dass im Leben tatsächlich alles auf liebevolle Beziehungen hinausläuft.

In seinem fesselnden und bewegenden Buch *Der Junge, der wie ein Hund gehalten wurde* gibt Dr. Bruce Perry Einblick in die Geschichten stark traumatisierter Kinder. In einem der Fälle geht es um einen Jungen namens Justin, der bei seiner Großmutter lebte. Als diese starb, versuchte ihr Freund Arthur, der bei ihr gewohnt hatte, sich um Justin zu kümmern. Da Arthur jedoch keinerlei Erfahrung mit Kindererziehung hatte, griff er einfach auf seine Fähigkeiten als Hundezüchter zurück. Er behandelte Justin wie einen seiner Hunde, hielt ihn die meiste Zeit des Tages in einem Käfig und ließ ihn nur zum Essen und Urinieren heraus.

Während Dr. Perry diese herzzerreißenden Geschichten erzählt, drückt er erstaunlicherweise auch seine Hoffnung darüber aus, dass es Heilung für traumatische Erfahrungen gibt. Und er wird sehr deutlich in Bezug darauf, wie diese Heilung vonstatten geht – nämlich in und durch liebevolle Beziehungen. »Je mehr gesunde Beziehungen ein Kind hat, desto eher wird es von seinem Trauma genesen und sich weiterentwickeln. Beziehungen sind die Mittler der Veränderung, und die machtvollste Therapie ist die menschliche Liebe. … Bei der Genesung von einem Trauma und von Vernachlässigung dreht sich alles um Beziehungen – um den Wiederaufbau des Vertrauens, das Zurückgewinnen der Zuversicht, die Rückkehr zu einem Gefühl der Sicherheit und die wiederhergestellte Beziehung zur Liebe.« Und während er die Wichtigkeit von Medikamenten und Therapie bestätigt, schlussfolgert er auch, dass »alle Kinder, die letztlich durch unsere Behandlung genesen sind, dies deshalb taten, weil sie ein starkes soziales Netzwerk besaßen, das sie umgab und sie unterstützte«.[3]

Wie entwickeln wir bessere Beziehungen, in denen wir aufblühen? Die christliche Antwort darauf beginnt hier: Beten Sie für andere. Ich kann jemandem immer wieder die einfache Frage stellen: »Wie kann ich für dich beten?« Und während ich diesem Menschen zuhöre und für ihn bete, helfe ich ihm, kraft- und liebevolle Beziehungen zu entwickeln. Das Gebet ist kein Ausweichmanöver, um nicht lieben zu müssen; das Gebet verströmt Liebe, und diese Liebe fließt wiederum zurück ins Gebet.

Auch dem Apostel Paulus fiel die Wechselwirkung zwischen Gebet und Liebe auf. Für ihn ist das Gebet keine faule Ausrede; stattdessen leben das Gebet und die Liebe in einer fruchtbaren geistlichen Symbiose. Sie brauchen einander und nähren sich gegenseitig. Achten Sie einmal darauf, wie oft Paulus Gebet und liebevolle Beziehungen miteinander vereint:

- »Als Erstes danke ich meinem Gott durch Jesus Christus für euch alle. … Gott selbst … kann mir bezeugen: In meinen Gebeten denke ich stets an euch« (Römer 1,8–9).
- »Jedes Gebet für euch – für euch alle! – wird mir erneut zum Dank und erfüllt mich mit Freude: Dank und Freude. … denn ich trage euch alle in meinem Herzen« (Philipper 1,4 und 7).
- »Immer, wenn wir für euch beten, danken wir Gott, dem Vater unseres Herrn Jesus Christus« (Kolosser 1,3).
- »Wir danken Gott immerzu für euch alle, wenn wir in unseren Gebeten an euch denken. … Gott liebt euch, Brüder und Schwestern, und wir wissen, dass er euch dazu erwählt hat, ihm zu gehören« (1. Thessalonicher 1,2 und 4).
- »Wenn ich an dich denke, bin ich voll Dank gegen Gott, dem ich mit reinem Gewissen diene … Tag und Nacht denke ich unablässig an dich in meinen Gebeten. Ich erinnere mich an deine Abschiedstränen und sehne mich danach, dich wiederzusehen, damit ich mich so recht von Herzen freuen kann« (2. Timotheus 1,3–4).

Aus christlicher Sicht macht das Sinn, denn der Gott, der uns für Beziehungen geschaffen hat, lebt ebenfalls in einer Beziehung der Liebe. Gott ist kein einsamer Herrscher, der hoch oben auf seinem kosmischen Thron hockt. Gott ist eine liebende Beziehung aus Vater, Sohn und Heiligem Geist. Gott steht in Beziehung mit Gott. Gott kommuniziert mit Gott. Wie Michael Downey es ausdrückt: »Christlicher Glaube ist trinitarischer Glaube. Das christliche Leben ist trinitarisches Leben. Christliche Spiritualität ist trinitarische Spiritualität.«[4] Und ich würde hinzufügen: Christliches Gebet ist trinitarisches Gebet.

Dieser Gedanke hat die Art und Weise, mit der ich an das Gebet herangehe, grundlegend verändert. Wenn ich Sie heute frage: »Wie kann ich für Sie beten?« und es dann auch tue, beginne ich keinen neuen Gebetsdialog mit Gott; ich nehme vielmehr an Gottes gemeinschaftlichem Gebet der Liebe für Sie teil. Die Dreieinigkeit betet fortwährend; und wenn wir beten, reihen wir uns in Gottes gemeinschaftlichen Tanz der Liebe ein. Das Herz des Vaters schlägt für Sie; Jesus, der Sohn, tritt für Sie ein; und der Heilige Geist umwirbt und überzeugt Sie. Vater, Sohn und Heiliger Geist beteten schon gemeinsam, lange bevor ich mit meiner Bitte auftauchte.

Durch das Gebet tauchen wir in Gottes immerwährende Gemeinschaft der Liebe ein. Jean Vanier erzählte einmal die bewegende Geschichte von Peter, einem jungen Mann, der am Downsyndrom litt und Mitglied in einer seiner L'Arche-Kommunitäten war. Peter liebte es, über Jesus zu reden. Als ihn jemand fragte, was er tue, wenn er bete, antwortete Peter: »Ich horche.« Und als der Fragende wissen wollte, was Gott ihm denn sage, schaute Peter nach oben und erwiderte: »Er sagt nur: ›Du bist mein geliebter Sohn.‹«[5]

Das ist das Wesen der Fürbitte: Wir werden in Gottes immerwährende Beziehung der Liebe eingetaucht. Wann immer ich also für ein bestimmtes Anliegen bete – für das Ergebnis Ihrer Biopsie, für Ihre Aufnahmeprüfung, eine Arbeitsstelle oder für Ihre Heilung nach einer Scheidung –, findet ein Wunder statt: Ich nehme Sie bei der Hand und führe Sie (manchmal sogar gegen Ihren Willen!) in die Gegenwart des lebendigen Gottes. Wenn wir füreinander beten, kommen wir in Liebe zusammen und treten gemeinsam in die Liebe Gottes zu uns ein.

Beten enthüllt mein Herz

Auf einer Ebene jedoch muss ich etwas gegen das, was ich gerade geschrieben habe, einwenden: Es könnte sein, dass es die Dinge zu simpel erscheinen lässt. Wir müssen bloß für andere beten – und schon wird jede Beziehung von Liebe umspült? Wenn das stimmt, wieso lässt das Gebet dann nicht pure Liebe zwischen Menschen entstehen? Warum beten wir und versagen trotzdem darin, andere zu lieben? Bedauerlicherweise (und gleichzeitig hoffentlich) habe ich eine weitere grundlegende Wahrheit über das Gebet als Liebeserweis begriffen: Wenn ich für Sie bete, wenn ich höre, wie der dreieinige Gott zu meinem und zu Ihrem Herzen die Worte: »Du bist mein geliebtes Kind« spricht, dann wird mir klar, dass ich nicht so liebe, wie Gott es tut. Die Wahrheit ist, dass andere zu lieben mich in Konflikte stürzt: Ich liebe und ich hasse. Ich vergebe jemandem, und dann trage ich es ihm doch nach. Ich bin langmütig und ungeduldig. Ich bin freundlich und grob. Ich bin mutig und unsicher. Und so enthüllt das Gebet auch die Tiefen der Sünde in meinem Herzen.

Jean Vanier erzählt, dass er die Härte seines Herzens entdeckte, sobald er damit begonnen hatte, mit Behinderten zu leben, für sie zu beten und sie zu lieben. Seine behinderten Freunde schrien nach Liebe, aber er konnte sie ihnen nicht geben. »In bestimmten Stresssituationen«, gab er zu, »spürte ich, wie Mächte des Hasses in mir aufstiegen und ich fähig wurde, jemanden zu verletzen, der schwach war und der mich reizte. Das, glaube ich, war es, was mir den größten Schmerz bereitete: zu entdecken, wer ich wirklich bin, und zu begreifen, dass ich vielleicht gar nicht wissen wollte, wer ich wirklich war.«[6]

Auch ich spüre einen starken Hang dahin, diesen Teil meiner selbst zu verleugnen. Natürlich darf man mich im abstrakten Sinne einen »Sünder« nennen – aber bitte bezeichnen Sie mich nicht als echten Sünder, indem Sie meine ganz konkreten Verfehlungen auflisten. Meine Sünden eine nach der anderen aufzuzählen, zu sagen, auf welche Weise ich hinsichtlich der Liebe versagt habe, sorgt dafür, dass mein Herz von Entsetzen und Scham überwältigt wird.

Aber wenn ich für jemanden bete, wenn ich jemanden in die Liebe eintauche, die Gott für ihn und für mich empfindet, wird mir die Unzulänglichkeit meiner Liebe bewusst werden. Meine Liebe ist unzulänglich, weil ich begrenzt bin. Aber ich versage auch in Bezug auf die Liebe, weil ich ein Sünder bin. Ich tendiere dazu, mich bloß auf mein Leben zu konzentrieren, doch wenn ich für einen anderen Menschen bete, geht es um ihn und seine Bedürfnisse. Oder, wie Vanier es ausdrückte: Wenn ich versuche, jemanden zu lieben, für ihn zu beten und mein Augenmerk nur auf ihn zu richten, wird mich das zu einer tiefen Demut führen. Doch wenn ich frage, »Wie kann ich für dich beten?«, verpflichte ich mich auch, nichts aus selbstsüchtiger Eitelkeit heraus zu tun und nicht nur mein Interesse zu suchen, sondern das des anderen (Philipper 2,3–4). Mit anderen Worten: Mit dem Gebet der Fürbitte umgehe ich die Liebe nicht. Indem ich mich im Gebet auf einen anderen Menschen konzentriere, formt Gott langsam mein stures und egoistisches Herz um, damit ich besser lieben kann.

Beten bringt meinen richtenden Geist zum Schweigen

Vor allem aber reinigt die Fürbitte mein Herz dadurch, dass sie die Schlacke verbrennt, die meiner richtenden und andere ausschließenden Geisteshaltung entspringt. Jede Kultur, jede Gruppe, jede Familie, ja jeder Mensch scheint eine einzigartige Art und Weise zu entwickeln, auf die er andere richtet und ausschließt. Die berühmte englische Anthropologin Mary Douglas benutzt als Beispiel das Verhalten des afrikanischen Stammes der Nuer: »Wenn eine Monster-Geburt vorkommt [d. h. ein Kind geboren wird, das eine ›Deformierung‹ in irgendeiner Form aufweist], dann kann die Definitionsgrenze zwischen Mensch und Tier bedroht sein. ... Die Nuer behandeln solche Säuglinge als Nilpferd-Babys, die nur zufällig von einem Menschen geboren wurden, und indem sie ihnen diese Bezeichnung geben, liegt die angemessene Handlung auf der Hand: Sanft legen sie diese Säuglinge in den Fluss, in den sie gehören.«[7]

So barbarisch das klingen mag – ich frage mich doch, wie oft auch ich andere Menschen verurteile und ausschließe. Wen behandeln wir wie ein Nildpferd-Baby und legen ihn sanft in den Fluss zurück, damit wir uns nicht mehr um ihn kümmern müssen? Ich bin für einige liebevolle und mutige Freunde dankbar, die mir beibringen, jene Menschen zu sehen, die wir so oft aus unserer Mitte ausschließen. Mein Freund Rich startete in unserer Kirchengemeinde einen Dienst unter Kindern, deren Väter im Gefängnis sitzen. Eine andere Freundin engagiert sich in einem Dienst für Frauen, die Opfer sexuellen Missbrauchs geworden sind. Als mein Freund Jim mich zu dem verlassenen Parkplatz brachte, war ich angesichts der vielen Obdachlosen, die aus den umliegenden Wäldern herbeiströmten, entsetzt – ich hatte keine Ahnung davon gehabt, dass es in unserer schicken Wohngegend auf Long Island Obdachlose gab. Jeden Sonntag läuft mir mein kleiner Freund Adriel, ein zehnjähriger Junge, der das Downsyndrom hat, in die Arme, drückt mich und nennt mich »Big Daddy!«.

Die Armen, die Gefangenen (oder ihre Familienangehörigen), die Missbrauchten, die Obdachlosen, die mit Behinderungen, die mit moralischen Verfehlungen, die Süchtigen – das sind nur einige wenige jener Leute, die wir richten und dann aus unserer Mitte ausschließen. Wir wollen, dass sie unsichtbar bleiben. Doch wenn wir für die Ausgeschlossenen und Unsichtbaren beten, passiert etwas Bemerkenswertes: Wir sehen sie. Es ist sehr schwierig, für jemanden zu beten und ihn dann auszuschließen. Wenn wir für diese unsichtbaren Menschen beten, nehmen wir sie wahr, und sie bedeuten uns etwas. Und haben wir einmal damit begonnen, für sie zu beten, beginnen wir langsam, sie zu sehen und sie zu lieben, so wie Gott sie liebt.

Unsere Gemeindeleitung hat eine sehr einfache Methode entwickelt, für unsere Gemeindemitglieder pastoral zu sorgen: Wir teilten die Gemeinde in neun Bereiche auf, und dann begannen wir, für jeden Einzelnen zu beten. Wir diskutierten darüber, ob wir noch zusätzlich etwas tun sollten – zum Beispiel anrufen, eine E-Mail oder einen kurzen Brief schreiben –, doch wir entschieden uns dafür, nur den grundlegenden Plan, nämlich zu beten, umzusetzen. Wir wollten ganz einfach für jedes Gemeindemitglied beständig und regelmäßig beten.

Ich kann nur für mich sprechen, doch das, was dabei herauskam, war bemerkenswert. Als ich darüber nachdachte: »Wie kann ich für diesen oder jenen beten?«, begann ich, die Leute wahrzunehmen. Ich schenkte ihren Berufen und Familien, ihrem geistlichen Leben, ihren Ängsten und ihrem Leid meine Aufmerksamkeit. Ich musste diese Dinge einfach bemerken. Auf diese Weise lernten wir die Menschen unserer Gemeinde auf einer viel tieferen Ebene kennen.

Simone Weil behauptet, dass die Aufmerksamkeit, die wir Gott schenken, uns gegenüber anderen aufmerksamer werden lässt. Darum mahnt sie uns, jedem unsere liebevolle Aufmerksamkeit zu widmen, den Gott in unser Leben schickt, ganz besonders den Verwirrten und Bedrängten. Doch genau das ist laut Weil nicht so einfach, denn »einem Leidenden unsere Aufmerksamkeit zu schenken ist eine sehr seltene und schwierige Angelegenheit; es grenzt fast an ein Wunder; es *ist* ein Wunder«.[8] Stattdessen tendieren wir dazu, Menschen in Schubladen zu stecken, ohne dem einzigartig »anderen«, der vor uns steht, wirklich Beachtung zu schenken. Doch die Ungesehenen, Ausgeschlossenen und Verurteilten brauchen es nicht, dass wir sie analysieren, sie brauchen nicht einmal unsere »christlichen Bemühungen«; alles, was sie brauchen, ist, dass wir sie wahrnehmen, dass wir sie sehen und ihnen Beachtung schenken.

Jesus war ein Meister im Wahrnehmen anderer Menschen. Er sah jene zerlumpten Menschen, die von allen anderen ignoriert und gemieden wurden. Und nun fordert er uns heraus, jene wahrzunehmen, die wir normalerweise ausschließen. Bei einer Begebenheit stellte Jesus einen religiösen Führer mit Namen Simon zur Rede, der eine Frau mied, von der es heißt, dass sie »eine Sünderin« war (Lukas 7,37). »Siehst du diese Frau?«, fragte Jesus Simon. Natürlich sah er sie. Doch Jesus meinte: Siehst du sie *wirklich?* Beachtest du sie? Schenkst du diesem gebrochenen, aber vollkommen erlösten menschlichen Wesen deine ganze liebende und warmherzige Aufmerksamkeit?

Genau aus diesem Grund besteht Jesus auch darauf, dass wir für unsere Feinde beten. Wenn Sie mich zum Beispiel verletzen, werde ich Sie aus meinem Leben verbannen. Doch sobald ich damit angefangen habe, für Sie zu beten, schleichen Sie sich zurück in mein Herz. Ich kann nichts dagegen machen, denn ich habe Sie in die Gegenwart des dreieinigen Gottes gebracht. Das Gebet bringt uns ins Zentrum der wunderbaren Erlösungsarbeit der Dreieinigkeit: zum Kreuz. Am Kreuz sind der Vater, der Sohn und der Heilige Geist vereint, um der Welt ihre teure, schöpferische und erlösende Liebe zu erweisen. Am Kreuz wurde ich durch das Werk des Sohnes und in der Kraft des Heiligen Geistes, der mich zu einer neuen Schöpfung macht, mit dem Vater versöhnt. Wenn ich also für Sie bete, stehe ich mit Ihnen am Fuß des Kreuzes. Ich besitze keinen Fetzen moralischer Überlegenheit Ihnen gegenüber. Ich kann Sie nicht richten, nicht erniedrigen und nicht ausschließen. Wir beide sind von Makeln übersäte, gebrochene Sünder, die verzweifelt Gottes Gnade bedürfen.

Die Macht unserer Machtlosigkeit

Die vielleicht größte Schwierigkeit in Sachen Gebet ist die, dass es sich so ohnmächtig anfühlt. Im Gegensatz dazu fühle ich mich mächtig, wenn ich etwas Praktisches für jemanden tun kann – zum Beispiel den Hof kehren, ein Schreiben formulieren oder fürs Mittagessen einkaufen. Dann habe ich das Gefühl, alles im Griff zu haben.

Vor einigen Jahren lernte ich kochen. Es schien fast so, als hätte die Welt – inklusive meiner Mutter – ein Komplott geschmiedet, um diese Kunst von mir fernzuhalten. Aber ich entdeckte, dass ich mich tatsächlich an einem Rezept entlanghangeln konnte und etwas zustande bekam. In dem winzigen Kreis, auf den ich Einfluss habe, bin ich berühmt für meine großen Töpfe Mulligatawny-Suppe oder meine afrikanische Erdnuss-Suppe (mit großen Erdnussbutter-Klumpen). Ich liebe es, dabei zuzusehen, wie die Leute meine einmaligen Kreationen probieren. Ich fühle mich mächtig und nützlich. (Okay, es ist nicht so, als hätte ich eine Blockhütte gebaut oder einen Puma mit bloßen Händen erwürgt. Aber ich habe zumindest *etwas* hingekriegt, und meine Freunde sind nicht mehr länger hungrig.)

Im Vergleich dazu fühlt sich zu beten machtlos an. Ich glaube, dass das Gebet von Kraft erfüllt ist, denn die Bibel ist voller Beispiele dafür. Und natürlich habe ich auch beobachtet, welche Kraft das Gebet in meinem eigenen und dem Leben anderer hat. Aber die meiste Zeit scheint das Gebet still, klein, verborgen, langsam und sogar schwach zu sein. Und ganz ehrlich: An manchen Tagen scheint es von größerem Nutzen zu sein, eine Suppe zu kochen, als an einem Gebetstreffen teilzunehmen.

Ich habe mich lange Zeit gegen diese unerfreuliche Wahrheit hinsichtlich des Gebets gesträubt. Wie kann Gott irgendetwas durch ein solch schwaches, schmächtiges und nutzloses Werkzeug wie das Gebet bewirken? Es hängt so sehr von Menschen ab, und Menschen sind notorisch langsam und dazu verletzbar. Eine Bakterienkolonie kann uns töten. Eine lüsterne Begierde kann uns abhängig machen und in den Wahnsinn treiben. Und dazu sind wir auch noch stur, geistlich unaufmerksam und sogar gefühllos gegenüber Gott und anderen. Wie ist es möglich, dass Gott unsere Gebete dazu benutzt, um irgendetwas Gutes in dieser Welt zu bewegen, wo es einfach vollkommen kraftlos erscheint?

Und doch beginne ich zu verstehen, wie Gott durch unsere Machtlosigkeit und unsere Schwäche (ganz zu schweigen von unserem Schmerz und unserem Versagen) seine Absichten in dieser Welt erfüllt. Die Bibel ist voller Geschichten

und Bilder, die von Gottes Vermögen, ja sogar von seiner Freude darüber berichten, unscheinbare, schwache Menschen und Dinge zu benutzen: Gideon und seine winzige Armee, die mit »Einweckgläsern« ausgerüstet war; David, der jüngste Sohn, heilig-sündhaft in seiner widersprüchlichen Erfolgsbilanz; der verheißene Messias, der aus einem versprengten Überbleibsel des Volkes Gottes hervorging – Jesus, der Sohn Gottes, geboren in einem Viehstall, Blut und Wasser schwitzend; die Gegenwart Jesu, die sich uns in solch ungewöhnlichen Dingen wie Brot und Wein und in diesem kunterbunten Gebilde, das sich Kirche nennt, zeigt. All das ist so schrullig und komisch. Und doch wurde das Universum damit verwoben. Gott hat es so eingerichtet. Er hat uns sogar von Tod und Sünde und Hölle errettet, indem er Jesus ans Kreuz schickte, um zu sterben. Das ist die wahre Macht der Machtlosen.

An dieser Stelle nun also das, was ich über das Gebet als Liebeserweis gelernt habe: Manchmal ist die beste Art, jemanden zu lieben, machtlos zu sein. Ja, zu bestimmten Zeiten sollte ich mich von meinem Hintern erheben und jemandem ein Brot belegen oder mich gegen Diskriminierung einsetzen oder den Hunger in der Welt bekämpfen. Aber manchmal kann ich ein Problem auch nicht lösen. Ich kann bestimmte Umstände nicht verändern. Aber ich kann Menschen in ihrer Machtlosigkeit beistehen und kann Gott die Möglichkeit schenken, bei uns zu sein, wenn wir gemeinsam beten.

Interessanterweise verwendet das Neue Testament das griechische Wort »dynamis« (»Kraft«) einundvierzig Mal, wobei es häufig mit dem Wort »asthenia« (»Schwachheit«) in Verbindung steht. Kraft und Schwachheit sind miteinander verbunden wie Gebet und Liebe. Gott sehnt sich danach, wahre Stärke in uns einzupflanzen und sie gedeihen zu lassen, doch häufig wächst sie auf dem Boden unserer Schwachheit. Gott möchte seine Stärke in zerbrochene menschliche Gefäße ausgießen und uns so befähigen, unser Leben mit Liebe und Mut, mit Freude und Dankbarkeit und mit Ausdauer zu gestalten. Doch Gott gießt seine Kraft nur in leere Hände. Wenn er sieht, dass wir mit unserer eigenen Kraft und Raffinesse beschäftigt sind, wird er uns nicht geben, was wir nicht wollen.[9]

Ich fange tatsächlich an, mich an diesem Aspekt des Gebets zu freuen. In meiner jugendlichen Arroganz nahm ich an, dass ich die Dinge für die Leute schon wieder richten könnte. Ich glaubte, in jeder Situation die Kontrolle zu haben: Richte dich einfach nach diesem Rezept, dann habe ich einen ganzen Kochtopf voller Lösungen. Leider half ich Leuten mit meiner »Kraft« oft nicht wirklich. Ich konnte nicht wirklich bei Menschen sein, denen Schmerz und Leid in ihrem Leben widerfuhren. Ich wollte etwas für sie tun, doch ganz oft war es nicht jenes »Etwas«, das sie wirklich gebraucht hätten.

Heute lerne ich angesichts meiner Schwachheit und Hilflosigkeit mehr und mehr, gemeinsam mit und für einen Menschen vor Gott zu treten. Zuzugeben, machtlos zu sein, ist manchmal alles, was wir »tun« können. Also bieten wir unsere schwachen und anscheinend nutzlosen Gebete an. Und Gott hört uns und kommt in unsere Schwachheit hinein, um uns seine Kraft zu schenken.

Ich denke an meine Freundin Maggie, die eine tiefe, dunkle Nacht der Seele durchlebt. Nachdem sie den Mann ihrer Träume gefunden hatte, fiel sie in den Abgrund einer tiefen Depression. Alles in ihrem Geist und ihrem Körper verdunkelte sich. Noch vor drei Jahren hätte ich jede Menge Antworten und Lösungen für sie gehabt. Doch jetzt war alles, was ich für sie tun konnte, in ihrem Schmerz bei ihr zu sitzen. Wir beteten. Ich wusste nicht, was ich tun sollte, ich hatte keine Antworten, und so sagte ich: »Maggie, ich weiß nicht, was ich sagen soll. Aber wir könnten einfach Psalm 77 miteinander lesen.« Dann las ich Psalm 77 vor, einen Klagepsalm, und ging nach Hause. Ich fühlte mich immer noch absolut machtlos.

In der Woche darauf traf sich ein anderer unserer Gemeindeleiter mit Maggie. Sie litt immer noch sehr. Doch als der Leiter sie fragte, ob er für sie beten könne, sagte Maggie: »Ja, aber bevor du betest, lies bitte Psalm 77. An ihm habe ich mich die ganze letzte Woche festgehalten. Er ist die Rettungsleine, die mich mit Gott verbindet.« Ganz offensichtlich war Gott, während wir in absoluter Ohnmacht gemeinsam Psalm 77 gelesen hatten, mit seiner Kraft in ihr Leben getreten.

Manchmal lieben wir Menschen dann auf die beste, kraftvollste und brauchbarste Art und Weise, wenn wir an unsere eigenen Grenzen stoßen. Dann gebe ich zu, dass ich einen Menschen weder verändern noch den Schaden in seinem Leben wieder richten kann. Meine Suppe oder mein Rat oder meine Worte werden seine Zerbrochenheit nicht heilen. Aber ich kann bei ihm sein, und zusammen können wir zu unserem himmlischen Vater gehen. Und so treten wir vor ihn als schwache, zerbrechliche und manchmal auch hartherzige Werkzeuge – aber wir kommen auch als Söhne und Töchter, die das Herz ihres Vaters kennen. Und dann tue ich für diesen Menschen etwas, das so nutzlos aussieht und das zu so großer Kraft führt: Ich bete für ihn.

Wenn also ich für Sie und Sie für mich beten, hat das Kraft. Es ist ein geistlicher Dienst. Es bringt Heilung. Es ist

»unsere unbezwingbare Waffe«.[10] Es ist eine radikale und unserer Kultur zuwiderlaufende Tat der Liebe. Wahres, inniges Gebet – nicht bloß als Entschuldigung oder als letzter Ausweg – ist der Balsam, der unsere gebrochene Welt heilt. Beten ist ein Akt der Rebellion gegen die herrschenden Umstände. Es ist ein Akt der Liebe, der Einsamkeit, Hass, Gleichgültigkeit und Kälte untergräbt.

Wenn ich also das nächste Mal jemanden frage »Wie kann ich für dich beten?«, werde ich es nicht leichthin tun. Wahrhaftig und mit voller Hingabe zu beten ist nichts als Liebe. Wahrhaftiges und hingebungsvolles Gebet kann die Welt verändern.

NACHWORT

Ich hoffe, dass Sie dieses Buch nicht nur lesen, sondern jeden der genannten Wege des Gebets beschreiten. Sören Kierkegaard erzählte einmal die lustige Geschichte eines Schwimmtrainers, der sein Team ständig ermahnte, besser und schneller zu schwimmen. Er rief und schrie und gab ihnen Anweisungen. Er stand am Beckenrand und ruderte mit den Armen, um die richtige Technik zu demonstrieren. Der Trainer tat sich durch sein immenses Wissen hervor. Das einzige Problem war: Er konnte nicht schwimmen. Tatsächlich hatte er sich noch nie in ein Gewässer gewagt, das über seinen Kopf ging.[1]

Auf dieselbe Weise bittet Kierkegaard uns als Nachfolger Jesu eindringlich, nicht nur über das Gebet zu sprechen und anderen beim Beten zu helfen; er möchte, dass wir selbst anfangen zu beten. Jetzt, in diesem Augenblick. Darum lautet mein Rat wie folgt: Stehen Sie nicht nur am Beckenrand – tauchen Sie ein. Werden Sie nass. Rudern Sie im Wasser herum, falls nötig, aber springen Sie wenigstens ins Becken.

Das Wichtigste ist zu beten. Sie können nicht beten, indem Sie etwas darüber lesen oder darüber nachdenken oder anderen davon erzählen. Sie können nur beten, indem Sie beten. Darum ist mein Gebet für Sie, dass Sie sich Zeit zum Beten schaffen. Und selbst dann, wenn Sie keine Worte haben, können Sie immer noch vor Gott seufzen oder Gottes Herzschlag der Liebe lauschen. Selbst inmitten der Dinge, die Sie bedrängen, können Sie noch nach Gott schreien. Denn das ist Ihr Gebet. Gott wird Sie hören – und antworten.

ANMERKUNGEN

1 Der Gott, der seufzt

1 Siehe C. S. Lewis' Beschreibung unserer Zukunft in *The Weight of Glory*, Harper San Francisco 2001, S. 25-46.

2 Franz Wright in *Walking to Martha's Vineyard*, Alfred A. Knopf 2003, S. 73.

3 Blaise Pascal, *Pensées*, Penguin Books 1968, S. 169.

4 Judith Herman, *Trauma and Recovery*, Basic Books 1992, S. 1.

5 Zusammengefasst aus Bruce D. Perry und Maia Szalavitz, *The Boy Who Was Raised as a Dog*, Basic Books 2006, S. 92-95. Auf Deutsch erschienen unter dem Titel: *Der Junge, der wie ein Hund gehalten wurde: Was traumatisierte Kinder uns über Leid, Liebe und Heilung lehren können – Aus der Praxis eines Kinderpsychiaters* (Kösel Verlag).

6 Peter Brown, »Augustine of Hippo«, University of California Press 1969, S. 156.

7 Peter Brown, »Augustine of Hippo«, S. 157.

8 Joe Bayly, zitiert von Norman H. Wright in *Recovering from the Loss of Life*, Revell 2000, S. 189.

2 Tränen, Blut, Brot und Wein

1 Hans Urs von Balthasar, *The Scandal of the Incarnation – Irenaeus Against The Heresies*, Ignatius 1981, S. 1.

2 C. S. Lewis, *Mere Christianity*, Macmillan 1977. Auf Deutsch erschienen unter dem Titel *Pardon, ich bin Christ* (Brunnen Verlag).

3 Pablo Neruda, *Selected Odes of Pablo Neruda*, University of California Press 1990, S. 325-27.

4 Hans Urs von Balthasar, *The Scandal of the Incarnation – Irenaeus Against The Heresies*, S. 17.

5 ebd.

6 C. S. Lewis, *Mere Christianity*, S. 65.

7 Johannes Calvin, zitiert von Leonard J. Vander Zee in *Christ, Baptism and the Lord's Supper*, InterVarsity Press 2004, S. 57.

8 Zitiert von Leonard J. Vander Zee in *Christ, Baptism and the Lord's Supper*, S. 68.

9 Robert Louis Wilken in *The Spirit of Early Christian Thought: Seeking the Face of God*, Yale University Press 2003, S. 27.

10 Ronald Rolheiser in *The Holy Longing*, Doubleday 1999, S. 90.

11 Ronald Rolheiser in *The Holy Longing*, S. 84-85.

12 Wendell Berry in *Sex, Economy, Freedom and Community*, Pantheon Books 1992, S. 103.

13 Zitiert in Andreas Andreopoulos, *The Sign of the Cross: The Gesture, the Mystery, the History*, Paraclete Press 2006, S. xi.

3 Schreie aus der Tiefe

1 Timothy Jones, *The Art of Prayer*, Waterbrook 2005, S. 13.

2 Timothy Jones, *The Art of Prayer*, S. 16–17.

3 Blaise Pascal, *Pensées*, S. 88, 95.
4 James Weldon Johnson, *God's Trombones*, Penguin Books 1981, S. 13.
5 James L. Kugel, *The God of Old*, Free Press 2003, S. 110.

4 Der Tag, an dem Gott sein eigenes Gebet nicht erhörte

1 Kathleen Norris, *The Cloister Walk*, Riverhead Books 1996, S. 97.
2 ebd., S. 92.
3 Zitiert von Jeremy Campbell in *The Many Faces of God: Science's 400-Year Quest for Images of the Divine*, W. W. Norton 2006, S. 259.
4 Jerry Sittser, *When God Doesn't Answer Your Prayers*, Zondervan 2007, S. 142. Auf Deutsch erschienen unter dem Titel: *Wenn Gott dein Gebet nicht erhört* (Hänssler).

5 Die dunkle Nacht der Seele

1 Diese Worte wurden im 18. Jahrhundert von dem englischen Kirchenreformer John Wesley geprägt.
2 Zusammengefasst aus Davis Van Biemas Artikel *»Mother Teresa's Crisis of Faith«*, erschienen im *Time*-Magazin am 23. August 2007.
3 Iain Matthew in *The Impact of God: Soundings from St. John of the Cross*, Hodder & Stoughton 1995, S. 11.
4 Aus »The Spiritual Canticle«, zitiert in Kieran Kavanaughs Buch *John of the Cross: Doctor of Light and Love*, Crossroad 1999, S. 15.
5 Zitiert in Iain Matthew, *The Impact of God: Soundings from St. John of the Cross*, S. 25.
6 Zitiert in Kieran Kavanaugh, *John of the Cross*, S. 109-112.
7 Aus »The Living Flame of Love«, zitiert ebd., S. 33.
8 Aus »The Living Flame of Love«, zitiert ebd., S. 61, 115.
9 Iain Matthew, *The Impact of God: Soundings from St. John of The Cross*, S. 80.
10 Zitiert in Kieran Kavanaugh, *John of the Cross*, S. 91.
11 Zitiert in Kieran Kavanaugh, *John of the Cross,* S. 91.
12 Zitiert in Kieran Kavanaugh, *John of the Cross*, S. 86.

6 Selig sind, die mit Gott streiten

1 Judith Kunst, *The Burning Word*, Paraclete Press 2006, S. 39–40.
2 Anson Laytner, *Arguing With God*, Jason Aronson 1990, S. xv.
3 Anson Laytner, *Arguing With God*, S. 184.
4 Zitiert von Michele Novotni und Randy Petersen in *Angry With God*, NavPress 2001, S. 32.
5 Zitiert von Anson Laytner in *Arguing With God*, S. 223.
6 Das ist meine eigene Version des Dramas »The Long Silence«. Soweit ich weiß, ist der Autor unbekannt. Die Originalversion zitiert John Stott in seinem Buch *The Cross of Christ*, InterVarsity Press 1986, S. 336–337.

7 Im Wartezimmer Gottes

1 Zitiert in Sue Monk Kidd, *When the Heart Waits*, Harper San Francisco 1992, S. 21.
2 David Baily Harned, *Patience: How we Wait upon the World*, Cowley Publications 1997, S. 7.
3 Das jiddische Wort »kvetch«, das hier mit Genörgel übersetzt wird, bedeutet so viel wie »sich beschweren, jammern«.
4 Kosuke Koyama, *Three Mile an Hour God: Biblical Reflections*, Orbis 1980, S. 6–7.

5 Noelle Oxenhandler, »Fall from Grace: How Modern Life Has Made Waiting a Desperate Act«, in *The New Yorker*, Ausgabe vom 22. Juni 1997, S. 65.
6 David Baily Harned, *Patience: How we Wait upon the World*, S. 44.
7 Zitiert von Thomas H. Green in *When The Well Runs Dry*, Ave Maria Press 1979, S. 113.
8 David Baily Harned, *Patience: How we Wait upon the World*, S. 158.
9 Kosuke Koyama, *Three Mile an Hour God: Biblical Reflections*, S. 7.
10 Um einen guten Überblick über unsere Gefühle im Zusammenhang mit unserem Glauben zu bekommen, empfehle ich das Buch von Peter Scazzero, *Emotionally Healthy Spirituality: Unleash the Power of Authentic Life in Christ*, Integrity Publishers 2006. Auf Deutsch erschienen unter dem Titel: *Glaubensriesen – Seelenzwerge* (Brunnen Verlag).
11 Romano Guardini, *The Virtues: On Forms of Moral Life*, Regnery 1967, S. 34.
12 Romano Guardini, *The Virtues: On Forms of Moral Life*, S. 35.

8 Achtung, Gefahr!

1 C. S. Lewis, *Mere Christianity*, S. 202.
2 Thomas Cahill, *The Gift of the Jews: How a Tribe of Desert Nomads Changed the Way Everyone Thinks and Feels*, Nan A. Talese 1998, S. 63.
3 Belden Lane, *The Solace of Fierce Landscapes: Exploring Desert and Mountain Spirituality*, Oxford University Press 1998, S. 44–46.
4 Flannery O'Connor, »A Good Man is Hard to Find«, in: *Collected Works*, Library of America 1988, S. 152.
5 Zitiert von Rick Bass in *The Book of Yaak*, Houghton Mifflin 1996, S. 68.
6 Jon Webster, *Holiness*, Eerdmans 2003, S. 51–51.
7 Zitiert von Belden Lane in *The Solace of Fierce Landscapes: Exploring Desert and Mountain Spirituality*, S. 62.
8 Belden Lane, *The Solace of Fierce Landscapes: Exploring Desert and Mountain Spirituality*, S. 62-78.

9 Das geistliche Aufmerksamkeits-Defizit-Syndrom

1 Emilie Griffin, *Doors Into Prayer*, Paraclete Press 2001, S. 22.
2 Thomas Merton, *Thoughts in Solitude*, Farrar, Straus & Giroux 1958, S. 39.
3 Thomas de Zengotita, »The Numbing of the American Mind: Culture as Anaesthetic«, *Harper's Magazine*, April 2002, S. 33–34.
4 Zitiert von Louise Story in ihrem Artikel »Product Packages No Shout to Get Your Attention«, *New York Times*, 10. August 2007.
5 Denise Levertov, *The Stream and the Sapphire*, New Directions Books 1997, S. 15.
6 C. S. Lewis in *The Problem of Pain*, Macmillan 1977, S. 93. Auf Deutsch erschienen unter dem Titel: *Über den Schmerz* (Brunnen Verlag).
7 Das ist die Umschreibung einer Aussage, die ich einmal auf einer von Richard Rohrs Vortrags-CDs gehört habe.
8 Richard Rohr, *Adam's Return*, Crossroad 2004, S. 35, 38.
9 Simone Weil, *Waiting for God*, Perennial Classics 2001, S. 57–65.
10 Vergleiche Thomas Merton, *Spiritual Direction and Meditation*, Order of St. Benedict Inc. 1960, S. 52.
11 Sören Kierkegaard, »For Self-Examination and Judge for Yourself«.
12 Franz Wright, *God's Silence*, Alfred A. Knopf 2006, S. 8.
14 Diese Fragen basieren lose auf einem Gebet von Ignatius von Loyola. Mehr zum

Thema finden Sie in Richard Fosters Buch *Prayer: Finding the Heart's True Home* und in Timothy Gallaghers Buch *The Examen Prayer: Ignatian Wisdom for Our Lives Today.*

10 Gottes Herzschlag spüren

1 Ich habe ein paar kleinere Veränderungen an der Geschichte vorgenommen, die ich zum ersten Mal in Ronald Rolheisers Buch *Forgotten Among the Lilies* gelesen habe.
2 Teresa von Ávila in *The Autobiography of St. Teresa of Ávila*, One Spirit 1995, S. 44.
3 Thomas Merton in *Contemplative Prayer*, Image Books 1971, S. 29.
4 St. Nonnus (4. Jh.) zitiert von Belden Lane in *The Solace of Fierce Landscapes: Exploring Desert and Mountain Spirituality*, S. 199.
5 Diese Aussage wird Gregor dem Großen (6. Jh.) zugeschrieben, zitiert von Belden Lane in *The Solace of Fierce Landscapes: Exploring Desert and Mountain Spirituality.*
6 Anthony Bloom in *Beginning to Pray*, Paulist Press 1970, S. 94.
7 Thomas Merton, *What is Contemplation?*, Templegate 1978, S. 7 und 77.
8 Zitiert von Thomas Spidlik in *Drinking from the Hidden Fountain*, Cistercian Publications 1994, S. 177.
9 Zitiert von Matt Woodley in *Holy Fools: Following Jesus with Reckless Abandon.*
10 Zitiert von Belden Lane in *The Solace of Fierce Landscapes: Exploring Desert and Mountain Spirituality*, S. 200.
11 Teresa von Ávila in *The Autobiography of St. Teresa of Ávila*, S. 119.
12 Zitiert von John Chryssavgis, *In the Heart of the Desert*, World Wisdom 2003, S. 60.
13 Dieser Gedanke wird in Ronald Rolheisers Buch *The Shattered Lantern: Rediscovering a Felt Presence of God*, Crossroad 2001, S. 37–42, weiter beleuchtet.
14 David Brooks, *On Paradise Drive: How We Live Now (and Always Have) in The Future Tense*, Simon & Schuster 2004, S. 75.
15 David Brooks, *On Paradise Drive: How We Live Now (and Always Have) in The Future Tense*, S. 142.
16 Thomas Merton, *The Inner Experience: Notes on Contemplation*, Harper San Francisco 2003, S. 209.
17 Anthony Bloom, *Beginning to Pray*, S. 81.
18 Julia de Beausobre, *Flame in The Snow*, Templegate 1996, S. xii-xiii.

11 Ich bete, also liebe ich

1 Zitiert von Richard Foster, *Prayer: Finding the Heart's True Home*, Harper San Francisco 1992, S. 255.
2 Diese Zeilen sind einem Cartoon entnommen, der im *Leadership Journal* vom 1. Oktober 2001 zitiert wird.
3 Bruce D. Perry und Maia Szalavitz, *The Boy Who Was Raised as a Dog*, S. 230-32.
4 Michael Downey, *Altogether Gift: A Trinitarian Spirituality*, Orbis 2002, S. 41.
5 Jean Vanier, *From Brokenness to Community*, Paulist Press 1992, S. 23.
6 Jean Vanier, *From Brokenness to Community*, S. 19.
7 Zitiert in Frances M. Young, *Brokenness and Blessing: Towards a Biblical Spirituality*, Baker Academic 2007, S. 94.
8 Simone Weil, *Waiting for God*, S. 65.
9 Zitiert aus Matt Woodley, *Holy Fools*, S. 84–87.
10 Johannes Chrysostomus, *Baptismal Instructions*, Newman Press 1963, S. 115.

Nachwort

1 Sören Kierkegaard, *Provocations*, Plough Publishing 2002, S. 354.